Elementar- und Primarpädagogik

Peter Cloos • Katrin Hauenschild
Irene Pieper • Meike Baader
(Hrsg.)

Elementar- und Primarpädagogik

Internationale Diskurse im
Spannungsfeld von Institutionen
und Ausbildungskonzepten

Unter Mitarbeit von Julia Gleich

 Springer VS

Herausgeber
Dr. Peter Cloos
Dr. Katrin Hauenschild
Dr. Irene Pieper
Dr. Meike Baader

Universität Hildesheim
Deutschland

ISBN 978-3-658-03810-6   ISBN 978-3-658-03811-3 (eBook)
DOI 10.1007/978-3-658-03811-3

Die Deutsche Nationalbibliothek verzeichnet diese Publikation in der Deutschen Natio-
nalbibliografie; detaillierte bibliografische Daten sind im Internet über http://dnb.d-nb.de
abrufbar.

Springer VS
© Springer Fachmedien Wiesbaden 2014

Lektorat: Stefanie Laux, Daniel Hawig

Springer VS ist eine Marke von Springer DE. Springer DE ist Teil der Fachverlagsgruppe
Springer Science+Business Media
www.springer-vs.de

Inhaltsverzeichnis

Autorenverzeichnis

Dr. Meike Baader Professorin und geschäftsführende Leiterin am Institut für Erziehungswissenschaft der Universität Hildesheim. Arbeitsgebiete: Kindheitsforschung; Familienforschung; Übergänge im Bildungssystem; Genderforschung; Diversity; Historische Bildungsforschung: Kindheit, Jugend und Familie in der Moderne/Internationale Reformpädagogik; Erziehung, Bildung und soziale Bewegungen: Die Revolution von 1848/Reformbewegungen um 1900/1968 und die Pädagogik/Frauenbewegung; Religion und Erziehung; Demokratie und Erziehung.

Dr. Lucia Balduzzi Wissenschaftliche Mitarbeiterin an der Fakultät für Bildungswissenschaften der Bologna Universität (Italien). Arbeitsgebiete: Didaktik und Sonderpädagogik; frühkindliche Bildung und Pädagogik der Frühen Kindheit; Professionalisierung der Lehrer/innenbildung; derzeitiger Forschungsschwerpunkt ist die Entwicklung professioneller Arbeitstätigkeiten in den Bereichen frühkindlicher Bildung und Pädagogik der frühen Kindheit.

Dr. Karin Böllert Professorin für Erziehungswissenschaft mit dem Schwerpunkt Sozialpädagogik an der Westfälischen Wilhelms-Universität Münster. Arbeitsgebiete: Theorieentwicklung der Sozialpädagogik im Kontext gesellschaftlicher Modernisierungsprozesse; Soziale Arbeit/Sozialpolitik und Sozialer Wandel; Kinder- und Jugendhilfe; Disziplin- und Professionspolitik.

Dr. Ursula Carle Professorin für Elementar- und Grundschulpädagogik an der Universität Bremen. Arbeitsgebiete: Systemische Schulentwicklung; Professionalisierung; Kooperation von Bildungseinrichtungen zur Gestaltung von Entwicklungsverläufen und Übergängen; Entwicklung von Unterrichtsqualität; Entwicklung der integrativen, jahrgangsgemischten und flexiblen Schuleingangsphase.

Dr. Peter Cloos Professor am Institut für Erziehungswissenschaft, Abteilung Allgemeine Erziehungswissenschaft der Universität Hildesheim. Arbeitsgebiete: Qualitative Forschungsmethoden der Pädagogik der Kindheit; Erziehung und Bildung in Kindertageseinrichtungen; Institutionelle und situative Übergänge im Lebenslauf und Alltag von Kindern; Professionelles Handeln in Arbeitsfeldern der Pädagogik der frühen Kindheit.

Dr. Rainer Dollase Professor i. R. an der Fakultät für Psychologie und Sportwissenschaft der Universität Bielefeld. Arbeitsgebiete: empirische Bildungsforschung in den Bereichen Vorschulerziehung, Fremdenfeindlichkeit, Soziometrie, temporale Muster, Gruppenpsychologie.

Dr. Aline-Wendy Dunlop Professorin an der Fakultät für Geistes- und Sozialwissenschaften der University of Strathclyde, Glasgow (Schottland). Arbeitsgebiete: Grundschuldbildung; Bildung in der frühen Kindheit; Lehrer/innenbildung; Autismusforschung und Übergänge zwischen Bildungseinrichtungen in der Bildungsbiographie von Kindern und Jugendlichen.

Dr. Doris Edelmann Professorin und Leitung des Instituts Bildung und Gesellschaft an der Pädagogischen Hochschule St.Gallen. Arbeitsgebiete: Pädagogik der frühen Kindheit; Gesellschaftlicher Wandel und Bildungsprozesse (u. a. Migration und Chancengerechtigkeit); Internationale Bildungsentwicklung und Bildungsforschung; Lehrerinnen- und Lehrerbildung; Qualitative Sozialforschung.

Wilfried Griebel Dipl. Psychologe Wissenschaftlicher Referent am Staatsinstitut für Frühpädagogik in Bayern. Arbeitsgebiete: Transitionsforschung zu Übergängen zwischen Familien und Bildungseinrichtungen sowie hctcrogene Gruppen von Lernenden in Kindertageseinrichtungen.

Dr. Katrin Hauenschild Professorin am Institut für Grundschuldidaktik und Sachunterricht der Universität Hildesheim. Arbeitsgebiete: Grundschuldidaktik; Sachunterrichtdidaktik; Umweltbildung/Bildung für nachhaltige Entwicklung; Interkulturelle Bildung/Diversity Education; Lehr-Lernforschung; Kindheitsforschung; Lehrerbildungsforschung.

Dr. paed. Werner Knapp Professor im Fach Deutsch und Rektor an der Pädagogischen Hochschule in Weingarten. Arbeitsgebiete: Textproduktion; Zweitspracherwerb; Zweitsprachdidaktik und Sprachförderung; Erzählen.

Dr. Katja Koch Professorin für Schulpädagogik am Institut für Erziehungswissenschaft der Technischen Universität Braunschweig. Sie lehrt und forscht in den Arbeitsbereichen Mehrsprachigkeit und Heterogenität sowie Übergänge im Bildungswesen. Derzeit ist sie Tandem-Lead im von der Stiftung Mercator geförderten Verbundprojekt „Umbrüche gestalten – Sprachförderung und Sprachbildung als integrale Bestandteile innovativer Lehrerbildung".

Gisela Koeppel Dipl. Soz. Pädagogin von 2009–2011 Projektkoordinatorin im Projekt Profis in Kitas (PiK II) der Robert Bosch Stiftung in Bremen, seit 2011 Lehrbeauftragte im Arbeitsgebiet Elementar- und Grundschulpädagogik der Bildungswissenschaften des Primar- und Elementarbereichs (BiPEB) im Fachbereich 12 der Universität Bremen. Arbeitsgebiete: Bildungsprozesse im Elementarbereich; Didaktik und Methodik, Aus- und Fortbildung von Fachkräften in Kindergarten und Grundschule; Kooperation der Lernorte Ausbildung und Praxis.

Dr. Franz-Michael Konrad Professor für Erziehungswissenschaft an der Katholischen Universität Eichstätt-Ingolstadt. Arbeitsgebiete: Historische und Vergleichende Pädagogik.

Dr. Arianna Lazzari Wissenschaftliche Mitarbeiterin am Department of Education Studies der Bologna Universität (Italien). Arbeitsgebiet: Frühkindliche Bildung und Pädagogik der frühen Kindheit; Ausbildung von Lehrer/innen im Bereich frühkindlicher Bildung; Kompetenzanforderungen für Lehrer/innen der frühkindlichen Bildung und Pädagogik der frühen Kindheit; Bildungskontinuität.

Dr. Johanna Mierendorff Professorin für Sozialpädagogik mit dem Schwerpunkt Pädagogik der frühen Kindheit und stellvertretende Direktorin am Institut für Pädagogik an der Martin-Luther-Universität Halle/Wittenberg. Arbeitsgebiete: Sozialwissenschaftliche Kindheitsforschung; wohlfahrtsstaatstheoretische Ansätze in der Kindheitsforschung; Jugendhilfeforschung, insbesondere Kindertagesbetreuung; Ungleichheit in der Kindheit/Kinderarmut.

Dr. Irene Pieper Professorin für Literaturwissenschaft und Literaturdidaktik am Institut für deutsche Sprache und Literatur der Universität Hildesheim. Arbeitsgebiete: Literarische Kompetenz und ihr Erwerb; Gegenstandskonstitution im Literaturunterricht; Kommunikation im Literaturunterricht; Leseforschung und Lesedidaktik; Profession und Deutschunterricht; Lese- und Literarische Sozialisation.

Dr. Annemarie Saxalber Professorin an der Bildungswissenschaftlichen Fakultät der Freien Universität Bozen (Südtirol); zuvor Professorin am Österreichischen Kompetenzzentrum für Deutschdidaktik der Alpen-Adria-Universität Klagenfurt. Arbeitsgebiete: Sprachforschung und -förderung in einem mehrsprachigen Gebiet, Schreibkompetenz und -didaktik; Integrierte Sprachendidaktik.

Zur Frage einer gemeinsamen hochschulischen Ausbildung für die Elementar- und Primarpädagogik

Peter Cloos, Meike Baader, Katrin Hauenschild und Irene Pieper

Vor dem Hintergrund anhaltender Reformdebatten in der Kindheitspädagogik, die immer wieder mit dem Verweis auf das europäische Ausland erfolgten, wurden in Deutschland in den letzten Jahren vermehrt Überlegungen zur Gestaltung einer gemeinsamen hochschulischen Ausbildung für die Elementar- und Primarpädagogik vorgebracht. Dabei zeigte sich, dass die Debatte um eine gemeinsame Ausbildung nicht auf die Frage reduziert werden kann, wie gemeinsame Studiengänge konzipiert und organisiert werden können, welche Inhalte sie haben und welche Kompetenzen sie vermitteln sollten. Ob und wie aber die gemeinsame Ausbildung angesichts des Spannungsfeldes von unterschiedlichen institutionellen Traditionen und Zuordnungen sowie differierenden Ausbildungskonzepten allgemeine Praxis werden soll, kann nur in Kenntnis historischer Entwicklungspfade, vor dem Hintergrund einer differenzierteren Klärung des Ist-Zustandes auch in

P. Cloos (✉) · M. Baader
Institut für Erziehungswissenschaft, Universität Hildesheim,
31141 Hildesheim, Deutschland
E-Mail: cloosp@uni-hildesheim.de

M. Baader
E-Mail: baader@uni-hildesheim.de

K. Hauenschild
Institut für Grundschuldidaktik und Sachunterricht, Universität Hildesheim,
31141 Hildesheim, Deutschland
E-Mail: hauensch@uni-hildesheim.de

I. Pieper
Institut für deutsche Sprache und Literatur, Universität Hildesheim,
31141 Hildesheim, Deutschland
E-Mail: irene.pieper@uni-hildesheim.de

P. Cloos et al. (Hrsg.), *Elementar- und Primarpädagogik*,
DOI 10.1007/978-3-658-03811-3_1, © Springer Fachmedien Wiesbaden 2014

internationaler Perspektive sowie unter Berücksichtigung unterschiedlicher disziplinärer Perspektiven entschieden werden. Dabei sind folgende Fragen besonders relevant:

1. Welche Gemeinsamkeiten und Unterschiede der Organisation und pädagogischen Praxis des Elementar- und Primarbereichs lassen sich identifizieren? Wie könnte eine gemeinsame Ausbildung in Deutschland modelliert werden, die auch den professionellen und curricularen Ansprüchen unterschiedlicher Arbeitsfelder gerecht werden kann?
2. Welche Ausbildungsprofile haben sich im Elementar- und Primarbereich historisch herausgebildet? Welchen Professionsprofilen folgen die Studiengänge? Tragen die aktuellen Reformbemühungen in der Elementar- und Primarpädagogik dazu bei, die Etablierung einer gemeinsamen, integrierten Ausbildung zu unterstützen? Vor welche besonderen Herausforderungen ist sie gestellt? Welche Entwicklungen im europäischen Ausland können in Zusammenhang mit einer gemeinsamen hochschulischen Ausbildung für den Elementar- und Primarbereich die Diskussion in Deutschland anregen?
3. Wie wird der Übergang vom Kindergarten in die Grundschule gestaltet und wie wird das Thema in die (hochschulische) Ausbildung integriert?

(1) *Organisation und pädagogische Praxis des Elementar- und Primarbereichs*: Elementar- und Grundschulpädagogik gehören in Deutschland aufgrund ihrer unterschiedlichen historischen Entwicklung nicht den gleichen Politik- und Administrationsfeldern an. Kindertageseinrichtungen sind der Kinder- und Jugendhilfe zugeordnet, den Rahmen bietet das Kinder- und Jugendhilfegesetz; für den schulischen Bereich sind die Kultusministerien der Länder verantwortlich, die Schulgesetzgebungen bieten eine striktere institutionelle Kontur. Die Trennung von Elementar- und Primarpädagogik ist in einer spezifischen Bildungstradition verankert. Sie bedeutet nicht nur, dass sich Ausbildungsorte und Qualifikationswege unterscheiden, sondern auch, dass Funktionszuschreibungen sich nicht decken. Erfahrungs- und Lernbereiche werden in Elementar- und Primarpädagogik unterschiedlich konturiert. In diese Konturierung gehen mehr oder weniger explizite Vorverständnisse von Kindheit, Bildung und Erziehung ein. Aber auch ganz konkret sind erhebliche Unterschiede in zeitlichen Abläufen, räumlichen Arrangements und den verwendeten didaktischen Materialien zu erkennen. Erst durch diese Trennung wurde es möglich, darüber nachzudenken, welche Maßnahmen zur Verbesserung der Anschlussfähigkeit zwischen Kindergarten und Grundschule erforderlich sind.

Ein Blick in die Historie zeigt, so *Franz-Michael Konrad*, dass mit der Kindergartenidee zunächst nicht die Trennung von Kindergarten und Grundschule beabsichtigt war, sondern dass diese durchaus mit der Vorstellung einer Verflechtung einherging. Dass der Kindergarten später dezidiert ‚schulabgewandt‘ konzipiert wurde, ist das Ergebnis einer langanhaltenden Auseinandersetzung zwischen Kindergarten und Grundschule und um die jeweilige Position und Funktion im Sozial- und Bildungswesen. Aktuell kann jedoch eine globale Diskussion um die Leistungen der Bildungssysteme als ein zentraler Wendepunkt auch für die Stellung der Elementarpädagogik im Sozial- und Bildungswesen angesehen werden, trägt die Entwicklung von Bildungsplänen doch dazu bei, den Kindergarten deutlich schulaffiner zu konzipieren. So prognostiziert Franz-Michael Konrad, dass sich der Kindergarten zukünftig nicht mehr länger schulabgewandt entwickeln könne.

Hieran schließt *Johanna Mierendorff* aus der Perspektive der Kindheitsforschung an. Sie geht davon aus, dass der Wohlfahrtsstaat eine bedeutende Rolle in der Gestaltung und Regulierung der Muster des Aufwachsens von Kindern einnimmt und die wohlfahrtsstaatspolitisch unterstützte Annäherung von Kindergarten und Schule einen Wandel der Muster früher Kindheit vorantreibt. Mierendorff stellt dabei heraus, dass der Ausbau der Kindertagesbetreuung das Verhältnis von öffentlich verantworteter Kinderbetreuung und privater Erziehung erheblich verändert und die Heterogenität der Bedingungen, unter denen Kinder aufwachsen, angleicht. Der Kindergarten kann dabei als zentrales Feld wohlfahrtsstaatlicher Regulierung zur Optimierung früher Kindheit und zur Sicherung wirtschaftlicher Prosperität angesehen werden.

Rainer Dollase hingegen betrachtet aus einer dezidiert entwicklungspsychologischen Perspektive die unterschiedlichen Lernvoraussetzungen von Kindern bis und über sechs Jahren und kommt zu dem Schluss, dass die bestehende konsekutive Struktur von Kindergarten und Schule sich empirisch bewährt habe und eine Verschulung der elementaren Bildung wenig Erfolg verspreche. Er plädiert damit nicht für eine gegenseitige Annäherung, sondern betont vielmehr, dass Kindergarten und Schule zwar ihre Kooperation ausbauen, jedoch didaktisch durchaus verschieden arbeiten sollten.

(2) *(Hochschulische) Ausbildung und Qualifizierung im Elementar- und Primarbereich*: In den letzten Jahren wurden in Deutschland an die hundert hochschulische Ausbildungsgänge für Tätigkeiten im Feld der Kindheitspädagogik etabliert. Bisher bestehen diese in Deutschland meist neben Studiengängen für das Lehramt an Grundschulen. Neuerdings wird allerdings vermehrt die Trennung der hochschulischen Ausbildung von Fach- und Lehrkräften für die Elementar- und Primarpädagogik problematisiert und für eine gemeinsame hochschulische Ausbildung plädiert. Im zweiten Kapitel werden somit das Konzept einer gemeinsamen,

integrierten hochschulischen Ausbildung und die Qualifizierung von Fach- und Lehrkräften für den Elementar- und Primarbereich diskutiert. Auch werden Beispiele einer hochschulischen Praxis der integrierten Ausbildung in Italien, Deutschland und der Schweiz vorgestellt. Laut der Expertise von Kathrin Borg, Hilmar Hoffmann, Melanie Kubandt und David Nolte (vgl. Borg et al. 2011) bestehen in sieben der 27 EU-Länder solche gemeinsamen Ausbildungen für Elementar- und Primarpädagog/innen (vgl. auch Oberhuemer 2008; Oberhuemer et al. 2010), wobei die Ausbildungspraxis in den jeweiligen Ländern je nach Region wieder sehr unterschiedlich ausfallen kann. Der europäische Vergleich, den die folgenden Fallstudien ermöglichen, macht unterschiedliche Traditionen und Erfahrungen sichtbar und kann somit die Diskussion zur Konzeption einer gemeinsamen Hochschulausbildung für den Elementar- und Primarbereich bereichern.

Im ersten Beitrag dieses Kapitels diskutiert *Katja Koch* mit dezidiert grundschulpädagogischem Blick die Konzepte einer Ausbildung im Elementar- und Primarbereich im Spannungsfeld von Integration und Akademisierung. In ihrer Argumentation knüpft sie an die historische Analyse des vorausgegangenen Kapitels an und betont, dass sich im europäischen Ausland im Vergleich zu Deutschland im Bildungswesen kaum Grenzen zwischen dem Elementar- und Primarbereich herausgebildet haben. Aktuell fragt sie nach dem Mehrwert und der Zielperspektive einer gemeinsamen Ausbildung. Gelingensbedingungen seien dabei die Fokussierung gemeinsamer Studieninhalte und die Klärung des institutionellen Verhältnisses von Elementar- und Primarbereich.

Arianna Lazzari und *Lucia Balduzzi* stellen in ihrem Beitrag die Beziehung zwischen der Ausbildung für den Elementar- und Primarbereich in Italien dar. Aus einer ebenfalls historischen Perspektive erläutern sie zunächst die Frage, wie sich Beziehungen zwischen den beiden Teilen des Bildungssystems in Italien unter lokalen sozio-kulturellen Bedingungen entwickelt haben und welche Auswirkungen das für die Konzeptionalisierung der Ausbildungsgänge hatte. An der aktuellen Top-Down-Umsetzung von Reformen kritisieren sie die einseitige Einführung von schulischen Bildungsansätzen und plädieren für eine Öffnung der Debatte über die Beziehung zwischen Elementar- und Primarbereich, und zwar in Bezug auf die Frage nach dem Bild vom Kind, über die zu Grunde liegenden Annahmen zum kindlichen Lernen und über die Ziele der Bildungsinstitutionen.

Im Anschluss daran stellt *Annemarie Saxalber* das konkrete Beispiel der Ausbildung der Kindergärtner/innen und der Grundschullehrer/innen an der Freien Universität Bozen vor. Dabei erläutert sie die Konzeption des Studienganges entlang des vom italienischen Bildungsministerium vorgegebenen Rahmens und diskutiert die Probleme, die sich konkret bei der Umsetzung zeigen. Einen Fokus legt sie dabei auf die Sprachenausbildung der zukünftigen Pädagog/innen und Lehrer/innen sowie auf die sprachdidaktische Vorbereitung auf den Beruf.

Die Ausbildungssituation im Elementar- und Primarbereich in der Schweiz stellt *Doris Edelmann* in ihrem Beitrag vor. Die dortigen Ausbildungskonzeptionen unterscheiden sich erheblich von denen in Deutschland, zumal sich hier auch das Bildungssystem zwischen familienergänzenden Angeboten, vorschulischen Einrichtungen, Kindergarten und Primarstufe auf andere Weise gliedert. Während die Verbindung von Kindergarten- und Primarbereich und die Bachelor-Ausbildung an Pädagogischen Hochschulen seit 2005 in der gesamten Schweiz erfolgt und bildungspolitisch weitgehend anerkannt ist, stellt die Professionalisierung der pädagogischen Fachkräfte im Vorschulbereich eine große Herausforderung dar. Wegweisend für die Professionalisierung der frühkindlichen Bildung von null bis acht Jahren ist hier die Etablierung von Masterstudiengängen in den letzten Jahren.

Im Anschluss an die italienischen und schweizerischen Perspektiven auf gemeinsame Ausbildungen für den Elementar- und Primarbereich schließt das Kapitel mit zwei Beiträgen zur Situation in Deutschland. *Ursula Carle* und *Gisela Koeppel* stellen den einzigen integrierten Studiengang vor, der in Deutschland existiert: den Studiengang Fachbezogene Bildungswissenschaften für Primar- und Elementarbereich, der im Jahr 2005 an der Universität Bremen eingerichtet wurde. Bezüglich des Schwerpunkts *Elementarbereich* findet eine Qualifizierung sowohl für das Handlungsfeld Kindertageseinrichtungen als auch für das Masterstudium mit Berufsziel Grundschullehramt statt. Die Akzeptanz eines solchen Studienangebotes hängt wesentlich auch davon ab, inwieweit der Berufseinstieg in die elementarpädagogische Praxis gelingen kann. Hierfür wurde für den Bremer Studiengang eine Berufseinstiegsphase konzipiert und erprobt. Erhebungen zur Akzeptanz des Studiengangs ergaben u. a., dass Absolvent/innen insbesondere auch durch ihr ausgewiesenes (fach-)didaktisches Wissen als Bereicherung der Teams wahrgenommen werden und die Kooperation mit der Grundschule verbessern können.

Abschließend stellt *Werner Knapp* zehn Thesen zur Gestaltung der Qualifizierung für den Elementar- und Primarbereich vor. Das Beispiel Baden-Württemberg ist für die Diskussion um eine gemeinsame Ausbildung besonders interessant, weil an den Pädagogischen Hochschulen in diesem Bundesland früh- und primarpädagogische Studiengänge angeboten werden und hierdurch auch eine Verknüpfung von Lehrinhalten möglich ist. Werner Knapp plädiert allerdings vor dem Hintergrund der Diversifizierung von Wissen für die Beibehaltung einer stufenbezogenen Ausbildung, zugleich aber auch für die partielle Verflechtung von Lehrinhalten sowie für Möglichkeiten der Spezialisierung auch durch unterschiedliche Verschränkungen von Bachelor- und Masterphase. Grundsätzlich sollte, so Knapp, ein vielfältiges Ausbildungsangebot bereit gehalten werden.

(3) *Gestaltung und Organisation der Kooperation von Kindergarten und Grundschule und die Integration des Themas in die Qualifizierung von Fach- und Lehrkräften*: In den Beiträgen der Kap. 1 und 2 finden sich bereits mehrfach Hinweise darauf, dass ein thematischer Ankerpunkt der Konzeptionierung einer mehr oder weniger gemeinsam durchgeführten hochschulischen Ausbildung die Kooperation zwischen elementar- und primarpädagogischer Praxis und die Gestaltung des Übergangs zwischen diesen beiden Institutionen darstellt. Die vielfältig in den Bundesländern vorangebrachten Modellvorhaben zur Gestaltung des Übergangs von der Kindertageseinrichtung in die Grundschule können als zentrale bildungspolitische Maßnahme zur Annäherung beider Institutionen betrachtet und zur Neukonturierung des Kindergartens als Bildungseinrichtung begriffen werden.

Dabei stellt sich allerdings die Frage, wie das Thema auch in der Qualifizierung von pädagogischen Fach- und Lehrkräften implementiert werden kann und was die Bedingungen einer gelingenden Kooperation zwischen Kindergarten und Grundschule sind. *Aline-Wendy Dunlop* stellt für Schottland fest, dass die Übergangsgestaltung zwischen Kindergarten und Grundschule und die Verankerung des Themas in der hochschulischen Ausbildung zwei wichtige, bislang jedoch kaum aufeinander bezogene Themen sind. Sie entwickelt einen konkreten Vorschlag, was bei der grundsätzlich wünschenswerten Integration der Übergangsthematik in die Ausbildung berücksichtigt werden müsste. Dabei identifiziert sie einerseits sechs Dimensionen und andererseits drei Schlüsselfaktoren für eine gelingende Übergangsgestaltung, wie sie von der Forschung identifiziert wurden. Diese unterstreicht die Bedeutung der Zusammenarbeit der Fachkräfte, die Berücksichtigung kindlicher *Agency* sowie die Rolle, die der Zusammenarbeit mit den Eltern beigemessen wird.

Wilfried Griebel schließlich widmet sich dem Thema *Übergang in die Schule und Mehrsprachigkeit* und stellt ein europäisches Weiterbildungskonzept für den Elementar- und Primarbereich vor. Das TRAM-Projekt ging von der Annahme aus, dass die Annäherung an das Thema Übergangsgestaltung in den beteiligten Partnerländern auf sehr unterschiedliche Weise erfolgt. Dem Projekt wurde ein gemeinsames Transitionsverständnis zu Grunde gelegt, darauf aufbauend wurden Ausbildungsmodule entwickelt sowie Prinzipien für die Zusammenarbeit entworfen. Die Implementierung des TRAM-Curriculums in die Aus- und Weiterbildung von Fach- und Lehrkräften soll dazu beitragen, Kinderrechte zu verwirklichen, und Diskriminierung verhindern.

Die Faktoren der gelingenden Kooperation zwischen Kindergarten und Grundschule diskutiert *Karin Böllert*, indem sie zentrale Ergebnisse der wissenschaftlichen Begleitforschung der Grundsätze zur Bildungsförderung für Kinder von null bis zehn Jahren in Kindertageseinrichtungen und Schulen im Primarbereich in Nordrhein-Westfalen vorstellt. Sie stellt heraus, auf Grundlage welcher ressourciellen Bedingungen und mit welchen Maßnahmen die Umsetzung übergreifender Bildungsgrundsätze für das Alter von null bis zehn Jahren gelingen kann. Zentral für eine gelingende Kooperation sei, dass auch offiziell ein gemeinsamer Auftrag für alle Beteiligten in klarer Form benannt werde.

Der vorliegende Band trägt durch eine historisch informierte sowie international und interdisziplinär vergleichende Perspektive zur Klärung der Herausforderungen bei, vor die eine gemeinsame Ausbildung für den Elementar- und Primarbereich und die Implementierung des Themas der Gestaltung von Übergängen zwischen Elementar- und Primarbereich in die Ausbildung gestellt sind. Gerade in der Komparation wird die Spezifik der deutschen Situation deutlich. Der Band fokussiert und erweitert die Ergebnisse der vom Niedersächsischen Ministerium für Wissenschaft und Kultur geförderten internationalen wissenschaftlichen Tagung *Elementar- und Primarbereich im Spannungsfeld von Institutionen und Ausbildungskonzepten*, die am 06.07.2012 an der Stiftung Universität Hildesheim im Rahmen des Forum Bildung U10 stattfand. Das Forum trägt mit regelmäßigen Veranstaltungen zur wissenschaftlichen und bildungspolitischen Diskussion um Bildung, Erziehung und Sorge im Kindesalter bei, indem es einen forschungsorientierten Diskursrahmen aufspannt. Die Tagung war eine Kooperationsveranstaltung des Kompetenzzentrums Frühe Kindheit Niedersachsen, des Forums Fachdidaktische Forschung und des Centrums für Bildungs- und Unterrichtsforschung (CeBU).

Wir danken Julia Gleich für die umsichtige redaktionelle wie auch inhaltliche Mitarbeit an diesen Band. Für die engagierte Mitarbeit am Typoskript danken wir Isabelle Roß und Sarah Böse.

Literatur

Borg, Kathrin, Hilmar Hoffmann, Melanie Kubandt, und David Nolte. 2011. Gemeinsame Ausbildung elementar- und primarpädagogischer Fachkräfte. Eine Studie zu Entscheidungsbedarfen bei der Konzeption und Implementierung einer gemeinsamen akademischen Ausbildung von Erzieherinnen und Erziehern und von Lehrkräften an Grundschulen. Osnabrück. http://nifbe.de/das-institut/forschung/elementar-primar/elementar/materialien-downloads/cat_view/4-forschungsstelle-elementar/20-expertisen-studien. Zugegriffen: 3. Feb. 2014.

Oberhuemer, Pamela. 2008. Eine gemeinsame Ausbildung für den Elementar- und Primarbereich? Konzepte im europäischen Vergleich. In *Das Kind im Blick. Eine gemeinsame Ausbildung für den Elementarbereich und die Grundschule*, Hrsg. Ursula Carle und Barbara Daiber, 16–28. Baltmannsweiler: Schneider Verlag Hohengehren.

Oberhuemer, Pamela, Inge Schreyer, und Michelle J. Neumann. 2010. *Professionals in early childhood education and care systems. European profiles and perspectives*. Opladen: Barbara Budrich.

Teil I
Organisation und pädagogischen Praxis des Elementar- und Primarbereichs

Frühe Bildung. Thesen und Anmerkungen zur Geschichte, Gegenwart und Zukunft des Verhältnisses von Kindergarten und (Grund-)Schule

Franz-Michael Konrad

Zusammenfassung

Im Zeichen verstärkter Bildungsanstrengungen im vorschulischen Bereich ist in der jüngeren Vergangenheit immer wieder beklagt worden, dass sich der deutsche Kindergarten in relativer Ferne zur (Grund-)Schule entwickelt habe. Dieser Beitrag geht den in der Vergangenheit liegenden Gründen für diesen Sachverhalt nach. Dabei geraten schnell die Leistungen der Pädagogik Friedrich Fröbels als einer genuinen Kleinkindpädagogik sowie das vergleichsweise hohe Niveau des Volksschulunterrichts ab der zweiten Hälfte des 19. Jahrhunderts in den Mittelpunkt der Aufmerksamkeit. Schulaffines Lernen schon im vorschulischen Alter war deshalb nicht so dringend wie in anderen Ländern und wurde von einer zunehmend statusbewussten Lehrerschaft auch erfolgreich als Domäne eigenen Handelns reklamiert. Die Sorge für die kleinen Kinder wanderte folgerichtig in den im Verhältnis zur Schule ganz anders strukturierten Fürsorgebereich ab. Die in den letzten anderthalb Jahrzehnten auf internationaler Ebene eingeleitete Verschulung des frühpädagogischen Feldes dürfte diese Entwicklung jedoch umkehren und den diesbezüglichen Sonderweg des deutschen Kindergartens beenden.

Schlüsselwörter

Kindergarten · Grundschule · Bildungspläne · frühpädagogische Bildungsprozesse · anschlussfähige Fröbelpädagogik · Fürsorge(sektor) · Volksschule (19. Jahrhundert) · PISA · frühkindliche Bildung · Internationalisierung

F.-M. Konrad

P. Cloos et al. (Hrsg.), *Elementar- und Primarpädagogik*,   11
DOI 10.1007/978-3-658-03811-3_2, © Springer Fachmedien Wiesbaden 2014

1 Einleitung

Der deutsche Kindergarten habe sich viel zu lange „schulabgewandt" (Baumert et al. 2003, S. 146) entwickelt, lesen wir 2003 im Bildungsbericht des Max-Planck-Instituts für Bildungsforschung (MPI) in Berlin. Zuletzt ergriffene Maßnahmen, so die Autoren des Bildungsberichts, hätten diesem Missstand noch nicht entscheidend abhelfen können. Deshalb sei „das Verhältnis zwischen Kindergarten und vorschulischem Bereich einerseits und der Grundschule andererseits nach wie vor unbefriedigend" (ebd.). Dass sich die Grundschule in der jüngeren Vergangenheit in manchen Aspekten dem Kindergarten angenähert und damit ihrerseits dazu beigetragen hat die beklagte Kluft zu überbrücken, wird von den MPI-Forschern durchaus bemerkt, aber keineswegs begrüßt. Das sei der falsche Weg, heißt es, um beide, Schule und Kindergarten, einander näher zu bringen.

Die Klage über die Schulferne des Kindergartens stammt, wie oben zu lesen, aus 2003. In der folgenden, 2008 veröffentlichten Ausgabe des Bildungsberichts finden sich keine derartigen Ausführungen mehr. Man kann dies, wenn man will, als einen ersten Hinweis darauf lesen, dass sich mittlerweile doch etwas getan hat oder sich zumindest Änderungen erkennen lassen – und zwar nunmehr in der aus MPI-Sicht *richtigen* Richtung.

Nicht zuletzt mit Hilfe der in allen sechzehn Bundesländern in Kraft befindlichen frühpädagogischen Bildungspläne soll der Schulferne des deutschen Kindergartens abgeholfen werden. In der Wendung von den so genannten *anschlussfähigen Bildungsprozessen*, die der Kindergarten einleiten solle, findet diese Zielbestimmung ihren Ausdruck. Die Rede von der *Anschlussfähigkeit* der elementaren Bildung hat die Grundschule im Visier, die gewissermaßen organisch auf dem aufbauen können soll, was der Kindergarten an früher Bildung angebahnt hat. Die Bildungs- und Erziehungspläne haben überwiegend einen empfehlenden und (noch) keinen verbindlichen Charakter. Vor allem aber mangelt es an konkreten Handreichungen, wie die Erzieher/innen vor Ort die Intentionen und die in den Bildungsplänen niedergelegten hehren Absichten in der praktischen Arbeit umsetzen können. Das bremst einstweilen noch die Herstellung der viel beschworenen Anschlussfähigkeit.

Im Folgenden sollen in wenigen Strichen und thesenartig zugespitzt die historischen Hintergründe für die getrennte Entwicklung des vorschulischen Elementar- und des schulischen Primarbereiches in Deutschland skizziert werden (2). Sodann möchte ich Überlegungen zu den Hintergründen der neuerlichen Debatte um das Verhältnis von Elementar- und Primarbereich anstellen (3). Abschließend folgen einige Anmerkungen zu einem aktuellen Dokument, das typisch sein dürfte für die weitere Entwicklung dieser unterschiedlichen Felder des Bildungsgeschehens und ihres Verhältnisses zueinander (4).

2 Zur getrennten Entwicklung des vorschulischen Elementar- und des schulischen Primarbereiches in Deutschland

Dass sich, wie im MPI-Bericht festgestellt, der Kindergarten in Deutschland seit seinen Anfängen *schulabgewandt* entwickelt hat, ist unbestritten. Ebenso wenig lässt sich übersehen, dass diese deutsche Entwicklung in ihrer relativen Schulferne in mancher Hinsicht von der Lage in anderen Ländern abweicht. Welche Gründe kann man dafür geltend machen?

Begeben wir uns zur Klärung dieser Frage auf eine kleine Zeitreise. Und zwar an den Anfang des vorletzten Jahrhunderts, wo uns eine Fülle an Ideen, wie die Bildung kleiner Kinder zu bewerkstelligen wäre, entgegentritt. Insbesondere mit der Pädagogik Friedrich Fröbels ist ausgerechnet in Deutschland schon in der ersten Hälfte des 19. Jahrhunderts ein wegweisendes Konzept verfügbar gewesen, mit dessen Hilfe kleine Kinder mehr als nur anständig versorgt und zu Wohlverhalten erzogen werden konnten. Die Fröbelschen Spielgaben – um nur das Herzstück der Fröbelpädagogik zu nennen – bildeten ein durchdachtes, in mancher Hinsicht geradezu geniales Mittel, um kleinkindliche Bildungsprozesse zu initiieren (vgl. Konrad 2012a, S. 79–104).

Vielleicht – und das ist meine erste These – lag aber gerade in der Existenz der Fröbelpädagogik und ihrer Überlegenheit gegenüber anderen Konzepten der Keim für die spätere *schulabgewandte* Richtung, in die der Elementarbereich in Deutschland im 19. Jahrhundert und danach sich entwickeln sollte. Die britische Infant School und die französische école maternelle zum Beispiel, die beide bereits das Wort *Schule* im Namen führen, taten im Grunde nichts anderes, als schulmäßiges Arbeiten bereits im vorschulischen Bereich zu praktizieren. Dagegen bot die Fröbel-Pädagogik ein Programm, das die besonderen Lern- und Entwicklungsbedürfnisse kleiner Kinder auf nicht-schulische Weise zu befriedigen versprach. Wenn es also darauf ankam, ließ sich für den vorschulischen Bereich auch in inhaltlich-pädagogischer Sicht Eigenständigkeit reklamieren.

Nun hat die neuere bildungshistorische Forschung (vgl. Reyer 2008; Franke-Meyer 2011) darauf aufmerksam gemacht, dass es ausgerechnet die Fröbelbewegung gewesen ist – und darunter an herausragender Stelle politisch aktive

Volksschullehrer –, die einige Jahrzehnte lang den Gedanken eines engen Zusammengehens von Kindergarten und Volksschule propagiert hat. In der Literatur ist die Rede vom *Verflechtungsargument*, wie es insbesondere von politisch *radikalen* Fröbelianern verfochten worden sei. Am Anfang der Kindergartenidee stand die Vorstellung, der Kindergarten könne so etwas wie die Unterstufe des allgemeinen Bildungswesens sein, demnach keineswegs als abwegig. Warum aber ist es dazu nicht gekommen? Warum hat sich der Kindergarten in der Folge nicht schulzugewandt, sondern eben schulabgewandt entwickelt? In der erwähnten Forschungsliteratur wird die These vertreten, die Niederlage des politisch engagierten Bürgertums in der Revolution von 1848 habe auch den Fröbel-Kindergarten als genuine Einrichtung bürgerlicher Kreise behördlicherseits in Misskredit gebracht. Tatsächlich ist das Betreiben von Fröbel-Kindergärten zu Beginn der Restaurationsära in Preußen untersagt worden.

So richtig dieses Argument ist, möchte ich doch auf ein Weiteres aufmerksam machen: Mir scheint, die schulabgewandte Entwicklung des deutschen Kindergartens hatte nicht nur diesen tagespolitischen Hintergrund, sie lag auch im vergleichsweise hohen Standard der deutschen Volksschule begründet (vgl. Konrad 2012b, S. 62 f.). Meine zweite These lautet deshalb: Die Leistungsfähigkeit der deutschen Volksschule hat für die Vertiefung der Kluft zwischen Elementar und Primarbereich gesorgt. Die von mir zitierte jüngere bildungshistorische Forschung kann interessanterweise zeigen, dass es in der zweiten Jahrhunderthälfte die Volksschullehrervereinigungen gewesen sind, die, wurde der Gedanke einer Verflechtung hier und da – selten genug – noch einmal geäußert, diesem entschieden widersprochen haben. Wohl gemerkt: Es handelte sich um dieselben Volksschullehrervereinigungen, die einige Jahrzehnte zuvor noch von einer *Verflechtung* gesprochen hatten.

War die deutsche Volksschule bzw. – wie sie damals hieß – die Elementarschule zu Beginn des 19. Jahrhunderts, von Ausnahmen abgesehen, kaum mehr als ein Aufbewahrungsort für die Kinder des Volkes, an dem es für diese nur wenig zu lernen gab, was sie für ihr Leben tatsächlich brauchen konnten, stellte sie um 1900 trotz weiterhin bestehender Defizite eine der wohl leistungsfähigsten Einrichtungen der Massenbildung dar – weltweit. Zu einem Zeitpunkt, eben Ende des 19. Jahrhunderts, zu dem Länder wie Spanien, Italien und Frankreich gerade erst die Schul bzw. Unterrichtspflicht einführten, war der Staat in Deutschland schon seit rund hundert Jahren dabei, den Schulbesuch faktisch durchzusetzen und das Schulehalten zu modernisieren. Denken wir an die zahlreichen didaktischen Innovationen, die insgesamt beträchtlichen Investitionen in Schulgebäude und in die Ausstattung der Klassenzimmer sowie die schnelle Anhebung der Pflicht-Beschulungsdauer auf sieben Jahre. Die seminaristische Lehrer(innen)bildung entstand ebenfalls in dieser

Zeit. Es waren nicht zuletzt diese vergleichsweise gut ausgebildete Lehrerinnen und Lehrer, die zu dem sich stetig verbessernden Standard der Volksschule beigetragen haben. Eine selbstbewusste Lehrerschaft aber konnte kein Interesse daran haben, mit den rangniedrigeren Kindergärtnerinnen in allzu enge Berührung zu kommen. Das hätte nur die Gefahr heraufbeschworen, dass ihre eigene, mühsam errungene Professionalität wieder infrage gestellt worden wäre. Ganz abgesehen davon, dass auch die Kindergärtnerinnen ihrerseits auf Abgrenzung bedacht waren, wollten sie doch ihren Beruf als exklusiv weibliche Domäne konsolidieren. Und schließlich dürfte das erwähnte relativ gute Niveau der deutschen Volksschule dafür verantwortlich gewesen sein, dass der Anpassungsdruck für den Kindergarten gering war und blieb. Mit dem schulmäßigen Lernen musste nicht so früh begonnen werden, wartete doch auf die kleinen Kinder anschließend ein mehrjähriger, intensiver und qualitativ wenigstens halbwegs ergiebiger Schulbesuch.

Nun hat allerdings die Stärkung der unterrichtlichen Leistungsfähigkeit und damit die Aufwertung der Bildungsfunktion der Schule zulasten anderer Funktionen stattgefunden. Das lässt sich beispielsweise daran zeigen, dass es schon in der ersten Hälfte des 19. Jahrhunderts den schulpflichtigen Kindern verboten wurde, ihre jüngeren, aufsichtslosen Geschwister in die Schule mitzubringen. Dass die Kleinen dort den Unterricht störten, fiel jetzt unangenehm auf und sollte unterbunden werden. An dieser scheinbaren Nebensächlichkeit wird gewissermaßen brennglasartig das schärfer werdende Auseinandertreten in Pflege und Aufsicht für die noch nicht Schulpflichtigen einerseits und Bildung für die Schulkinder andererseits deutlich. Für die aufsichtslosen Proletarierkinder wurden Kleinkinderbewahranstalten bzw. die Kleinkinderschulen eingerichtet. Diese Kinder mussten und sollten nicht länger unerbetene Zaungäste des Schulbetriebs sein. Die Bewahranstalten und die Sorge für die kleinen Kinder aber waren Teil dessen, was man damals freie Liebestätigkeit, Armenpflege usw. nannte, Tummelplatz des überwiegend privaten Engagements, meist vor kirchlichem Hintergrund. Dieser Sektor aber beruhte ganz auf den Prinzipien der Bedürftigkeit der Klientel und der Freiwilligkeit des Angebots (wie auch der Inanspruchnahme). Damit gerieten die kleinen, noch nicht schulpflichtigen Kinder ins Gravitationsfeld eines strukturellen Musters, das dem der Schule, deren Besuch weder auf Bedürftigkeit noch auf dem Prinzip der Freiwilligkeit beruhte, diametral zuwiderlief.

Meine dritte These ist, dass der Elementarbereich sich schulabgewandt entwickelt hat, weil er dem Fürsorgesektor beitrat, sich der Fürsorgesektor aber in den genannten wesentlichen Aspekten von der Schule unterschied. Betrachtet man die Geschichte der beiden sozialen und pädagogischen Handlungsfelder und ihres Verhältnisses zueinander bis etwa in die Mitte des 20. Jahrhunderts hinein im Detail, dann gewinnt man den Eindruck, es sei auch niemals der entschlossene Wille da gewesen, diese Entwicklung zu revidieren. Hatte der Staat der Kirche schon in einem mehrhundertjährigen Ringen die Schule entwunden, wollte er dies offenkundig nicht auch noch im Bereich der öffentlichen Kleinkinderziehung tun. Ganz abgesehen davon, dass er die damit verbundenen Kosten scheute. So erklärt es sich, dass sich immer wieder das Subsidiaritätsprinzip, das den privaten bzw. kirchlichen Erstanspruch gewissermaßen zementiert, auch in entscheidenden historischen Schlüsselsituationen hat durchsetzen können, wo andere Weichenstellungen durchaus möglich gewesen wären. Nie lag die konsequente *Verstaatlichung* des Elementarbereichs näher, als unmittelbar nach dem Ersten Weltkrieg. Aber auch damals ist sie unterblieben (vgl. Konrad 2007).

Schließlich ist noch auf einen Aspekt hinzuweisen, der dem Freiwilligkeitsprinzip, wie es den Fürsorgesektor kennzeichnet, in die Hände zu spielen vermochte. Gemeint ist die hohe Bedeutung, die der Familie in der Mentalität der Deutschen zukommt, was ebenso wie Bewahranstalt und Kindergarten als Erbe des 19. Jahrhunderts anzusehen ist. Daraus folgt meine vierte und letzte These: Der Kindergarten hat sich auch deshalb schulabgewandt entwickelt, weil es in Deutschland bis heute eher unpopulär ist, der Familie die Erstzuständigkeit und besondere Kompetenz in der Erziehung der kleinen Kinder streitig zu machen. Alles andere als Familienerziehung (was in der Regel bedeutete: die mütterliche Erziehung) galt lange als schlechter Ersatz und lebt noch heute in der „fehlenden gesellschaftlichen Anerkennung für berufstätige Mütter hierzulande" (Spiegel Online 2012) fort. Die Autoren einer Studie des Instituts für Bevölkerungsforschung, welches dem Bundesinnenministerium unterstellt ist, hätten 2012 festgestellt, „das kulturelle Leitbild von einer ‚guten Mutter', die zu Hause bei den Kindern zu bleiben habe, sei vor allem in den alten Bundesländern noch so stark verbreitet, dass berufstätige Frauen sich im Zweifel eher gegen als für ein Kind entschieden", so wurde auf SPIEGEL ONLINE (2012) ein zentraler Befund jener Studie dargelegt. In der kontroversen Debatte um das so genannte Betreuungsgeld, wie sie 2011 und 2012 geführt wurde, ließ sich die Wiederkehr des Familienarguments eindrucksvoll beobachten. Im Übrigen aber galt lange: Wenn sich öffentliche Erziehung partout nicht umgehen ließ, dann sollte sie möglichst nach dem Muster der Familie gestaltet sein. Genau diese Bedingung erfüllte die Pädagogik Fröbels. Das Rollenvorbild für die Kindergärtnerin war die liebevoll ihren Kindern zugewandte Mutter.

Soweit der in vier Thesen verdichtete Versuch, die für Deutschland typische Entwicklung im Elementar- und im Primarbereich historisch zu erklären. In diesem Deutungsansatz hat die in Deutschland relativ gut funktionierende Schule eine wichtige Rolle gespielt. Suchte man nach einem weiteren Argument für die herausgehobene Bedeutung der Schule für den Elementarbereich, dann könnte man nicht zuletzt auch auf die Ereignisse im Westdeutschland der 1960er Jahre verweisen. Damals begann der Glanz des alten Kindergartens nachhaltig zu verblassen. Man fragte nun erstmals, ob es tatsächlich ausreicht, wenn dieser Kindergarten nur von einer Minderheit der Kinder besucht wird, die in ihm gewiss schöne Stunden, diese aber vorwiegend mit Spielen und Basteln und religiöser Unterweisung verbringen. Die Debatten, die um den Kindergarten geführt wurden, fielen nun interessanterweise in genau jenes Jahrzehnt, in dem auch die Schule der alten Bundesrepublik – und zwar bevor man sich kritisch mit dem Kindergarten zu beschäftigen begann – ins Fadenkreuz der Aufmerksamkeit geraten war. Der Historiker Hans-Ulrich Wehler schreibt hierzu: „In einer Langzeitperspektive ist die Entwicklung des Bildungssystems im Kaiserreich eine Aufstiegsgeschichte, die zu Erfolgen geführt hat, von denen dieses System zum guten Teil bis in die 1960er Jahre zehren konnte" (Wehler 2006, S. 1191). Angesichts einer leistungsfähigen Schule musste man sich um den vorschulischen Bereich nicht sorgen. Mit der Krise der Schule in den 1960er Jahren wurde nun aber auch der mit sozusagen unsichtbaren Fäden an die bisher gut funktionierende Schule gebundene Kindergarten hinterfragt. Man war sich nicht mehr so sicher, ob das Bildungsangebot der Schule nicht doch zu spät komme, um wirklich alle Kinder gleichermaßen zu erreichen. Würden die Bemühungen der Schule nicht weit fruchtbarer ausfallen, begänne man damit schon im Kindergarten? Die Argumente, die in den Debatten der 1960er Jahre vorgebracht wurden, ähneln der heutigen Diskussionslage auf verblüffende Weise. Denken wir nur an die damals wie heute starke ökonomische Fokussierung. Deutschland werde seine Rolle als führende Wirtschaftsmacht verlieren, kümmere man sich nicht mehr als bislang um die kleinen Kinder. So hieß es schon vor nahezu einem halben Jahrhundert und so liest man es auch heute wieder. Ebenfalls bereits in den 1960er Jahren wurden mit den so genannten funktionsorientierten und den wissenschaftsorientierten vorschulpädagogischen Ansätzen didaktische Modelle entwickelt, die in Manchem dem entsprechen, was heute wieder en vogue ist. Allerdings haben sich in der Folgezeit nicht diese Ansätze, sondern der Situationsansatz, die Reggio-Pädagogik, der Waldkindergarten und andere Ansätze etablieren können, die aber allesamt – würden vermutlich die eingangs zitierten Autoren des MPI-Bildungsberichts urteilen – jenes Grundübel der Schulferne des deutschen Kindergartens nicht zu überwinden vermochten. In unterschiedlichen Graden folgen alle diese Ansätze in der Tat immer noch jener Idee einer genuin kindlichen Bildung, wie sie zuerst Friedrich Fröbel formuliert hat, und stehen für einen eigenständigen, eben nicht schulaffinen Bildungsauftrag des Kindergartens.

Im folgenden Abschnitt sollen noch einige Überlegungen zu den Hintergründen der neuerlichen Debatte um das Verhältnis von Elementar- und Primarbereich angestellt werden. Es wurde schon darauf hingewiesen, dass die Ausgangslage der vor mehr als vierzig Jahren nicht unähnlich ist. Erneut ist die Schule in die Kritik geraten. Immerhin zielen die PISA-Tests, die als Auslöser der aktuellen Debatten gelten dürfen auf 15-jährige Schülerinnen und Schüler, nicht aber auf Kinder im Kindergartenalter.

3 Perspektiven der Entwicklung: Gründe und Hintergründe

Typisch für die aktuelle Lage scheint mir ihre Ambivalenz zu sein. Unter den eben genannten vorschulischen Ansätzen erfreuen sich nicht zuletzt solche großer Beliebtheit, die sich als *alternativ* verstehen, zum Beispiel der Waldkindergarten und auch die anthroposophische Vorschulpädagogik. Ganz offenkundig suchen viele Eltern Einrichtungen, die nach diesen Modellen arbeiten, auch wenn – oder vielleicht gerade weil – diese Eltern wissen, dass sie es hier mit schulfernen Ansätzen zu tun haben. Der Erfolg dieser Modelle scheint die oben angesprochene Entwicklung, wie sie sich u. a. an den erwähnten Bildungsplänen festmachen lässt, zu konterkarieren. Gemeint ist jene Entwicklung, die dazu führt, dass sich die für die deutsche Szene klassisch gewordene Kluft zwischen dem Kindergarten einerseits und der Schule andererseits allmählich doch zu schließen beginnt. Und zwar zugunsten der Entstehung eines Typus öffentlicher Kleinkinderziehung, den Hans-Günther Roßbach (2003, S. 253) einmal als „Vorschultyp" bezeichnet hat, weil dieser das strukturierte und inhaltsbezogene Lernen stärker denn je in den Elementarbereich hinein verlagert. Allerdings ist zu bedenken: Konsequente Alternativen wie zum Beispiel die Waldorf-Pädagogik oder auch das Angebot des Waldkindergartens werden immer auf Nachfrage stoßen und sich mit Hilfe von elterngetragenen Einrichtungen in den Nischen des Bildungsbetriebs erfolgreich behaupten. Für die Mehrheit der Kindergärten jedoch dürfte die Schulaffinität in mehr oder minder großem Ausmaß die dominante Perspektive der Zukunft sein. Was sind die Gründe?

Mit dem Hinweis auf die PISA-Tests weiter vorn in diesem Text ist das entscheidende Stichwort bereits gefallen. PISA hat die Diskussion um die Zukunft des deutschen Bildungswesens in einen internationalen Kontext gerückt. Einen Kontext, der ein weltweit gültiges Normalmodell allgemeiner Bildung kreiert, das auf die deutschen nationalen Besonderheiten keine Rücksicht nimmt. Diese Globalisierung betrifft auch den Elementarbereich (vgl. Konrad 2009). Nehmen wir nur die schon erwähnten Bildungs- und Erziehungspläne, die in Deutschland vermehrt die Arbeit in den Kindertageseinrichtungen prägen. Sie stellen keineswegs ein singuläres Phänomen dar, denn weltweit wird in allen OECD-Mitgliedsländern (und auch darüber hinaus) an solchen Plänen gearbeitet bzw. sind solche Pläne bereits in Kraft. Diese Pläne aber, die übrigens von der OECD schon 2001 als „fairly similar in all countries" bezeichnet wurden, weisen einen eindeutigen Schulbezug auf. Das wird schon daraus ersichtlich, dass in allen Plänen so genannte „key learning areas" ausgewiesen werden, die das vorwegnehmen, was sich später in den Unterrichtsfächern der Schule wiederfindet. Außerdem ist in diesen Plänen explizit die Rede von „desirable outcomes", „readiness for school" und von „standards" (OECD 2001). Das sind starke Indikatoren einer spürbaren Schulorientierung.

Wie hier zunehmend eine supranational angelegte Tiefenstruktur der frühkindlichen Bildung im Entstehen ist, in die sich die deutschen Debatten nahtlos einfügen, wird auch daran erkennbar, dass in letzteren ganz offen auf das Ausland Bezug genommen wird. Der bayerische Bildungs- und Erziehungsplan beispielsweise stellt seine Ausführungen ganz explizit in diesen internationalen Kontext (Bayerisches Staatsministerium für Arbeit und Sozialordnung, Familie und Frauen 2006, S. 17). In allen Plänen weltweit finden wir den Verweis auf stets dieselben herausragenden frühpädagogischen Paradigmen oder bestimmte, immer wieder genannte didaktische Modelle. Wenn man Globalisierung nicht nur ökonomisch, sondern auch als die zunehmende transnationale Interaktion von Ideen versteht (vgl. Osterhammel und Petersson 2004, S. 22 f.), dann darf die quasi weltweite Verplanung von öffentlicher Kleinkinderziehung nach stets demselben Muster als eine Manifestation dieser Globalisierung der Frühpädagogik gelten.

Zweifellos könnte man an dieser Stelle noch weitere Aspekte thematisieren. Zu denken ist beispielsweise an die Emergenz der so genannten Wissensgesellschaft, in der das Verfügen über Bildung zu einer entscheidenden Determinante für ein gutes und gelingendes Leben geworden ist. Der langjährige Leiter der deutschen PISA-Studie, Jürgen Baumert, sagte in einem Interview: „In der Wissensgesellschaft bestimmt Bildung den Lebenslauf stärker, als dies je zuvor der Fall war", und er fügt an, allein aufgrund des Bildungsabschlusses ließen sich Einkommenserwartungen, Scheidungsrisiken oder ein erhöhtes Krankheits- oder Sterberisiko vorhersagen (Spiegel Online 2010). Demzufolge kann man verstehen, dass Eltern ihre Kinder keinem erhöhten Scheidungsrisiko oder einem erhöhten Krankheitsbzw. Sterberisiko aussetzen wollen und deshalb ihrerseits ebenfalls der Bildung hohe Priorität einräumen. Mindestens einen mittleren Bildungsabschluss erstreben nahezu alle Eltern für ihre Kinder, wie entsprechende Befragungen immer wieder belegen. Wenn möglich, soll es sogar mehr sein. Schon 45 % einer Alterskohorte besuchen inzwischen das Gymnasium. In einer solchen Situation kann mit dem Lernen, wie es die Schule so erfolgreich betreibt, nicht früh genug begonnen werden – eben im Kindergarten.

4 Schluss: Kindergarten und Schule in den bayerischen „Bildungsleitlinien"

Abschließend soll ein Blick auf ein unlängst erschienenes Dokument geworfen werden, das exemplarisch zeigt, wie sich Politik und Fachwissenschaft die Annäherung des Kindergartens an die (Grund-)Schule denken: die „Bayerischen Leitlinien für die Bildung und Erziehung von Kindern bis zum Ende der Grundschulzeit" aus dem Jahre 2012 (vgl. Bayerisches Staatsministerium für Arbeit und Sozialordnung, Familie und Frauen/Bayerisches Staatsministerium für Unterricht und Kultus 2012). Die Kluft zwischen den beiden Feldern des Bildungsgeschehens wird in den Leitlinien schlicht dadurch überbrückt, dass man die ersten zehn Lebensjahre eines Kindes zu einer Einheit erklärt. Die Leitlinien beziehen sich sowohl auf den Elementar- als auch auf den Primarbereich, zwischen denen es keine prinzipiellen, sondern nur noch graduelle Unterschiede geben soll. So wird beispielsweise auf den durchgängig gegebenen Zusammenhang von Spielen und Lernen verwiesen, wobei sich im Laufe der Zeit „das eher beiläufige Lernen im Spiel [...] mehr und mehr zum spielerischen Lernen" fortentwickeln soll (Bayerisches Staatsministerium 2012, S. 24 f.). Von *Basiskompetenzen* ist die Rede, wenn es um den Kindergarten geht, worauf die Schule mit der Herstellung von *Sachkompetenzen* zu reagieren hat. Die in der Vergangenheit auch entwicklungspsychologisch begründete Zäsur, die die Einschulung klassischerweise markierte, und die eine *schulferne* Entwicklung des Elementarbereichs wissenschaftlich begründet erscheinen ließ, wird quasi wegdefiniert und durch ein strukturell einheitliches, lebensalterunspezifisches Modell des kindlichen Lernens ersetzt: das des sozialen Konstruktivismus. Auch wenn es in den Leitlinien nicht offen zu Tage treten mag, letztlich ist es doch die Schule, die die Richtung vorgibt. Die *Sachkompetenzen* etwa, von denen eben die Rede war, sollen zwar erst am Ende der Grundschulzeit abgeprüft werden, und zwar an Hand von Bildungsstandards und festgelegten Kompetenzkatalogen. Jedoch soll bereits im Kindergarten die systematische Beobachtung und Dokumentation der kindlichen Lern- und Entwicklungsprozesse erfolgen. Wer garantiert, dass es nicht bald schon Standards und Leistungskataloge für den Elementarbereich gibt, so wie sie jetzt schon in der Grundschule zur Anwendung kommen? Erinnert sei an die Vergleichsarbeiten, die seit 2007 in Klasse drei in Grundschulen aller Bundesländer nach einheitlichen Standards durchgeführt werden. Wie auch immer: Ähnlich wie im Sekundarbereich, wo mit der voranschreitenden Zweigliedrigkeit des Schulsystems ebenfalls ein deutscher *Sonderweg* an sein Ende kommt, steht Deutschland auch im Elementar- und Primarbereich im Begriff, in den Hauptstrom der internationalen Entwicklung einzumünden. Die künftige Entwicklung des Kindergartens wird sich nicht länger schulabgewandt vollziehen.

Literatur

Baumert, Jürgen, Kai S. Cortina und Achim Leschinsky. 2003. Grundlegende Entwicklungen und Strukturprobleme im allgemein bildenden Schulwesen. In *Das Bildungswesen in der Bundesrepublik Deutschland. Strukturen und Entwicklungen im Überblick*, Hrsg. Kai S. Cortina, Jürgen Baumert, Achim Leschinsky, Karl Ulrich Mayer, und Luitgard Trommer, 52–147. Reinbek: Rowohlt.

Bayerisches Staatsministerium für Arbeit und Sozialordnung, Familie und Frauen, Hrsg. 2006. *Der Bayerische Bildungs- und Erziehungsplan für Kinder in Tageseinrichtungen bis zur Einschulung*. Weinheim: Beltz.

Bayerisches Staatsministerium für Arbeit und Sozialordnung, Familie und Frauen/Bayerisches Staatsministerium für Unterricht und Kultus. 2012. *Gemeinsam Verantwortung tragen. Bayerische Leitlinien für die Bildung und Erziehung von Kindern bis zum Ende der Grundschulzeit*. München: Bayerisches Staatsministerium für Arbeit und Sozialordnung, Familie und Frauen.

Franke-Meyer, Diana. 2011. *Kleinkindererziehung und Kindergarten im historischen Prozess. Ihre Rolle im Spannungsfeld zwischen Bildungspolitik, Familie und Schule*. Bad Heilbrunn: Klinkhardt.

Konrad, Franz-Michael. 2007. Fürsorge oder Bildung? Zu den vorschulpolitischen Debatten auf der Reichsschulkonferenz 1920, ihren Hintergründen und Folgen. *Zeitschrift für Sozialpädagogik* 5 (1): 37–50.

Konrad, Franz-Michael. 2009. Instruktion oder Konstruktion? Zu einem Widerspruch des Postmodernismus in den internationalen frühpädagogischen Diskursen. *Zeitschrift für Sozialpädagogik* 7 (1): 2–22.

Konrad, Franz-Michael. 2012a. *Der Kindergarten. Seine Geschichte von den Anfängen bis in die Gegenwart*. 2. Aufl. Freiburg: Lambertus.

Konrad, Franz-Michael. 2012b. *Geschichte der Schule. Von der Antike bis zur Gegenwart*. 2. Aufl. München: C. H. Beck.

OECD. 2001. *Starting strong. Early childhood education and care I*. Paris: OECD.

Osterhammel, Jürgen und Niels P. Petersson. 2004. *Geschichte der Globalisierung. Dimensionen - Prozesse - Epochen*. München: C. H. Beck.

Reyer, Jürgen. 2008. Kindergarten und Schule. Historische Abgrenzungsmotive. In *Sorge um die Kinder. Beiträge zur Geschichte von Kindheit, Kindergarten und Kinderfürsorge*, Hrsg. Sabine Hering und Wolfgang Schröer, 69–83. Weinheim: Juventa.

Roßbach, Hans-Günter. 2003. Vorschulische Erziehung. In *Das Bildungswesen in der Bundesrepublik Deutschland. Strukturen und Entwicklungen im Überblick*, Hrsg. Kai. S. Cortina, Jürgen Baumert, Achim Leschinsky, Karl U. Mayer, und Luitgard Trommer, 252–284. Reinbek: Rowohlt.

Spiegel Online. 2010. Schlichte Utopie. Der Bildungsforscher Jürgen Baumert über fehlende Förderung für Schüler, unnütze Forderungen von Eltern und die Zwei-

Klassen-Gesellschaft der Lehrer. http://www.spiegel.de/spiegel/0,1518,druck-700334,00.
html. Zugegriffen: 24. Juni 2012.

Spiegel Online. 2012. Kinderkriegen so unattraktiv wie nie. http://www.spiegel.de/politik/
deutschland/deutschland-studie-untersucht-gruende-fuer-sinkende-geburtenrate-a-
873264.html. Zugegriffen: 19. Dez. 2012.

Wehler, Hans-Ulrich. 2006. *Deutsche Gesellschaftsgeschichte*. 2. Aufl. Bd. 3: Von der Deutschen Doppelrevolution bis zum Beginn des Ersten Weltkrieges: 1849–1914. München:
C. H. Beck.

Annäherungen von Kindergarten und Schule. Wandel früher Kindheit?

Johanna Mierendorff

Zusammenfassung

Seit einigen Jahren wird die sich Ende des 19. Jahrhunderts vollzogene institutionelle Trennung von Kindergarten und Schule in der Fachöffentlichkeit bemängelt; eine ganze Reihe institutioneller Annäherungsversuche haben seitdem stattgefunden. Der Beitrag geht der Frage nach, ob derzeit tatsächlich eine solche Annäherung zu beobachten ist und inwiefern ein solcher Prozess langfristig Auswirkungen auf das Muster früher Kindheit haben könnte. Ausgehend von der These, dass wohlfahrtsstaatliche Regulierungen des Bildungssystems erhebliche Folgen für das Wesen unterschiedlicher Institutionen der Kindheit haben, werden drei Regulierungsphasen rekonstruiert – Separierung, Latenz, erster Aufbruch – anhand derer ein erster Annäherungsprozess sichtbar wird. Deutlich wird, dass in den vergangenen Jahren ein folgenreiches Regulierungsgeschehen des Elementarbereichs eingesetzt hat, in dem z. T. sehr stark auf die Institution Schule Bezug genommen wurde. Abschließend wird die These aufgestellt, dass diese wohlfahrtsstaatliche Forcierung der Annäherung von Kindergarten und Schule langfristig das Muster früher Kindheit verändern wird – es deuten sich bereits jetzt eine abnehmende Familialisierung der frühen Kindheit, die Normalisierung des Kindergartenbesuchs sowie zunehmende Scholarisierungsprozesse an.

J. Mierendorff (✉)
Institut für Pädagogik, Martin-Luther-Universität Halle-Wittenberg,
06099 Halle, Deutschland
E-Mail: johanna.mierendorff@paedagogik.uni-halle.de

P. Cloos et al. (Hrsg.), *Elementar- und Primarpädagogik*,
DOI 10.1007/978-3-658-03811-3_3, © Springer Fachmedien Wiesbaden 2014

Schlüsselwörter
Frühe Kindheit · Institutioneller Wandel · Kindertagesbetreuung · Kindergarten · Sorge · Frühkindliche Bildung · Wohlfahrtsstaat

1   Die Institutionen der frühen Kindheit

Eine zentrale Aussage der Kindheitsforschung ist, dass Kindheit in den unterschiedlichsten Praxen durch Erwachsene und Kinder permanent hervorgebracht wird (vgl. Bühler-Niederberger 2011; Alanen 2009; Kelle 2005). Auch in zwei der heute zentralen Institutionen der frühen Kindheit – in der Familie und der außerfamilialen Kindertagesbetreuung – vollziehen sich unablässig solche Prozesse. Es konstituieren sich bspw. Regeln in Bezug auf das Verhältnis von Erwachsenen und Kindern sowie Zuschreibungen an das Kind als Kind und den Erwachsenen bspw. in der Rolle des Erziehenden; es werden Rahmenbedingungen von agency hergestellt; Bildungsräume und Sorgeverhältnisse werden gestaltet. Das Kind wird durch die Institutionen der Kindheit (vgl. Honig 2003) an sich, sowie durch die dort handelnden Akteure in seiner Rolle als Kind, als Kindergartenkind, als Schulkind angesprochen. Es soll lernen, sich entwickeln und sich allmählich selbst disziplinieren, wenngleich dies altersbezogen unter unterschiedlichen normativen Annahmen über gute Kindheit, Partizipation oder das Lernen erfolgt. Kinder vollziehen in den Institutionen der frühen Kindheit, folgt man dem Modell von Corsaro (1985), permanent Prozesse der interpretativen Reproduktion von Kultur – Kindheit als ein kulturelles Muster entsteht u. a. an diesen Orten. In okzidentalen Gesellschaften konstituiert sich dabei ein anderes Kindheitsmuster als bspw. jenes, das Alfred Schäfer (2002) für den afrikanischen Stamm der Dogon beschrieben hat. Denn dort existiert kein umfassendes staatliches System organisierter öffentlicher Betreuung und Bildung, in denen das Kind als erziehbares Wesen angesprochen und konstituiert wird. Bühler-Niederberger spricht von westlicher Kindheit als einer historisch allmählich gewachsenen Phase langer geschützter Kindheit (vgl. 2011, S. 66). Mierendorff (2010) arbeitet heraus, dass das Muster moderner Kindheit Teil einer hochgradig ausdifferenzierten institutionalisierten Altershierarchie ist, was sich auch in der Ausdifferenzierung der Institutionen der Kindheit, nämlich dem Kindergarten und der Schule spiegelt. Das Muster moderner Kindheit ist durch Familialisierung und Scholarisierung sowie durch die absolute De-Kommodifizierung, d. h. durch die Freistellung von Erwerbsarbeit charakterisiert (vgl. 2010, S. 22 f.). Frühe Kindheit galt bisher im Gegensatz zur Schulkindheit als ein von Scholarisierungsprozessen freier Raum, der durch einen sehr hohen Grad an Familialisierung geprägt ist. Insofern kann von einer deutlichen Differenz von früher und Schulkindheit gesprochen werden. Gegenwärtig wird in Fachdiskursen allerdings eine Annäherung der Muster früher Kindheit und Schulkindheit prognostiziert (vgl. Klinkhammer 2012) – frühe Kindheit werde durch den Ausbau der außerfamilialen Kinderbetreuung und durch die Gestaltung von schulähnlichen Bildungsprogrammen stärker scholarisiert als noch im 20. Jahrhundert, was einhergehe mit einer Veränderung der innerfamilialen Sorgeverhältnisse. Es drängt sich also die Frage nach der Gestalt und der Gestaltung der Institutionen der frühen Kindheit sowie deren Verhältnis zueinander in ihrer Bedeutung für das Muster früher Kindheit auf. Besonders interessiert, inwiefern die Annäherung von Kindergarten und Schule einen Wandel der frühen Kindheit mit vorantreibt und welche Rolle dabei wohlfahrtsstaatliche Regulierungen spielen. Dieser These einer wohlfahrtsstaatlich regulierten Annäherung der Institutionen Kindergarten und Schule wird im Folgenden nachgegangen. Im Anschluss daran werden die Konsequenzen eines solchen Prozesses für den Wandel des Musters früher Kindheit diskutiert.

2 Wohlfahrtsstaatliche Regulierung der Institutionen der frühen Kindheit

Der Wohlfahrtsstaat nimmt eine bedeutende Rolle in der Gestaltung und Regulierung der Bedingungen früher Kindheit ein.[1] Er setzt dabei neben der Regulierung zivil- und strafrechtlicher Verhältnisse (bspw. Kindschaftsverhältnisse, Sorgerecht, Mündigkeit in unterschiedlichen zivil- und strafrechtlichen Bereichen) vor allem auch an den außerfamilialen Institutionen der frühen Kindheit an: Kindertagesbetreuung, Kinder- und Jugendhilfe, System der medizinischen Vorsorge. Über Gesetze, Programme und Finanzierungsmodi werden Etablierungsbedingungen, Grenzen und Möglichkeiten des Handelns, Zugänge und Berechtigungen etc. in diesen Institutionen gestaltet, wenngleich diese Regulierungen selbst noch keine Aussage über die Realisierung alltäglicher Praxen zulassen.

Schaut man sich bspw. so markante Ereignisse wie die Vorverlagerung der Schulpflicht in das fünfte Lebensjahr in einigen Bundesländern an oder aber die Etablierung und Umsetzung von Bildungsprogrammen, dann lässt sich bereits

---

[1] Ausführlich zum Verhältnis von Kindheit und Wohlfahrtsstaat in: Mierendorff (2010) sowie zum Verhältnis von Wohlfahrtsstaat und früher Kindheit Mierendorff (2013.).

erahnen, dass sich durch solche Veränderungen institutioneller Bedingungen Konsequenzen für die Kindheit ergeben. Denn hinter solchen Veränderungen verbergen sich Annahmen über die Gestalt und die Gestaltung des Schutzraumes früher Kindheit. Besonders interessant sind die historisch immer wieder aufscheinenden Neuverhandlungen des Verhältnisses der beiden zentralen Institutionen der Kindheit. Der Blick in die Geschichte des Kindergartens zeigt, dass solche seit nunmehr 150 Jahren auf politischer wie fachlicher Ebene geführten (Neu-) Justierungen eine erhebliche Bedeutung für das Muster früher Kindheit haben. Denn die Bestimmung und Gestaltung dieses Verhältnisses ist immer auch eine Verhandlung der frühen Kindheit gewesen. Drei Regulierungshasen lassen sich rekonstruieren:

Separierung Die erste Phase kann in Anlehnung an Jürgen Reyer (2006) als sehr komplexe Phase der Separierung gekennzeichnet werden. War bereits im 18. Jahrhundert die allgemeine Schulpflicht in vielen Staaten auf dem Gebiet der heutigen Bundesrepublik Deutschland eingeführt worden, wurde über ein Jahrhundert hinweg um deren Durchsetzung gerungen (vgl. von Friedeburg 1989; für Dänemark: de Coninck-Smith 2000). Scholarisierung hatte sich keinesfalls als Dimension von Kindheit durchgesetzt. Während die Durchsetzung der Volksschule im 18. Jahrhundert bereits ausschließlich als Staatsaufgabe begriffen wurde, fußte die erst allmählich auftauchende Kindertagesbetreuung fast ausschließlich auf lokalen, privaten Initiativen. Erst Mitte des 19. Jahrhunderts bildete sich mit der Zunahme von Einrichtungen der Kindertagesbetreuung ein staatliches Interesse heraus, diese Entwicklung vor dem Hintergrund der prekären Schulentwicklung zu ordnen. Aufschlussreich für das Verständnis dieses Prozesses ist, dass die privaten Neugründungen anfangs ausgesprochen unterschiedlich benannt wurden: Kleinkinderschulen, Warteschulen oder aber Bewahranstalten. Friedrich Fröbel hat mit seinen Schriften wesentlich dazu beigetragen, dass sich der Begriff des Kindergartens durchgesetzt hat. Reyer (2006) und auch Franke-Meyer (2011) haben in ihren Forschungsarbeiten zur Geschichte des deutschen Kindergartens herausgearbeitet, dass die unterschiedlichen Benennungen ein Ausdruck differenzierter Interessen waren: auf der einen Seite Sittlichkeitserziehung der Kinder erwerbstätiger Eltern der unteren Schichten (Bewahranstalten) bzw. eine herkunftsangemessene frühe Förderung der für das Erwerbsleben relevanten Fähigkeiten (Warteschulen, Spinnschulen) und auf der anderen Seite eine allgemeine Menschenbildung aller Kinder, wie Fröbel es in seinem Werk ausführte (Kindergarten). Dabei war – wie die Benennungen zeigen – keinesfalls immer eine deutliche Abgrenzung zur Schule vollzogen. Dementgegen forcierten zunehmend viele deutsche Staaten, insbesondere Preußen, die Trennung von Kindergarten und Schule, um die Autorität der

Schule zu sichern und die Schulpflicht durchzusetzen (vgl. Reyer 2006). So wurde die Verwendung des Begriffes Schule für Kinderbetreuungseinrichtungen, zum Teil auch jegliche schulähnliche Bildungsarbeit (Schriftspracherwerb, Vermittlung des Rechnens) verboten. Weiterhin wurde es an vielen Orten schulpflichtigen Kindern verboten, vorschulische Einrichtungen als Schulersatz zu besuchen, um der Schulpflicht nachzukommen; sowie umgekehrt, dass Eltern nicht-schulpflichtiger Kinder, die Schule als Ort der Aufbewahrung nutzen (vgl. Reyer 2006). Im Verlauf dieses Ordnungsgeschehens setzte sich allerdings nicht nur über staatliche Verbote, sondern auch über fachliche Auseinandersetzungen ein Wissen über entwicklungsangemessene Handlungsmethoden durch – die Besonderheit früher Kindheit als sensibler Entwicklungsraum wurde zunehmend betont. Ein weiteres Spannungsfeld eröffnete sich aus berufspolitischer Perspektive. Während Lehrervereinigungen den Kindergarten als Teil des Bildungswesens diskutierten und bspw. in den Verhandlungen der Reichsschulkonferenz von 1920 den Elementarbereich in das Bildungswesen aufzunehmen suchten (vgl. Franke-Meyer 2011, S. 213 f.), unterstützten dies wichtige Protagonistinnen der bürgerlichen Frauenbewegung wie Gertrud Bäumer (1873–1954), die die Etablierung eines sozialpädagogischen Handlungsfeldes forcierten, um Frauen ein neues Berufsfeld zu eröffnen, kaum. Es formierte sich keine wirkmächtige politische Lobby, die ein Interesse an der Integration von Kindergarten und Schule hatte. Als weiteres kann die aufgezeigte institutionelle Entwicklung nicht unabhängig von der allmählichen Durchsetzung eines bürgerlichen Familienideals, also der Ernährerehemann-Hausfrauen-Ehe bewertet werden, dem das Wissen über die Notwendigkeit einer sorgenden Mutter zugrunde lag, die in den ersten Lebensjahren allein zuständig für die Erziehung, Bildung und Pflege des Kindes sei (vgl. Schmid i. E.). Frühe Kindheit wurde als frei von organisierter professioneller Bildung gedacht. Außerfamiliale Kindertagesbetreuung konnte aus einer solchen Perspektive kaum mehr als eine Nothilfe für bedürftige Familien und entwicklungsgefährdete Kinder sein.

Nimmt man die ausdifferenzierten Entwicklungslinien zusammen, wird der nachhaltig prägende Prozess der Trennung der beiden Institutionen deutlich, der den Kindergarten als eine der Familie nachgeordnete Nothilfeeinrichtung etablierte (vgl. Reyer 2006). Frühe Kindheit bildete sich unter der nun entstandenen Gestalt der Institution Familie und des Kindergartens als ein von Schulkindheit separierter, strenger Schutzraum heraus.

Zu Beginn des 20. Jahrhunderts, nach dem ersten Weltkrieg wurde dann die Trennung der Bereiche gesetzlich fixiert, indem der Kindergarten im Reichsjugendwohlfahrtsgesetz (RJWG) von 1922 explizit als Teil der Jugendfürsorge verankert wurde. In § 3 RJWG wurde die Kindertagesbetreuung lediglich als Fürsorgeleistung für *hilfsbedürftige Minderjährige* ausgewiesen. In der pädagogischen Ausgestaltung der Institutionen Kindergarten und Schule etablierten sich entlang der Annahme unterschiedlicher Entwicklungsstände und altersangemessener Lernformen unterschiedliche Kulturen. Liegle (2008), aber auch Franke-Meyer (2011) weisen auf die allmähliche Herausbildung eines eigenständigen, sich von schulischer Bildung explizit distanzierenden Bildungsverständnisses hin, das sich vor allem im Spiel, als zentralem Aneignungsmodus, ausdrückte (vgl. Schäfer 2005).

Frühe Kindheit wurde als ein in der Familie geschützter Raum hervorgebracht, der Besuch eines Kindergartens entsprach nicht den Normalitätsvorstellungen guter früher Kindheit.

Latenz Die Zeit nach der Einführung des RJWG bis Ende des 20. Jahrhunderts kann als lange Phase der Latenz bezeichnet werden. Die normative, rechtliche und faktische Trennung von Kindergarten und Schule und deren organisatorische Konsequenzen wurden öffentlich kaum problematisiert. Der Kindergarten als Nothilfe für bedürftige Familien und entwicklungsgefährdete Kinder wurde nicht infrage gestellt, ebenso wenig die Bedeutsamkeit der Pflege und Erziehung durch die Mutter für eine gesunde körperliche, seelische und kognitive Entwicklung des Kleinkindes. Daran änderte auch der politische Diskurs über frühe Förderung von Kindern aller Schichten in den 1970er Jahren wenig, folgten doch daraus keine politischen Konsequenzen hinsichtlich einer systematischen Umgestaltung des Bildungssystems, insbesondere hinsichtlich einer Aufhebung der Trennung zwischen Kindergarten und Schule. In den folgenden Jahrzehnten blieb der Kindergarten von umfassenden bundesstaatlichen Regulierungen weitgehend unberührt, trotz der ideellen Verortung des Kindergartens als Teil des Bildungssystems. Fern von einer solchen politischen und strukturell-institutionellen Beharrlichkeit vollzogen sich allerdings inner-institutionell über fachliche Diskussionen zahlreiche Veränderungen auf der Ebene von Programmen und Konzepten (z. B. zum Situationsansatz Zimmer et al. 1997) sowie in Bezug auf Strategien der Qualitätssicherung (vgl. Honig et al. 2004; Roßbach 1999; Tietze und Roßbach 1990). Darüber hinaus normalisierte sich der stundenweise Besuch des Halbtagskindergartens als notwendiger vorschulischer Bildungsimpuls durch das zunehmende Förderinteresse von Eltern und den damit korrespondierenden Ausbaupolitiken der Städte und Kommunen. Ein ähnliches Spannungsfeld zeigte sich auch im Verhältnis beharrlicher Familienpolitik und mütterlicher Erwerbsarbeit: trotz kontroverser Diskussionen um Müttererwerbstätigkeit seit den 1970er Jahren und der Befreiung von Frauen aus der zugeschriebenen Mutterrolle, trotz der Zunahme von Teilzeitarbeit setzte keine spürbare Veränderung der Familienpolitik ein, die die Vereinbarkeit von Beruf und Familie maßgeblich unterstützt hätte.

Resümiert man also die Gesamtsituation der institutionellen Rahmung früher Kindheit bis Ende der 1980er Jahre, kann festgehalten werden, dass im Wohlfahrtstaat kein Handlungsbedarf bezüglich einer gravierenden Veränderung bisheriger Familien-, Betreuungs- und frühkindlicher Bildungspolitiken eingesetzt hat.

Erster Aufbruch Seit 1986 das Erziehungsurlaubsgesetz und 1990 das KJHG (Kinder- und Jugendhilfegesetz) verabschiedet worden war, vollziehen sich erste ideelle und strukturelle Veränderungen. Die Kindertagesbetreuung erhält im neuen Dienstleistungsgesetz einen eigenständigen Rang, sie fällt nicht mehr in den Bereich klassischer Fürsorge. Vielmehr wird die Doppelfunktion des Kindergartens, nämlich Betreuung und Bildung, deutlich herausgestellt (vgl. Joos 2003). Mit der expliziten Verankerung eines Bildungsauftrages findet eine normative Annäherung an die innere Verfasstheit der Schule statt.

Mit der Einführung des, seit den 1960er Jahren fachlich geforderten, parlamentarisch kontrovers diskutierten, aber nie durchsetzungsfähigen Rechtsanspruchs auf einen Kindergartenplatz im Jahr 1996 wird die Etablierung des Bildungsgedankens weiter vorangetrieben. Obwohl dieser Rechtsanspruch im Rahmen der Reform des § 218 StGB (Schwangerschaftsabbruch) verhandelt wurde, denn der Mangel an Betreuungsplätzen wurde mit für die Entscheidung gegen ein Kind verantwortlich gemacht, ist der Rechtsanspruch als Recht des Kindes und nicht als Recht der Mutter auf Hilfe formuliert. In diesem Doppelmotiv der Novelle wird deutlich, wie eng die Vorstellungen über frühe Kindheit und Mutterschaft miteinander verwoben sind. Spürbar wird ein Deutungswandel hinsichtlich mütterlicher Lebensführung und der Annahmen über die Entwicklungs- und Bildungsbedingungen in der frühen Kindheit.

Ein Wandel von früher Kindheit deutet sich an, denn die Institutionen Familie und Kindergarten werden allmählich in ein neues Verhältnis zueinander gestellt.

3 Erhöhtes Regulierungsgeschehen seit Beginn des 21. Jahrhunderts

Seit Beginn des 21. Jahrhunderts erhält dieser erste Annäherungsprozess zwischen Kindergarten und Schule eine neue Dynamik. Es setzt auf verschiedenen Ebenen eine Kritik der frühen Kindheit ein, insbesondere an der *Effektivität* der Institutionen der frühen Kindheit, nämlich am Kinderschutz (auf den in diesem Beitrag nicht näher eingegangen wird), an der Familie und dem Kindergarten:

a. Starke Familialisierung als gesellschaftliches Problem
    – Armut und soziale Ungleichheit im Lebenslauf werden nicht mehr aus-
      schließlich als Mangel ausgleichender wohlfahrtsstaatlicher Sicherungssyste-
      me formuliert, sondern als Problem der Ernährerehemann-Hausfrauen-Ehe.
      Die vorrangige Betreuung in der Familie in den ersten Lebensjahren wird in
      Bezug auf die Erwerbskarriere der Mutter und die ökonomische Situation der
      Familie (vgl. Esping-Andersen 2002) als inadäquat bewertet. Das Fehlen ei-
      nes zweiten existenzsichernden Haushaltseinkommens wird problematisiert.
      Das Familienleitbild der Hausfrauenehe, das auch für den westdeutschen
      Kindergarten im 20. Jahrhundert sowie das System der sozialen Sicherung
      konstituierend war, wird im Arbeitsmarktdiskurs immer weniger anerkannt
      (z. B. Regelungen zum ALG II).
    – Da die Zeit vor der Schule explizit als wichtige Lern- und Entwicklungspha-
      se deklariert wird (z. B. OECD 2001; Schäfer 2005), in der Kinder generell
      professionelle Förderung benötigen, damit alle natürlichen Potentiale (Bega-
      bungen und Anlagen) des kompetenten Kindes ausgeschöpft werden können
      (Bildungspläne der Länder), wird die Familie, in deren Verantwortung die
      Gestaltung dieser Phase bisher lag, als nicht hinreichend qualifiziert be-
      wertet (Klinkhammer 2012[2]). Es wird die Notwendigkeit des Lernens in
      professionell vorbereiteten Bildungsumgebungen und in Gleichaltrigengrup-
      pen formuliert (Fthenakis und Oberhuemer 2010). Neue Annahmen über
      Bildungsprozesse in der frühen Kindheit setzen sich (fach-) politisch durch.
b. Problematisierung des Bildungssystems
    – Betreuungsfunktion: Der in der Regel als Halbtagsangebot organisierte
      Kindergarten und das Fehlen von Ganztagsplätzen werden aus der Perspek-
      tive der Armutsbekämpfung (fehlendes Einkommen der Mutter) und der
      Gleichstellung als inadäquat bewertet. Die Mangelsituation wird mit dem
      Geburtenrückgang in Zusammenhang gebracht. Gesellschaftliche Probleme
      wie Armut und demographischer Wandel werden in einen Zusammenhang
      mit der Organisation der Kindertagesbetreuung gestellt (z. B. BMFSFJ 2005).
    – Bildungsfunktion: Das sich im Laufe der Zeit herausgebildete eigenständi-
      ge Bildungsverständnis des Kindergartens (vgl. Franke-Meyer 2011), das
      sich über den Verweis auf die Besonderheit kindlicher Aneignungspro-
      zesse und damit in Abgrenzung zur Schule und schulischen Lernformen
      konstituiert (Liegle 2008), wird problematisiert. Es wird als ungleichheits-

---

[2] Nicole Klinkhammer (2012) hat in einer umfänglichen Diskursanalyse herausgearbeitet, wie
sehr diese Aussage in die politischen Fachdebatten auf der Basis wissenschaftlicher Aussagen
zur Bedeutung früher Kindheit Einzug gehalten hat.

stiftend unter den Bedingungen einer Wissensgesellschaft bewertet (vgl. Rabe-Kleberg 2010). Problematisiert wird also die fehlende Anschlussfähigkeit der Bildungsinhalte und Lehr-Lernmethoden des Elementar- an den Primarbereich. Übergänge können sich prekär gestalten, sodass die Lernbiographie nachhaltig gefährdet sei (vgl. Griebel und Niesel 2011).

Diese ausdifferenzierte Kritik hat eine starke Lobby sowohl auf politischer Ebene (vgl. Esping-Andersen 2002; Schmitt und Mohn 2004; Mohn und von der Leyen 2007; kritisch: Honig und Ostner 2001; Bühler-Niederberger et al. 2008; Klinkhammer 2012; Kaščák und Pupala 2013) wie auch auf fachlicher (vgl. Fthenakis und Oberhuemer 2010; BMBF 2008; Thole et al. 2008). Aus der Komplexität der Motive und Interessenlagen an Kindertagesbetreuung, Familie und Kindern heraus, wird die Ermöglichung einer solchen Dynamik nachvollziehbar. Das Wissen über die Notwendigkeit von Reformen durchzieht wirkmächtige Entscheidungsbereiche (Klinkhammer 2012).

Wie oben ausgeführt sind einzelne dieser Probleme über das gesamte 20. Jahrhundert hinweg immer wieder Gegenstand politischer Aushandlungen gewesen – erstmals aber werden die Institutionen der Kindertagesbetreuung und insbesondere die Brüche im Bildungssystem, also die Trennung zwischen Kindergarten und Schule auf einem solch breiten gesellschaftlichen Konsens verhandelt und zum gesellschaftlichen Problem erklärt. Weitreichendes wohlfahrtsstaatliches Regulierungsgeschehen und damit nachhaltige strukturelle Veränderungen werden begründbar und damit möglich. Heinsohn und Knieper haben bereits 1975 die These entwickelt, dass ein substantieller Wandel der Sorge- und Bildungsverhältnisse in der frühen Kindheit historisch erst dann möglich werde, wenn sich die Produktionsbedingungen derart modifizieren, dass veränderte private Beziehungen notwendig werden. Denn nicht durch das Konstatieren, dass die Pädagogik des Kindergartens der Familie überlegen sei, werde institutioneller Wandel möglich, sondern vielmehr über den strukturellen Wandel der (Re-) Produktionsbedingungen (Vererbung, Besitz, Produktion). Neuere Studien haben in diesem Zusammenhang auf die Erosion des lange Zeit gesellschaftstragenden Male-Breadwinner-Modells verwiesen (vgl. Lewis 2006). Die Erwerbsarbeit von Frauen kann sich zunehmend schicht- und milieuübergreifend als Normalitätsannahme durchsetzen – der Kindergarten muss zwangsläufig seinen Nothilfecharakter verlieren. Insofern kann das, was wir heute beobachten, als Zuspitzung eines bereits langanhaltenden Veränderungsprozesses bezeichnet werden. Das, was sich in den vergangenen Jahren in unterschiedlichen privaten und öffentlichen Bereichen vollzogen hat, stößt nun allerdings auf politische und ökonomische Bedingungen, die institutionellen Wandel ermöglichen und damit umfassendes wohlfahrtsstaatliches Regulierungshandeln wünschenswert machen.

Schaut man sich das wohlfahrtsstaatliche Regulierungsgeschehen im Einzelnen an, dann erstaunt nicht nur das schmale Zeitfenster, in dem radikale Änderungen vollzogen werden, sondern auch die Breite und Nachhaltigkeit der Reformen:

Seit 1996 hat in drei Schritten mit dem Recht auf einen Kindergartenplatz, mit der Verabschiedung des Tagesbetreuungsausbaugesetzes (2005) sowie mit dem Kinderförderungsgesetz (2008) ein nach der Trennungsgeschichte von Schule und Kindergarten im 20. Jahrhundert bisher kaum für möglich erachteter Ausbau der Kindertagesbetreuung für Kinder über und vor allem unter drei Jahren stattgefunden. Klinkhammer (2012) weist in einer umfassenden Diskursanalyse darauf hin, dass sich über drei Legislaturperioden hinweg seit 1998 in Parlamentsdebatten eine erstaunliche parteiübergreifende Annäherung bildungspolitischer Positionen bezüglich des Elementarbereichs vollzogen habe. Das eigentlich Erstaunliche ist das Engagement der Bundesregierung, die bisher in der Gestaltung des Elementarbereichs zurückhaltend agierte.

Mit den Gesetzesinitiativen zum Platzausbau geht die Verabschiedung von Bildungsprogrammen in allen Bundesländern für den Elementarbereich einher; in den Bundesländern Hessen, Mecklenburg-Vorpommern und Thüringen richten sich die Programme sogar an die Zielgruppe der Null- bis Zehnjährigen. In ihrer grundsätzlichen Anlage zeigen diese Programme eine Nähe zu den Curricula der Schule auf, es sind deutliche Parallelen zu den Bildungsbereichen der Grundschule zu erkennen. Das Spiel verliert hier seine Dominanz als die zentrale Aneignungsform von Vorschulkindern[3]. Insgesamt kann dies als Abkehr von der politischen Verhandlung des Kindergartens vornehmlich als Institution der Fürsorge bewertet werden. Die neuen Modi der Regulierung und Gestaltung bedingen strukturelle Annäherungen an die Schule, trotz des Verbleibs der rechtlichen Ansiedlung im Kinder- und Jugendhilferecht.

Als Weiteres sind die vielfältigen bundes- und landesweiten Programme zur Förderung von Praxis- und Forschungsprojekten zum Übergang von Kindergarten und Schule zu nennen (vgl. Griebel und Niesel 2011[4]). Interessant ist auch

---

[3] Wenngleich dem Spiel bspw. in der Überarbeitung des sachsen-anhaltinischen Bildungsprogramms „Bildung: elementar – Bildung von Anfang" an (Rabe-Kleberg und Jaschinsky 2013) als altersgemäße kindliche Tätigkeit im Kontext der Weltaneignung ein eigenständiges Kapitel gewidmet wurde. In der ersten Fassung tauchte das Spiel vor allem als Mittel zur Erklärung von Sachzusammenhängen auf.

[4] Eine Länderübersicht: http://www.bildungsserver.de/Laenderueberblick-Elementarbildung-4236.html (Zugriff: 10.02.2014).

die Bundesinitiative zur quantitativen und qualitativen Sicherung des Fachpersonals (WiFF) – zum einen sind Forschungsvorhaben an der Schnittstelle zwischen Theorie und Praxis stark befördert worden – wissenschaftlich hervorgebrachtes und begründetes Wissen gilt als eine der Grundlagen professionellen Handelns. Zum anderen ist die Diskussion um die Qualifizierung und Qualifikation von in diesem Bereich Tätigen vorangetrieben worden – auch dies ist aus professionalisierungstheoretischer Perspektive eine wichtige Verhandlung. Aus der Perspektive des vorliegenden Beitrages sind vor allem die Bemühungen relevant, die darauf zielen, kindheitspädagogische oder auf Leitungsaufgaben bezogene Studiengänge an Fachhochschulen und Universitäten einzurichten (vgl. Robert Bosch Stiftung 2011) und damit eine Annäherung an internationale Standards der Akademisierung der Elementarpädagogik zu suchen. Auch dies deutet auf eine Annäherung an fachliche Standards der Schule hin. In den kindheits- bzw. elementarpädagogischen Studiengängen sind häufig Fächer verankert, die dem Fächerkanon der Grundschule nahe kommen – Deutsch, Mathematik, Sachunterricht, Musik und Kunst.

Das Wiederaufleben der Verhandlung des Verhältnisses von Kindergarten und Schule nach fast 150 Jahren, vor allem die konkreten und bisher in diesem Umfang noch nie dagewesenen politischen und professionspolitischen Gesetzes- und Programminitiativen in Praxis, Ausbildung und Forschung können als Zeichen dafür gewertet werden, dass es um mehr geht als um eine irgendwie gelagerte Institutionenangleichung, der Angleichung von Ausbildungsgängen oder der Berufsständesicherung. Vielmehr kann dies als Indiz für einen tiefgreifenden Wandel der beiden Institutionen der frühen Kindheit – Familie und Kindergarten – und damit des Musters früher Kindheit, wie es sich in der westlichen Moderne im 19. Jahrhundert herausgebildet hat, gedeutet werden (vgl. Mierendorff 2013.).

4 Aspekte des Wandels früher Kindheit

In der Einleitung wurde formuliert, dass sich frühe Kindheit als Kultur- und Strukturmuster in einem erheblichen Maße über die beiden Institutionen Familie und Kindergarten in ihrem ganz spezifischen Verhältnis zueinander konstituiert. Wandeln sich die Institutionen der Kindheit bzw. deren Verhältnis zueinander, kann davon ausgegangen werden, dass sich auch Kindheit wandelt. Dazu einige zusammenführende Gedanken:

Erstens Über die Neujustierung des Verhältnisses der Institution Familie und der
außerfamilialen Betreuungs- und Bildungsinstitution wird die Abnahme des, die
frühe Kindheit prägenden, hohen Grades der Familialisierung forciert. Familie verliert normativ und faktisch den Status der primären und vorrangigen Gestalterin
kindlicher Lebensbedingungen. Damit einhergehend schreitet die Scholarisierung
früher Kindheit voran. Dies ist nicht nur an der zunehmenden Inanspruchnahme
außerfamilialer Kindertagesbetreuung, also der Normalisierung eines kontinuierlichen und langen Besuchs einer vorschulischen Bildungseinrichtung, die auch
als Ort der Vorbereitung auf die Schule formuliert ist, abzulesen, sondern vor
allem an der Veränderung der Modi der Regulierung und Ausgestaltung der
Doppelfunktion der Kindertagesbetreuung. Diese Modi gleichen sich denen der
Institution Schule zunehmend an, Bildungsmotive werden stärker betont. Die
Scholarisierung der frühen Kindheit vollzieht sich sowohl über das Normalwer-
den einer *Kindergartenkarriere*, als auch über veränderte Regulierungsmodi der
Betreuungs- und Bildungseinrichtungen. Es kann allerdings keinesfalls von einer
De-Familialisierung der frühen Kindheit gesprochen werden, wie es bspw. Honig
und Ostner (i. E.) tun, sondern vielmehr von einer Verschiebung des Verhältnisses
von Familialisierung und Scholarisierung. Das Verhältnis von privater Sorge, Betreuung und Pflege sowie professioneller Pflege, Erziehung und Bildung wird mit
Bezug auf sich verändernde normative Annahmen über gute frühe Kindheit und
gelingende Entwicklung neu bestimmt. Frühe Kindheit als ein von Scholarisierung
freier Schutzraum verändert sich, die strenge Trennung von früher Kindheit und
Schulkindheit relativiert sich.

Zweitens Mit der angesprochenen Normalisierung eines langen Kindergartenbesuchs und der Annahme über die Bedeutsamkeit früher Förderung löst sich
allmählich die Heterogenität von Kindheitsbedingungen und des Aufwachsens in
der frühen Kindheit auf[5]. Möglicherweise deutet sich derzeit eine Angleichungs-
geschichte, wie sie in Bezug auf Schulkindheit über das frühe 20. Jahrhundert hinweg
stattgefunden hat, an.

Drittens An der Gesamtdarstellung wird deutlich, wie sehr wohlfahrtsstaatliche
Regulierungen über die Gestaltung der Institutionen der Kindheit das Muster früher
Kindheit prägen. Gesellschaftlicher Fortbestand und nationale Wettbewerbsfä-
higkeit werden nicht mehr, wie noch in den 1960er und 1970er Jahren, an die
Bedingungen der Organisation der Schule oder der weiterführenden Ausbildung
geknüpft, sondern nun auch an die Bedingungen einer effektiven frühen Kindheit

---

[5] Über die Ungleichzeitigkeit von Mustern des Aufwachsens Haag (2012).

(vgl. Olk 2007). Dass frühe Kindheit auch in politischen und parlamentarischen Arenen als effektive Lernphase sowie als Ort der Entstehung sozialer Ungleichheit in den Blick genommen wird, ist folgenreich. Die wohlfahrtsstaatliche Forcierung der Annäherung von Kindergarten und Schule aus der Perspektive der Optimierung wird langfristig das Muster früher Kindheit verändern.

Literatur

Alanen, Leena. 2009. Generational order. In *The Palgrave handbook of childhood studies*. *Houndsmill basingstoke*, Hrsg. Jens Qvortrup, William Corsaro und Michael-Sebastian Honig, 159–174 Houndmills: Palgrave Macmillan.

Bühler-Niederberger, Doris. 2011. *Lebensphase Kindheit. Theoretische Ansätze, Akteure und Handlungsräume*. Weinheim: Juventa.

Bühler-Niederberger, Doris, Andreas, Lange, und Johanna, Mierendorff, Hrsg. 2008. *Kindheit zwischen fürsorglichem Zugriff und gesellschaftlicher Teilhabe*. Wiesbaden: Springer.

BMBF (Bundesministerium für Bildung und Forschung), Hrsg. 2008. *Kindliche Kompetenzen im Elementarbereich. Förderung, Bedeutung und Messung. Bildungsforschung*. Bd. 24. Bonn.

BMFSFJ (Bundesministerium für Familie, Senioren, Frauen und Jugend), Hrsg. 2005. *Zwölfter Kinder und Jugendbericht. Zwölfter Kinder- und Jugendbericht – Bericht über die Lebenssituation junger Menschen und die Leistungen der Kinder- und Jugendhilfe in Deutschland*. Berlin.

Coninck-Smith, Ning de. 2000. Der Kampf um die Zeit der Kinder. Zur Revision der Geschichte der Kinderarbeit in den nordischen Ländern. In *Die Arbeit der Kinder. Kindheitskonzept und Arbeitsteilung zwischen den Generationen*, Hrsg. Heinz Hengst und Helga Zeiher, 209–218. Weinheim: Juventa.

Corsaro, William, A. 1985. *Friendship and peer culture in the early years*. Noorwood: Ablex.

Esping-Andersen, Gøsta. 2002. A child-centred social investment strategy. In *Why we need a new welfare state*, Hrsg. Gøsta Esping-Andersen, 26–67. Oxford: Oxford University Press.

Franke-Meyer, Diana. 2011. *Kleinkindererziehung und Kindergarten im historischen Prozess. Ihre Rolle im Spannungsfeld zwischen Bildungspolitik, Familie und Schule*. Bad Heilbrunn: Klinkhardt.

Friedeburg, Ludwig von. 1989. *Bildungsreform in Deutschland. Geschichte und gesellschaftlicher Widerspruch*. Frankfurt a. M.: Suhrkamp.

Fthenakis, Wassilios E., und Pamela Oberhuemer, Hrsg. 2010. *Frühpädagogik international. Bildungsqualität im Blickpunkt*. 2. Aufl. Wiesbaden: Springer.

Griebel, Wilfried, und Renate Niesel. 2011. *Übergänge verstehen und begleiten: Transitionen in der Bildungslaufbahn von Kindern*. Berlin: Cornelsen.

Haag, Christian. 2012. Wandel und Differenzierung von Kindheit als Re-Institutionalisierung? Eine Analyse der Reformpolitik zur Kleinkindbetreuung in Luxemburg. PhD Diss., Universität Luxemburg.

Heinsohn, Gunnar, und Barbara M. C. Knieper. 1975. *Theorie des Kindergartens und der Spielpädagogik*. Frankfurt a. M.: Suhrkamp.

Honig, Michael-Sebastian, und Ilona Ostner. (i. E.). Die „familialisierte" Kindheit. In *Kindheiten in der Moderne. Eine Geschichte der Sorge*, Hrsg. Meike S. Baader, Florian Eßer, und Wolfgang Schröer. Frankfurt a. M.: Campus.

Honig, Michael-Sebastian, Norbert Schreiber, und Magdalena Joos. 2004. *Was ist ein guter Kindergarten? Theoretische und empirische Analysen zum Qualitätsbegriff in der Pädagogik*. Weinheim: Juventa.

Honig, Michael-Sebastian. 2003. Institutionen und Institutionalisierung. In *Einführung in die Pädagogik der frühen Kindheit*, Hrsg. Lilian Fried, Barbara Dippelhofer-Stiem, Michael-Sebastian Honig, und Ludwig Liegle, 86–120. Weinheim: Beltz.

Honig, Michael-Sebastian, und Ilona Ostner. 2001. Das Ende der fordistischen Kindheit. In *Kinder und Jugendliche in Armut. 2. Vollst. überarb. Aufl*, Hrsg. Andreas Klocke und Klaus Hurrelmann, 293–310. Wiesbaden: Westdeutscher Verlag.

Joos, Magdalena. 2003. Der Umbau des Sozialstaates und Konsequenzen für die Konstituierung von Kindheit – diskutiert am Beispiel des Gutscheinmodells für Kindertageseinrichtungen. In *Kindheit im Wohlfahrtsstaat. Gesellschaftliche und politische Herausforderungen*, Hrsg. Renate Kränzl-Nagl, Johanna Mierendorff, und Thomas Olk, 121–150. Frankfurt a. M.: Campus.

Kaščák, Ondrej, und Branislav Pupala. 2013. Auf dem Wege zum „normalen" Superkind. In *Normierung und Normalisierung von Kindheit*, Hrsg. Helga Kelle und Johanna Mierendorff, 178–194. Weinheim: Beltz Juventa.

Kelle, Helga. 2005. Kinder und Erwachsene. Die Differenzierung von Generationen als kulturelle Praxis. In *Kindheit soziologisch*, Hrsg. Heinz Hengst und Helga Zeiher, 83–108. Wiesbaden: Springer VS.

Klinkhammer, Nicole. 2012. Kindheit im Diskurs. Eine wissenssoziologische Diskursanalyse bundesdeutscher Betreuungspolitik zwischen 1998 und 2009. PhD Diss., Martin-Luther-Univ.

Lewis, Jane, Hrsg. 2006. *Children, changing families and welfare states*. Cheltenham: Edward Elgar.

Liegle, Ludwig. 2008. Erziehung als Aufforderung zur Bildung. In *Bildung und Kindheit. Pädagogik der Frühen Kindheit in Wissenschaft und Lehre*, Hrsg. Werner Thole, Hans-Günther Roßbach, Maria Fölling-Albers, und Rudolf Tippelt, 85–113. Opladen: Budrich.

Mierendorff, Johanna. 2013. Frühe Kindheit und Wohlfahrtsstaat – Wandel des Musters früher Kindheit. In *Konstellationen und Kontroversen. Sozialpädagogik und Pädagogik der frühen Kindheit im Dialog*, Hrsg. Sektion Sozialpädagogik und Päd. der frühen Kindheit, 58–72. Weinheim: Beltz Juventa.

Mierendorff, Johanna. 2010. *Kindheit im Wohlfahrtsstaat. Über die Bedeutung des Wohlfahrtsstaates für die Entstehung und Veränderung des Musters moderner Kindheit – eine theoretische Annäherung*. Weinheim: Juventa.

Mohn, Liz, und Ursula von der Leyen. 2007. *Familie gewinnt: die Allianz und ihre Wirkungen für Unternehmen und Gesellschaft*. Gütersloh: Bertelsmann Stiftung.

OECD, Hrsg. 2001. *Starting strong: Early childhood education and care*. Paris.

Olk, Thomas. 2007. Kinder im Sozialinvestitionsstaat. *ZSE: Zeitschrift für Soziologie der Erziehung und Sozialisation* 1 (27): 43–57.

Rabe-Kleberg, Ursula. 2010. Bildungsarmut von Anfang an? Über den Beitrag des Kindergartens im Prozess der Reproduktion sozialer Ungleichheit. In *Bildungsungleichheit revisited. Bildung und soziale Ungleichheit vom Kindergarten bis zur Hochschule*, Hrsg. Heinz-Hermann Krüger, Ursula Rabe-Kleberg, Rolf-Torsten Kramer, und Jürgen Budde, 45–56. Wiesbaden: Springer VS.

Rabe-Kleberg, Ursula, und Franziska Jaschinsky. 2013. Bildungsprogramm für Kindertageseinrichtungen in Sachsen-Anhalt. Bildung: elementar – Bildung von Anfang an. Fortschreibung 2013.

Reyer, Jürgen. 2006. *Einführung in die Geschichte des Kindergartens und der Grundschule*. Bad Heilbrunn: Klinkhardt.

Robert Bosch Stiftung, Hrsg. 2011. *Qualifikationsprofile in Arbeitsfeldern der Pädagogik der Kindheit. Ausbildungswege im Überblick*. Stuttgart.

Roßbach, Hans-Günther. 1999. Qualitätssicherung im Kindergarten. In *Qualitätsmanagement in sozialen Einrichtungen*, Hrsg. Franz Peterander und Otto Speck, 214–226. München: Reinhardt.

Schäfer, Alfred. 2002. Kindheit und Jugend in Afrika. In *Handbuch der Kindheit und Jugendforschung*, Hrsg. Heinz-Hermann Krüger und Cathleen Grunert, 417–437. Opladen: Budrich.

Schäfer, Gerd E. 2005. *Bildungsprozesse im Kindesalter. Selbstbildung, Erfahrung und Lernen in der frühen Kindheit*. Weinheim: Juventa.

Schmid, Pia (i. E.). Bürgerliche Kindheit. In *Kindheiten in der Moderne. Eine Geschichte der Sorge*, Hrsg. Meike S. Baader, Florian Eßer, und Wolfgang Schröer. Frankfurt a. M.: Campus.

Schmitt, Renate, und Liz Mohn. 2004. *Familie bringt Gewinn: Innovationen durch Balance von Familie und Arbeitswelt*. 2. Aufl. Gütersloh: Bertelsmann Stiftung.

Thole, Werner, Hans-Günther Roßbach, Maria Fölling-Albers, und Rudolf Tippelt, Hrsg. 2008. *Bildung und Kindheit. Pädagogik der Frühen Kindheit in Wissenschaft und Lehre*. Opladen: Budrich.

Tietze, Wolfgang, und Hans-Günther Roßbach. 1990. Betreuungsqualität und Entwicklung von Vorschulkindern. *Informationsdienst* (Deutsche Gesellschaft für Erziehungswissenschaft, Kommission: Pädagogik der Frühen Kindheit) 8:23–25.

Zimmer, Jürgen, Christa Preissing, Thomas Thiel, Anne Heck, und Lothar Krappmann. 1997. *Der Kindergarten auf dem Prüfstand. Dem Situationsansatz auf der Spur. Abschlußbericht zum Projekt „Evaluation des Erprobungsprogramms"*. Seelze: Kallmeyer.

Zur Organisation und pädagogischen Praxis des Elementar- und Primarbereichs

Rainer Dollase

Zusammenfassung

Aus entwicklungspsychologisch-empirischer Sicht werden vier Themen akzentuiert. Das Schuleintrittsalter mit sechs (besser mit sieben) Jahren hat sich international empirisch bewährt. Die erhebliche Streuung der Kinder in der Schulfähigkeit lässt sinnvollerweise nur Einzelfall-Lösungen für frühere oder spätere Einschulungen zu. Generell übertrifft ein kindinitiiertes Alltagslernen den Effekt von Förderprogrammen. Einrichtungen im Elementarbereich haben insbesondere für Kinder aus anregungsarmen Elternhäuser bedeutsame Effekte für die Fähigkeitsentwicklung – die Vereinbarkeit von Beruf und Familie hingegen benötigt noch ein drittes Betreuungssystem, da in den Randstunden abends und am Wochenende ebenfalls Betreuungsbedarf besteht. Die Steuerung der Qualität von Einrichtungen erfordert praktisches, evidenzbasiertes Eingreifen mehr als die Formulierung von Standards.

Schlüsselwörter

Betreuungssysteme · Elementarbereich · Primarbereich · Schuleintrittsalter

R. Dollase (✉)
33803, Steinhagen, Deutschland,
E-Mail: Rainer.Dollase@uni-bielefeld.de

P. Cloos et al. (Hrsg.), *Elementar- und Primarpädagogik*,
DOI 10.1007/978-3-658-03811-3_4, © Springer Fachmedien Wiesbaden 2014

1 Die herkömmliche konsekutive Struktur – Kindergarten und dann Schule hat sich empirisch bewährt

Dass kleine Kinder zuerst in der Kita sind und dann in der Schule, ist in genau dieser Reihenfolge richtig. Auch dass die Schule mit sechs oder sieben Jahren (wie bei PISA Sieger Finnland) anfängt und nicht mit fünf oder gar vier Jahren, ist aller empirischen Evidenz nach sehr vernünftig (vgl. Dollase 2010). In diesem Bereich muss also der Elementar- bzw. Primarbereich nicht neu organisiert werden.

Ein Problem dabei ist, dass für die Lebensjahre fünf bis sieben zwar entwicklungspsychologische Durchschnittsaussagen verfügbar sind, aber damit die große Varianz und Streuung der Fähigkeiten und Eignungen von kleinen Kindern zwischen fünf und sieben Jahren nicht bewusst werden. Nach Morrison et al. (1996) unterscheiden sich die Fünfjährigen von den Siebenjährigen im Durchschnitt durch bessere *Reflektionsfähigkeit* und ein *komplexeres Verständnis der Welt*. Unter *Reflektionsfähigkeit* wird verstanden, dass das kleine Kind sich selbst zum Objekt des Nachdenkens machen kann und es darüber nachdenken kann, ob es Recht hat oder nicht. Es kann gewissermaßen eigene Schuld anerkennen und ist damit auch bereit, Leistungen, die es selber abgegeben hat, zu überdenken bzw. Fehler anzuerkennen. Das *komplexere Verständnis der Welt* zeigt sich im besseren symbolischen Denken, im abstrakten Denken, in der Fähigkeit, besser planen zu können und in der gewachsenen Fähigkeit, logische Schlüsse zu ziehen. *Reflektionsfähigkeit* und das *komplexere Verständnis der Welt* sind naheliegenderweise wichtige Voraussetzungen für das schulische Lernen.

Entwicklungspsychologische Gesetzmäßigkeiten sind demnach Durchschnittsaussagen. Manche Kinder können mit fünf Jahren das, was andere mit sieben Jahren erst mühsam lernen, weshalb man aus den allgemeinen Aussagen nur die Notwendigkeit individueller Prüfungen der Schulvoraussetzungen ableiten kann. Dabei muss beachtet werden, dass früh eintretende Kinder eventuell später, in der Pubertät, körperlich (eventuell auch geistig seelisch) so weit zurückbleiben, dass sie mit ihren Klassenkameraden nicht mithalten können.

Wenn man nun einen idealen Übergang vom Elementar- in den Primarbereich politisch plant, muss man von diesen individuellen Verschiedenheiten der Kinder – dazu gehören auch unterschiedliche Temperamentsausstattung und z. B. Gewöhnungsfähigkeiten an Neues (vgl. Zentner 2011) – absehen. Kindergarten und Schule arbeiten am besten in einer Form der gleichwertigen Kooperation zusammen. Andere Möglichkeiten des Übergangs mit je spezifischen Vor- und Nachteilen sind: Elemente des schulischen Lernens in den Kindergarten implementieren und Elemente des Kindergartens noch in der Schule tolerieren – man könnte die Unterschiede zwischen Kindergarten und Schule verwischen – man könnte die Schulvoraussetzung durch Schulreife- oder Schulfähigkeitstests prüfen (die Unterscheidung zwischen *Reife* und *Fähigkeit* ist eine rein theoretische – operationalisiert handelt es sich um nahezu identische Testaufgaben). Man kann schließlich die Kindergartenzeit oder die Schulzeit ausdehnen, also eine frühere oder spätere Einschulung der Kinder vornehmen.

Ansonsten wird in der Entwicklungspsychologie sehr deutlich zwischen „privilegierten Lernprozessen" und „angeleiteten" (Landtag NRW 2008) unterschieden. Kinder lernen gehen, kriechen, sprechen – ohne dass es eines Programms bedürfte. Kinder lernen solche Fähigkeiten im Alltag im Kontakt mit Erwachsenen, die zu ihnen eine sichere Bindung haben und die mit ihnen den Alltag erobern. Mit vier Jahren können Vorerfahrungen für die spätere Bildung in der Schule, die so genannten Kulturtechniken, gemacht werden, aber man sollte in dieser Zeit keine *Verschulung* des Lernprozesses fordern, weil Kinder in diesem Alter noch *privilegiert lernen* oder *natürlich lernen* (naturalistic learning).

Fazit: Kleine Kinder bis zum sechsten Lebensjahr lernen im Durchschnitt anders als ältere Kinder. Diesen entwicklungspsychologischen Besonderheiten entspricht eine traditionelle Gliederung der Institutionen und ihrer Zuständigkeit für bestimmte Lebensalter: Kindertagesstätte bis sechs Jahren, danach Schule. Es besteht keine empirische Notwendigkeit, an dieser Organisation irgendetwas zu ändern. Man sollte auch darauf hinweisen, dass ein Wechsel des Sozialisationskontextes immer auch eine Anregung für die Entwicklung sein kann und dass ein kontinuierlicher Übergang nicht unbedingt einen optimalen entwicklungspsychologischen Anreizeffekt haben muss (vgl. Dollase 1978).

2 Eine frühe Verschulung und schulähnliche Programme im Elementarbereich sind wenig erfolgreich

Im Gegensatz zu veröffentlichten Meinungen schulen die meisten EU-Staaten ihre Kinder mit sechs oder mit sieben Jahren ein. Es gibt nur noch zwei größere Staaten, die Niederlande und Großbritannien, die ihre Kinder früher, also mit vier bzw. fünf Jahren, einschulen. Gerade in Großbritannien ist diese frühe Einschulung aber auch als Risikofaktor durch den *Cambridge Primary Report* identifiziert worden und damit in wissenschaftliche Kritik geraten. Die niederländischen Schulen beherbergen lediglich kindergartenähnliche Gruppen unter ihrem Dach – Sandkastenspielen und Dreiradfahren ist möglich. Dass sich in den europäischen Staaten ein höheres Einschulungsalter durchsetzt (z. B. in den skandinavischen Staaten wird erst mit sieben Jahren eingeschult), reflektiert auch das, was man in empirischen Studien schon seit den siebziger Jahren des vorigen Jahrhunderts immer wieder gefunden hat. Im Kindergarten-Vorklassen-Versuch des Landes NRW (1970–1975) konnte beispielsweise für Eigenschaften wie Entdeckungsfreude, Neugier und Selbstständigkeit ein deutlicher Vorteil der Kindergartenkinder gegenüber den Vorklassenkindern (i. e. eine Einschulung mit fünf Jahren) festgestellt werden (vgl. Dollase 1979). Die kognitiven Unterschiede waren so gering, dass man von einem gleichwertigen späteren Entwicklungsstand ausgehen konnte (vgl. Winkelmann et al. 1977). Eine frühe Einschulung führt also nicht dazu, dass die Kinder später besser sind. In einer neueren Untersuchung wird von Puhani und Weber (2006) geprüft, wie sich Kinder, die mit sechs, im Vergleich zu Kindern, die mit sieben Jahren in die Schule kommen, am Ende der Grundschulzeit bewähren. Die mit sieben Jahren eingeschulten Kinder sind im vierten Schuljahr deutlich besser und erhalten häufiger eine Gymnasialempfehlung. Diese Kinder erhalten diese Gymnasialempfehlung auch deshalb, weil sie reifer bzw. weiter entwickelt sind. Es lässt sich also das mit dem Lebensalter korrelierte durchschnittliche Tempo der Entwicklung nicht akzelerieren.

Die Auswertung der berühmten Terman Studie, bei der man hochbegabte Fünfjährige ihr Leben lang wissenschaftlich begleitet hat, kommt zu einem verblüffenden Ergebnis: „Die Kinder, die mit fünf Jahren in die erste Klasse kamen, hatten ein höheres Risiko, früh zu sterben, während diejenigen, die im Regelalter von sechs Jahren mit der Schule begannen, länger lebten." (Friedman und Martin 2012, S. 113). Oder an anderer Stelle „[. . .] viele der früher Eingeschulten irrten als Erwachsene von einem ausgewogenen Weg ab und kümmerten sich zu wenig um ihre Gesundheit. Ihre Chancen auf ein langes Leben standen weniger gut." (Friedman und Martin 2012). Und ein weiteres Zitat: „Es war doch unübersehbar, dass etwas sehr schief laufen konnte, wenn die Kinder zu schnell mit zu ehrgeizigen Ansprüchen konfrontiert wurden" (Friedman und Martin 2012). Vermutlich ist als Ursache für das verkürzte Leben und allerlei berufliche und kognitive Probleme der zu früh eingeschulten Kinder allgemein ein neurasthenisches, hysterisches und zu ehrgeiziges Erziehungsklima ausschlaggebend.

Zu diesem Befund passt auch die Kontroverse in der internationalen Literatur, ob die *direkte Instruktion* Lernprogramme, curriculare Trainingsansätze und Förderprogramme im Vorschulbereich angemessen sind oder besser *kindzentrierte*, situationsorientierte, entwicklungsangemessene Konzepte des Alltagslernens (vgl. Marcon 2002). Alles in allem kann man davon ausgehen, dass das naturalistische Lernen bzw. das Alltagslernen den ehrgeizigen, geplanten und strukturierten Konzepten zumindest ebenbürtig ist und in vielen Bereichen, insbesondere in der sozial-emotionalen Anpassung der Kinder, sogar überlegen ist. Das naturalistische Lernen von Sprache im Alltag ist in einer Vielzahl von Transferstudien den Sprachprogrammen und strukturierten Sprachförderangeboten (gegen Kontrollgruppen) deutlich überlegen (vgl. Peterson 2004).

3 Die Notwendigkeit eines dritten Betreuungssystems

Wenn man Eltern einen leeren Stundenplan vorlegt und dann eintragen lässt, zu welchen Zeiten sie ein Betreuungsangebot brauchen, stellt man sehr schnell fest, dass ein Großteil der Eltern, nämlich rund zwei Drittel, mit einem Angebot von 7:00 Uhr bis 15:00 Uhr (also einem achtstündigen Betreuungsangebot) zufriedenzustellen ist. Das entspräche einer wöchentlich vierzigstündigen Betreuungszeit. Der individuelle Betreuungsbedarf der Eltern liegt aber, wie der Verfasser in zwei Studien feststellen konnte, manchmal über 100 h pro Woche bzw. wäre mit der Öffnungszeit von 7:00 Uhr bis 15:00 Uhr nicht kongruent. D. h. also, dass in den Randzeiten und am Wochenende immer noch bis zu einem Drittel der Eltern einen, über die Öffnungszeit hinausgehenden Betreuungsbedarf hat. Die Studie konnte an 748 Eltern in Nordrhein-Westfalen und 628 Eltern in Niedersachsen jeweils in einem ländlichen (sic!) Kreis durchgeführt werden. Mithilfe dieser Methode stellt man auch einen größeren Betreuungsbedarf bei den kleinen Kindern von zwei und drei Jahren fest als bei den größeren Kindern von vier bis sechs Jahren. Offenbar können bei den größeren Kindern des Elementarbereichs alternative Betreuungsformen leichter organisiert werden als bei Zwei- und Dreijährigen. Bis zu zehn Prozent der Eltern benötigen die Betreuung am Samstag und Sonntag sowie nach 17:00 Uhr. Um diesem Bedarf gerecht zu werden, muss entweder das familiäre Betreuungssystem ausgebaut und gestärkt werden oder es müssen mehr Tagesmütter eingestellt werden (oder wie es in Frankreich heißt: *assistant maternel*) bzw. andere Formen der Betreuung (z. B. durch Freiwilligendienst-Leistende) gefunden werden. Die Betreuungsprobleme zur Vereinbarung von Familie und Beruf sind also mit einem Rechtsanspruch auf einen Platz in der Ganztagskindertagesstätte keinesfalls gelöst, sondern es stellen sich neue bzw. zusätzliche Probleme.

4 Die verbale Beschreibung von Standards für die pädagogische Arbeit ändert die Praxis nicht

Mit Text kann man Verhalten nicht lückenlos, sondern nur lückenhaft beschreiben – Text ist außerdem vieldeutig interpretierbar. Allein schon *das freundliche Ansprechen* wird bei mehreren Zuhörer/innen zu einer je unterschiedlichen praktischen nonverbalen Realisation führen (Eheart und Leavitt 1989). Aus diesem Grunde ist die Hoffnung, dass man durch die Formulierung von Standards einen wichtigen Schritt zur Veränderung der Praxis getan hätte, schon illusorisch. Genauso wenig, wie man die Arbeit von Erzieher/innen durch einen Katalog von Standards ändern kann, könnte man die Fußballspiele durch die Formulierung von Standards für das Verhalten auf dem Platz verbessern (Beispiel: 1. *Der Fußballspieler bemüht sich auf dem Platz den Ball in das gegnerische Tor zu treten. 2. Der Fußballspieler achtet in Zweikämpfen darauf, dass er diese Zweikämpfe gewinnt, dabei aber fair bleibt. 3. Der Spieler bemüht sich, hohe Bälle im Falle der sofortigen Weitergabe mit dem Kopf, im Falle des Weiterspiels mit dem Fuß zu stoppen usw.*). Eine solche Art der sprachlichen (oder: oralen, verbalen oder labialen) Steuerung ist für die Veränderung von Praxis ungeeignet. Auch die Unterhaltung und Reflexion im Kreise von Gleichgesinnten über Praxis, die die Anderen ja nicht gesehen haben, wäre ebenso fragwürdig, weil niemand die eigene Praxis so schildern kann, wie sie tatsächlich passiert ist. Solche Reflexionen haben nur Sinn, wenn alle dieselbe Praxis gesehen haben. Praktische Arbeit lernt man durch Ausprobieren, man lässt sie sich vormachen, ahmt sie dann nach und bekommt Rückmeldungen, wenn man sie selbst ausprobiert hat. Handeln in der Praxis ist dafür notwendig – nicht lesen und reflektieren.

Aus diesem Grunde ist die Forderung entstanden, dass Ausbildende, Lehrerinnen und Lehrer sowie Professorinnen und Professoren jedes Jahr mindestens drei Wochen in einer schwierigen Einrichtung hospitieren und handeln müssen. Sie müssen prinzipiell in der Lage sein, die praktische Arbeit selber vorzumachen und die Ideen, die sie entwickeln, auch in der Praxis zu zeigen. Das ist keine unverschämte Forderung, sondern das ist bei Juristinnen und Juristen sowie Medizinerinnen und Medizinern gang und gäbe und eine Selbstverständlichkeit. Die Wissenschaft muss auch im Elementarbereich näher an die Praxis und die Praxis muss näher an die Wissenschaft gebracht werden. Wer weiß – soll können. Wer kann – soll wissen. Die Wissenschaft von der Praxis und die praktische Wissenschaft sind gleichwertig (vgl. Dollase 2007).

Daraus ergeben sich zwei wichtige Aufgaben: Die wissenschaftlichen Erkenntnisse müssen gesammelt werden und für die Praxis und Wissenschaft verfügbar gemacht werden und zwar solche, die nachweislich evident (eindeutig erfolgreich) sind. Es sind also Metaanalysen zu fordern und/oder Institute, in denen die evidenzbasierte Elementarpädagogik aus dem Publikationsoeuvre erarbeitet und zur Verfügung gestellt wird. Ähnlich wie bei Hattie (2009/2011) für den schulischen Bereich.

Die zweite Aufgabe ist noch nirgends in Angriff genommen worden: Sie erfordert, dass die praktisch erfolgreichen Erkenntnisse gesammelt und für die Wissenschaft und Praxis verfügbar gemacht werden. Gerade dies setzt voraus, dass man Verfahren zur Identifizierung von praxiskompetenten Praktizierenden entwickelt, dass man ihnen Aufstiegsmöglichkeiten eröffnet und dass diese Praxisexpert/innen in der Aus – und Fortbildung, in Supervision und Kontrolle eine größere Rolle spielen. Nicht das akademische Prüfungsresultat soll dafür ausschlaggebend sein, sondern die Fähigkeit, in der Praxis hervorragende Ergebnisse zu erzielen. Auch wird es notwendig sein, die nur analog (pictoral) aufzeichenbaren Traditionen, also das evidenzbasierte praktische Handeln, auch bildlich und durch audiovisuelle Aufzeichnungen zu sichern und zu archivieren.

Die Evidenzbasierung der wissenschaftlichen Erkenntnisse setzt die deutsche pädagogische Beteiligung an den weltweiten Fachdatenbanken voraus, was eher eine neue Aufgabe für die Pädagogik als für die Soziologie oder Psychologie ist, die solche internationalen Datenbanken bereits besitzen. Eine weitere Aufgabe wäre die Sicherung der Verteilung der evidenzbasierten Information auf schnellstmöglichem Wege. Es darf nicht sein, dass gesicherte Erkenntnisse Jahrzehnte benötigen, um ihren Weg in die Praxis zu finden.

5 Fazit

Die Organisationsstruktur des Elementarbereiches kann eigentlich so bleiben, wie sie ist. Sinnvollerweise werden Kinder bis zum sechsten Lebensjahr in den Kindergarten gehen und anschließend in ein Schulsystem wechseln. Die Gestaltung des Übergangs dürfte heutzutage kein Problem sein, da die Kooperation zwischen Elementar- und Primarbereich bereits Gegenstand der Bildungspläne aller Bundesländer ist. Seit vielen Jahrzehnten ist bekannt, dass auch Diskontinuitäten und Wechsel der Sozialisationskontexte Entwicklungsanreize für Kinder sein können. In der Schule darf also auch anders gearbeitet werden als im Kindergarten. Internationale Studien zur erfolgreichen Arbeit in der Schule (vgl. Hattie 2011) empfehlen im Unterschied zum Elementarbereich durchaus einen lehrerzentrierten Unterricht und fachdidaktisch organisierten Lernfortschritt, wohingegen im Elementarbereich das Alltagslernen und das naturalistische Lernen zumindest ebenbürtig sind, wenn nicht sogar den strukturierten Lernprogrammen überlegen sind.

Geflissentlich übersehen wurde, dass das Recht auf einen Krippen- oder Kindergartenplatz das Betreuungsproblem der Eltern zur Vereinbarung von Arbeit und Familie nur zum Teil lösen kann. Bis zu einem Drittel der Eltern benötigt ein Betreuungsvolumen, das über die 40 Wochenstunden klassischer Öffnungszeiten von Einrichtungen hinausgeht. Für diese Probleme ist ein drittes Betreuungssystem (neben Familie und Einrichtungen) zu organisieren.

Kaum thematisiert worden ist die Tatsache, dass eine Sprachsteuerung der pädagogischen Qualität im Umgang mit kleinen Kindern und in den Einrichtungen des Elementarbereiches kaum möglich ist, sondern dass Lehrkräfte und Ausbildende mit dem Vormachen gefordert sind. Auch Wissenschaftler/innen, die das, was sie als besser ansehen, auch tatsächlich vormachen können, sind nötig. Um dieses Vormachen auf eine sichere Basis stellen zu können, ist nicht nur eine wissenschaftlich evidenzbasierte Pädagogik nötig, sondern auch eine praktische evidenzbasierte Pädagogik, die heute wegen der Fortentwicklung der audiovisuellen Technik ohne Weiteres dokumentierbar wäre. Das käme allerdings einer wirklichen Revolution zu Gunsten der Qualität von Arbeit nahe.

Literatur

Dollase, Rainer. 1978. Kontinuität und Diskontinuität zwischen vorschulischer und schulischer Sozialisation: empirische Aspekte zur sozial-emotionalen Entwicklung in Kindergarten, Vorklasse und Grundschule. *Bildung und Erziehung* 31 (5): 412–424.

Dollase, Rainer. 1979. *Sozial-emotionale Erziehung in Kindergarten und Vorklasse*. Hannover: Schroedel.

Dollase, Rainer. 2007. Praktische Theorie und theoretische Praxis in der Erzieher/innen- Ausbildung. In *Perspektiven des Handelns im Horizont der Liebe Gottes*, Hrsg. Großheppacher Schwestern, Bd. 50, 80–94. Weinstadt: o. A.

Dollase, Rainer. 2010. Verschulung oder Kuschelpädagogik: Wann ist Vorschulerziehung effektiv? In *Intelligenz, Hochbegabung, Vorschulerziehung, Bildungsbenachteiligung*, Hrsg. Detlef H. Rost, 125–164. Münster: Waxmann.

Eheart, Brenda Krause, und Robin Lynn Leavitt. 1989. Family day care: Discrepancies between intended and observed caregiving practices. *Early Childhood Research Quarterly* 4 (1): 145–162.

Friedmann, Howard S., und Leslie R. Martin. 2012. *Die long-life formel*. Weinheim: Beltz.

Hattie, John A. C. 2009. *Visible learning, a synthesis of over 800 meta-analyses relating to achievement*. London: Routledge.

Hattie, John. A. C. 2011. *Visible learning for teachers*. London: Routledge.

Landtag NRW. 2008. Bericht der Enquetekommission „Chancen für Kinder". Düsseldorf: Landtag NRW.

Marcon, Rebecca A. 2002. Moving up the grades: Relationship between preschool model and later school success. Early childhood research and practice 4/1 (2002). http://ecrp.uiuc.edu/v4n1/marcon.html. Zugegriffen: 24. Okt. 2012.

Morrison, Frederick J., Elisabeth Mc Mahon Griffith, und Julie A. Frazier. 1996. Schooling and the 5 to 7 shift: A natural experiment. In *The five to seven year shift*, Hrsg. Arnold J. Sameroff und Marshall M. Haith, 161–186. Chicago: University of Chicago Press.

Peterson, Pete. 2004. Naturalistic language teaching procedures for children at risk for language delays. The behavior analyst today. http://www.biomedsearch.com/article/Naturalistic-language-teaching-procedures-children/170112986.html. Zugegriffen: 24. Okt. 2012.

Puhani, Patrick, und Andrea Weber. 2006. *Does the early bird catch the worm? Instrumental variable estimate of educational effects of age of school entry in Germany.* Darmstadt: TU.

Winkelmann, Wolfgang, Antje Holländer, Hans Schmerkotte, und Emil Schmalohr. 1977. *Kognitive Entwicklung und Förderung von Kindergarten- und Vorklassenkindern.* Kronberg: Scriptor.

Zentner, Marcel R. 2011. *Inventar zur integrativen Erfassung des Kind-Temperaments (IKT).* Bern: Verlag Hans Huber.

Teil II

(Hochschulische) Ausbildung und Qualifizierung im Elementar- und Primarbereich

(Gemeinsame) Ausbildung im Elementar- und Primarbereich im Spannungfeld von Integration und Akademisierung – ein grundschulpädagogischer Blick

Katja Koch

Zusammenfassung

Die gemeinsame Ausbildung von Erzieher/innen und Grundschullehrer/innen ist in den meisten europäischen Ländern kein Thema, da dort in der strukturellen Gliederung des Bildungswesens kaum Grenzen zwischen dem Elementar- und Primarbereich verlaufen. Am deutlichsten wird dies in der Berufsbezeichnung *Lehrer(in)*, die für die im Elementar- und Primarbereich Tätigen gleichzeitig gilt. In Deutschland hingegen beginnt die Diskussion, ob eine gemeinsame Ausbildung von Erzieher/innen und Lehrer/innen sinnvoll sei, wie diese inhaltlich ausgestaltet werden solle und wo der Ort der gemeinsamen Ausbildung liegen könne, langsam an Fahrt aufzunehmen. Der folgende Beitrag nimmt in diesem Kontext die Perspektive der akademischen Grundschulpädagogik ein und fußt auf der Grundthese, dass eine gemeinsame Ausbildung von Erzieher/innen und Lehrer/innen nur dann sinnvoll ist, wenn sich beide Professionen auf einem gleichen Ausbildungsniveau begegnen und wenn beide Institutionen Teile des gleichen Systems sind.

Wenn man sich unter dieser Prämisse mit Ausbildungskonzepten beschäftigt, ist es notwendig, sich mit den Institutionen zu beschäftigen, für die diese Ausbildung konzipiert wird. Da das Bildungswesen und die darin befindlichen Institutionen eines Staates meist nicht die Summe rationaler, pädagogisch begründeter Entscheidungen sind, sondern letztlich eine Anhäufung historischer

K. Koch (✉)
Institut für Erziehungswissenschaft, Technische Universität Braunschweig,
38108 Braunschweig, Deutschland
E-Mail: katja.koch@tu-bs.de

P. Cloos et al. (Hrsg.), *Elementar- und Primarpädagogik*,
DOI 10.1007/978-3-658-03811-3_5, © Springer Fachmedien Wiesbaden 2014

Zufälligkeiten, lohnt sich bei der Frage nach dem Verhältnis von Kindergarten und Grundschule zunächst ein Blick auf das Bildungswesen an sich.

Schlüsselwörter

Institutioneller Wandel des Bildungswesens · frühkindliche Bildung · Übergang · Kindergarten · Grundschule · Ausbildung von Erzieherinnen und Erziehern · Ausbildung Grundschullehrerinnen und Grundschullehrer

1 Ausbildung im Primar- und Elementarbereich – Zum Verhältnis von Institutionalisierung und Akademisierung

Deutschland nimmt mit seinem Bildungswesen in Europa in mehrfacher Hinsicht eine Sonderrolle ein. Zum einen gibt es kaum ein Land, das eine derartige Gliederung auf der strukturellen Ebene aufweist wie Deutschland und gleichzeitig so wenige integrative Elemente besitzt. Zum anderen ist der Elementarbereich hierzulande auch kein integraler Bestandteil des staatlich organisierten Bildungswesens, sondern organisatorisch dem *Sozialen* zugeordnet. Außerfamiliale Einrichtungen für Kinder unter sechs Jahren gehören rechtlich und organisatorisch zum Jugendhilfebereich zugeordnet, ihre Belange werden auf Bundesebene durch das Kinder- und Jugendhilfegesetz (KJHG) geregelt, auf Ebene der Länder sind in der Mehrzahl der Fälle die Sozialministerien für den Kindergartenbereich zuständig, in einigen wenigen Ausnahmen unterstehen sie dem Kultusministerium (vgl. Roßbach 2008). Die OECD-Studie *Starting Strong* (2006) unterscheidet zwei Organisationsformen des Kindergartenbereichs, die inhaltlich unterschiedliche Ziele verfolgen. Die meisten anglo-amerikanischen Länder, aber auch Frankreich und die Niederlande lassen sich dem Typus der *Early Education Tradition* zuordnen. Hier wird vorschulische Bildung und Erziehung als Vorstufe und Vorbereitung auf die Schule betrachtet, der inhaltliche Schwerpunkt liegt auf einer schulbezogenen Kompetenzförderung. Deutschland und auch die skandinavischen Länder hingegen betonen stärker den Sozialisations- und Betreuungsaspekt der frühkindlichen Bildung (sog. *Social Pedagogy Tradition*) und verfolgen ein Angebot, das stärker auf die Bedürfnisse des Kindes zugeschnitten ist.

Im Hinblick auf die hier interessierende Frage der institutionellen Einbindung in das Bildungswesen lässt sich für das Verhältnis von Elementar- und Primarbereich in Deutschland festhalten, dass dieses weitgehend nach dem Modell der vollständig getrennten Institutionen organisiert ist: Über einzelne funktionale Verknüpfungen hinaus existieren zwischen den Institutionen Kindergarten und Grundschule keine gemeinsamen pädagogischen Vorstellungen zur Gestaltung kognitiver und sozialer Lernprozesse von Kindern. Kooperationsprozesse ergeben sich nicht institutionell, sondern punktuell (vgl. Hörner 2011, S. 55). Als eine Folge der institutionellen Organisation des Bildungssystems ergeben sich für den Elementar- und Primarbereich zudem unterschiedliche Ausbildungskonzepte: Lehrer/innen werden in der Regel im Umfang von sechs bis acht Semestern an Universitäten ausgebildet, benötigen hierzu einen Abschluss der Sekundarbildung II, bewegen sich mit ihrem Studium auf dem ISCED Level 5[1] und liegen damit in einem international vergleichbaren Rahmen. Erzieher/innen hingegen werden in Deutschland an Fachschulen, deutlich unterhalb des akademischen Levels 5, ausgebildet, ein Abschluss der Sekundarbildung I reicht als Zugangsberechtigung aus. Im internationalen Vergleich nimmt der Elementarbereich damit eine Sonderrolle ein, denn in den meisten europäischen und angloamerikanischen Ländern wird hier eine Ausbildung auf dem ISCED Level 5 verlangt. Der Grad der Akademisierung im Elementarbereich ist im internationalen Vergleich und im Vergleich zum Primarbereich in Deutschland eher gering. Hier ist die Frage angebracht, warum dies so ist.

1.1 Integration und Akademisierung im Primarbereich

Die Grundschule in ihrer heutigen Form ist eine relativ junge Institution. Die Idee, allen Kindern des Volkes eine gemeinsame, grundständige Bildung zukommen zu lassen, war zwar deutlich älter, erste Ansätze finden sich schon im 19. Jahrhundert (vgl. Götz und Sandfuchs 2011, S. 32 f.), aber bis zur Verabschiedung des Gesetzes „betreffend die Grundschulen und Aufhebung der Vorschulen" (Deutsche Nationalversammlung 1920) zu Beginn der Weimarer Republik war das deutsche Schulwesen bestimmt durch eine deutliche Segregation. Auf der einen Seite die sechs- bis achtjährigen Volksschulen für die Kinder des einfachen Volkes, auf der anderen Seite die kostenpflichtigen, meist dreijährigen Vorschulen, deren Besuch dann in den Besuch eines Realgymnasiums, einer Oberrealschule oder eines humanistischen Gymnasiums einmündete. Die institutionelle Segregation ging einher mit einer sozialen Segregation, die Bildungsaufstiege aus dem einfachen

---

[1] Level 5 ist die erste Stufe der tertiären Bildung, die nicht direkt zur Promotion führt. Sie dauert mindestens zwei Jahre und setzt einen Abschluss der Sekundarbildung voraus. Level 5B umfasst praxisbezogene Studiengänge, z. B. an Fachschulen. Level 5A bezieht sich auf eine Hochschulausbildung unterhalb der Promotion.

Volk deutlich erschwerten (vgl. Herrlitz 1998, S. 141). Die Idee einer gemeinsamen Grundschule für alle Kinder barg, über die institutionelle Veränderung hinaus, auch soziale Sprengkraft und führte zu einem erbitterten Streit über die Länge der gemeinsamen Schulzeit. Die von den staatstragenden liberal-demokratischen Parteien der Weimarer Republik favorisierte sechsjährige Grundschulzeit wurde im sog. Weimarer Schulkompromiss schließlich auf vier Jahre verkürzt. Anscheinend waren diese vier Jahre jene Zeitspanne, die man den Gegnern der gemeinsamen Grundschulzeit, also vor allem den auf soziale Absonderung bedachten Eltern aus privilegierten Schichten, gerade noch zumuten konnte. Zymek verweist in seiner Analyse des Grundschulgesetztes auf diese Zumutung:

> Man stelle sich vor was es bedeutete, dass gut situierte und bildungsbewusste Familien, die in der Lage und gewohnt waren, ihren Kindern Privatlehrern oder Privatschulen zu ermöglichen, nun durch ein neues Schulgesetz dazu gezwungen wurden, ihre Kinder zusammen mit den Kindern aus den Hinterhöfen des Stadtviertels in den überfüllten Volksschulklassen oder mit den Bauernkindern in einklassigen Dorfschulen unterrichten zu lassen – und das von Lehrerinnen und Lehrern, die selbst oft nur eine Volksschule besucht und ein Lehrerseminar absolviert hatten. (Zymek 2012, S. 58)

Mit der Neugliederung des institutionellen Gefüges im Bildungswesen rückte damit auch die Frage nach der *Professionalität der Volksschullehrer* ins Zentrum der Diskussion. Parallel zur Neuorganisation des Schulsystems in der Weimarer Zeit erfolgte eine Reform der Volksschullehrerbildung. Diese wurde bisher über Lehrerseminaren organisiert, in denen vor allem Wert auf praktische Anschauung im Unterricht selbst gelegt wurde. In den folgenden Jahren wurde in den meisten Ländern des deutschen Reiches die Ausbildung der Volksschullehrer auf ein einheitliches Niveau angehoben, z. B. wurde das Abitur zur Eingangsvoraussetzung für die Ausübung des Berufs. Es gelang jedoch nicht, eine reichseinheitliche Regelung durchzusetzen, so dass drei Modelle unterschieden werden können (vgl. Sandfuchs 2004, S. 23).

1. In einigen Ländern, z. B. in Braunschweig, Hessen, Hamburg oder Thüringen wurde die Ausbildung der Volkschullehrer an die Hochschulen und Universitäten angegliedert. Trotz unterschiedlicher Ausprägung der Integration scheint das Niveau wissenschaftsorientiert gewesen zu sein.
2. In anderen Ländern, wie z. B. in Preußen und Baden wurde die Volksschullehrerbildung an Pädagogischen Akademien angelegt. Zugangsvoraussetzung war auch hier das Abitur. Die Inhalte orientierten sich jedoch nicht an universitär-

en Curricula, sondern an der Vorstellung einer Lehrerbildungshochschule. Die Akademien hatten in etwa das Niveau von heutigen Fachschulen.

3. Nur in Bayern und Württemberg veränderte sich der Ausbildungsmodus nicht, dort wurden Volkschullehrer weiterhin in Lehrerseminaren und Präparandenanstalten vorbereitet (vgl. Herrlitz 1998, S. 128).

Bis die Lehrerbildung für die Grundschule dann tatsächlich und dauerhaft an den Universitäten angelangt war, sich von seminaristischen, d. h. auf die Lehrpraxis bezogenen Anteilen emanzipierte und wissenschaftsorientierte Elemente in der Ausbildung überwogen, dauerte es noch bis weit in die 1970er Jahre hinein.

1.2 Ausgrenzung und Nicht-Akademisierung im Elementarbereich

Betrachtet man vor diesem Hintergrund die historische und institutionelle Entwicklung des *Elementarbereichs*, dann lässt sich ebenfalls hier ein langer Bogen spannen. Nebenfamiliäre Erziehungseinrichtungen für kleine Kinder entstanden parallel zum Ausbau schulischer Institutionen im 19. Jahrhundert. Die Frage, ob diese Institutionen für kleine Kinder integraler Bestandteil des Schulwesens sein sollten – und somit Orte der Bildung für alle Kinder wären – oder allenfalls Orte der Aufbewahrung für kleine Kinder arbeitender Schichten sein dürften, war und ist die mit dieser Institution verknüpfte, zentrale Streitfrage. Reyer spricht hier von der „Bildungsfraktion" und der „Nothilfefraktion" (Reyer 2006, S. 47 f.).

Historisch schien es zunächst ungeklärt, welche Fraktion gewinnen würde. Die Bildungsfraktion war z. B. auch innerhalb der christlichen Kleinkinderschulen vertreten. Zudem scheint es in der ersten Hälfte des 19. Jahrhunderts zumindest in einigen Ländern, wie z. B. in Preußen, noch keine strikte Trennung zwischen schulpflichtigen und nichtschulpflichtigen Kindern in vorschulischen Kindereinrichtungen gegeben zu haben. Während sich der Staat jedoch systematisch um die schulische Ausbildung seiner Untertanen kümmerte und sein Volksschulwesen im Laufe des 19. Jahrhunderts ausbaute und standardisierte, waren Kindergärten oder Bewahranstalten private Initiativen, die in Vereinen von Bürgern getragen oder von den Kirchen im Rahmen ihrer Sozialfürsorge organisiert wurden. Ein weiteres konstituierendes Merkmal der Kindergärten war das Bemühen um eine frühe Professionalisierung der Ausbildung. Während Volksschullehrer zu dieser Zeit zumeist *übriggebliebene* Soldaten, Angehörige niederer Berufe, wie Schuhmacher und Schneider oder sonstige bildungsferne Männer waren, die ohne besondere Ausbildung eingestellt wurden, wurden vor allem bildungsaffine Frauen aus bürgerlichen

Elternhäusern *Erzieherinnen*, die in speziellen Kursen und Schulen unterrichtet wurden. Der Bildungsvorsprung lag damals – und im Vergleich zu heute – also noch eindeutig bei den Erzieherinnen. Das Scheitern der 48er-Revolution und die beginnende Restauration führten von staatlicher Seite zu einer starken Abgrenzung der staatlich institutionalisierten Volksschule einerseits und den privat getragenen Kleinkinderschulen andererseits. Ein Auszug aus einem bayerischen Erlass zeigt dies deutlich:

> Die erwähnten Anstalten sollen keinen anderen Zweck haben, als den kleinen, für die öffentlichen Schulen noch nicht reifen Kindern, Aufenthalt und Pflege in der Art angedeihen zu lassen, wie solche von verständigen Eltern zu gedeihlicher Entwicklung geistiger und leiblicher Kräfte für dieses zarte Jugendalter gewährt zu werden pflegen. Auf diese ihre Bestimmung sind sie allenthalben zu beschränken, und es ist daher auch nicht zu gestatten, daß ihnen der noch hie und da übliche Name einer Kleinkinderschule beigelegt oder daß den dabei beschäftigten Personen der Titel eines Lehrers oder einer Lehrerin verliehen wird. (Bayerischer Erlass von 1839 zitiert in Reyer 2006, S. 53)

Kleinkinderschulen, so kann man den Erlass interpretieren, sollten familienergänzende Bewahranstalten sein und keine integralen Elemente des Bildungswesens. Der Nothilfegedanke hatte über den Bildungsgedanken gesiegt und der außerhäusigen Betreuung von kleinen Kindern hing ein Malus an, der aus der Vorstellung resultierte, dass die „Erziehungsqualität der Einrichtungen im Vergleich zur einzig natürlichen Erziehung in der Familie" (Reyer 2006, S. 116) nur ungleichwertig sein könne. Eine Vorstellung, die den Blick auf den Kindergarten und die Arbeit dort über Jahrhunderte prägte und die sich erst allmählich und unter dem Eindruck internationaler Debatten um die Qualität frühkindlicher Bildung verändert hat (vgl. OECD 2001, 2006).

Die seit einem Jahrzehnt verstärkt zu beobachtende andere Sicht auf den Elementarbereich wird flankiert von der Forderung nach einem qualitativen Ausbau institutioneller Angebote im Elementarbereich. Hier lassen sich zwei Argumentationslinien unterscheiden: Zum einen betonen Begründungen aus gesamtgesellschaftlicher Perspektive den Wandel von der Industrie- zur Wissensgesellschaft, der umfassende Anforderungen an die heranwachsenden Generationen stellt und den Erwerb von übergeordneten Schlüsselqualifikationen als wichtige zukünftige Aufgabe hervorhebt (vgl. BMFSFJ 2005). Zum anderen wird aus der Perspektive der Kindheitswissenschaft und bedingt durch ein gewandeltes Verständnis von kindlicher Erziehung und Bildung eine Veränderung der Kindergartenarbeit angemahnt und betont, dass in den ersten Lebensjahren eines Kindes nicht nur die Loslösung von den Bezugspersonen eine wichtige Entwicklungsaufgabe darstelle, sondern diese Phase auch eine wichtige Zeit für kognitive Lernprozesse sei (vgl. Oberhuemer 2004). Mit dieser Neuakzentuierung geht eine, zunehmend auch öffentlich geführte, Diskussion um die Professionalisierung der in den Einrichtungen tätigen Fachkräfte einher. Von einer Akademisierung der Ausbildung von Erzieher/innen wird erwartet, dass sich diese positiv auf die Qualität in den vorschulischen Einrichtungen auswirkt und sich so auch positive Effekte für die kindliche Entwicklung ergeben (vgl. König und Pasternack 2008). Besser ausgebildete Erzieher/innen, so die Argumentation, können auch komplexere Lernumgebungen für Kinder gestalten (vgl. BMFSFJ 2003). Als praktische Folge dieser Forderung haben sich in den letzten Jahren mehrere Studiengänge für frühkindliche Bildung an Fachhochschulen, Pädagogischen Hochschulen und Universitäten etabliert.

1.3 Erstes Zwischenfazit

Als Fazit der Betrachtung des historischen Verhältnisses von Elementar- und Primarbereich lässt sich für die hier interessierende Frage nach dem Verhältnis von Integration und Ausbildung folgendes festhalten: Das charakteristische Merkmal der historischen Betrachtung ist das Bemühen um institutionelle Abgrenzung beider Institutionen, wobei die Volksschule sich zunächst als staatliche Form der Betreuung von Kindern gegen den privat organisierten Kindergarten absetzte und als additives Element zum höheren Schulwesen in das Bildungswesen integriert wurde. Mit Einführung der Grundschule in der Weimarer Republik erfolgte eine institutionelle Integration dieser Schulform und hiermit verknüpft eine Anhebung des Ausbildungsniveaus der darin Lehrenden, was à la longue schließlich zur Akademisierung des Grundschullehrberufs führte. Eine pädagogische Integration der Grundschule v. a. nach unten in den Elementarbereich hinein steht weiterhin aus (vgl. Hörner 2011, S. 56). Die staatlich forcierte Abgrenzung der Volksschule gegenüber anderen Einrichtungen zur Betreuung von Kindern und die Delegation der frühkindlichen Bildung und Erziehung in die Sphäre des Privaten verhinderten frühzeitig eine Integration des Elementarbereichs in das Bildungssystem. Er ist bis heute weder institutionell noch pädagogisch integriert. Diese Nicht-Integration des Kindergartens verhinderte bisher die Akademisierung des Personals, wobei sich erste Veränderungen in jüngster Zeit ergeben.

2 Die aktuelle Situation: Studien- und Ausbildungsgänge des Primar- und Elementarbereichs

Betrachtet man nun die akademische Ausbildungssituation im Elementar- und Primarbereich, finden sich wieder unterschiedliche Ausgangslagen und Kritikpunkte. Ein grundsätzliches Problem der *Lehramtsstudiengänge* wird in der Heterogenität der Ausbildungsmodelle gesehen, die zwischen den Bundesländern variieren. Zwar existieren mittlerweile Vorschläge zur Vereinheitlichung der Studieninhalte und Studienstrukturen, z. B. das Strukturmodell der DGfE (Deutsche Gesellschaft für Erziehungswissenschaft) zum Lehramtsstudium (DGfE 2005), aktuell stehen aber konsekutive Strukturen mit Bachelor- und Master-Abschlüssen neben konsekutiven Abschlüssen mit Staatsexamen und grundständigen Strukturen, in denen nur einzelne Lehrämter konsekutiv aufgebaut sind. Stisser et al. (2012) konstatieren daher in ihrer aktuellen Übersicht über die Struktur der Studiengänge: „Ein konsistentes Gesamtkonzept oder eine Gesamtstrategie scheint nicht zu existieren" (Stisser et al. 2012, S. 56). Für das Studium des Grundschullehramts lassen sich grundsätzlich zwei Typen unterscheiden: Reine Primarstufenlehramtsstudiengänge und übergreifende Lehrämter, in denen das Lehramt für die Primarstufe mit einem oder mehreren Studiengängen der Sekundarstufe I verknüpft wird (vgl. Stisser et al. 2012, S. 58). Die Eingangsvoraussetzung für das Studium ist das Abitur. Die Ausbildungsdauer variiert zwischen acht und zehn Semestern.

Studiengänge für den Elementarbereich finden sich in den letzten zehn Jahren vor allem als Neugründungen an Fachhochschulen und Universitäten. Diese haben z. T. unterschiedliche Bezeichnungen, ich wähle hier aus pragmatischen Gründen den Begriff *Studiengänge für frühe Kindheit.* Ein Überblick des Wiff (Weiterbildungsinitiative Frühpädagogische Fachkräfte)[2] zeigt hier 102 Studiengänge (darunter auch Studiengänge, die lediglich eine Wahlkomponente *Frühe Kindheit* besitzen). Im Datenreport der Deutschen Gesellschaft für Erziehungswissenschaft werden demgegenüber für das Wintersemester 2011/2012 Studiengänge zur frühen Kindheit an 35 Fachhochschulen, vier Universitäten und sechs Pädagogischen Hochschulen als volle Studiengänge aufgeführt. Zu unterscheiden sind grundsätzlich Studiengänge, die eine vorherige Erzieher/innenausbildung voraussetzen, und solche, für die das Abitur die Voraussetzung zur Studienaufnahme ist. 19 Bachelorstudiengänge setzen eine solche Ausbildung voraus. Einige Studiengänge sind berufsbegleitend organisiert. Masterstudiengänge für *Frühe Kindheit* finden sich derzeit nur an den Pädagogischen Hochschulen und Universitäten. Wir wissen momentan nur wenig

---

[2] http://www.weiterbildungsinitiative.de/studium/landkarte-der-kindheitspaedagogischen-studiengaenge.html (Zugriff: 12.03.2014).

über die Studierenden und die Absolvent/innen in diesen Studiengängen; die ersten empirischen Studien werden hierzu gerade durchgeführt. Es scheint aber so, dass den Absolvent/innen der Übergang in den Beruf nach dem Studium gelingt, die Karrierechancen und die Bezahlung jedoch zu wünschen übrig lassen (vgl. Kirstein et al. 2012).

Für die hier im Raum stehende Frage der gemeinsamen Ausbildung von Elementar- und Primarbereich lässt sich zunächst festhalten, dass gemeinsame Studiengänge bisher kaum verwirklicht sind, sondern die Studienstrukturen im Wesentlichen entlang der institutionellen Grenzen von Grundschule und Kindergarten einerseits und im tertiären Bereich zwischen Universitäten und Fachhochschulen andererseits verlaufen.

Eine weitere Voraussetzung für eine gemeinsame Ausbildung wären gemeinsame Inhalte. Stisser et al. (2012) unterscheiden in ihrer Übersicht über die Studiengänge der Frühen Kindheit zwei Typen: Zum einen Studiengänge, die inhaltlich stärker in der Tradition der Erziehungswissenschaft und der Grundschulpädagogik verortet sind, und zum anderen Studiengänge, die inhaltlich den Fachbereichen Sozialwesen und letztlich der *Sozialen Arbeit* zugeordnet sind. Erstere finden sich eher an Universitäten, zweitere eher an Fachhochschulen, wobei sich in der letzten Zeit die Tendenz abzeichnet, bei der Reakkreditierung der Studiengänge die Anteile der Sozialen Arbeit zugunsten originär frühpädagogischer Inhalte zurückzufahren. Als Beispiele hierzu lassen sich exemplarisch die Studiengänge an der Hochschule Koblenz (Typ Soziale Arbeit) und der Pädagogischen Hochschule Karlsruhe (Typ Grundschulpädagogik) anführen. Ein Beispiel für die Veränderung der Studieninhalte nach der Akkreditierung lässt sich an der HAWK Hildesheim finden. Eine bisher eher seltene Form der integrierten Ausbildung von Erzieher/innen und Grundschullehrer/innen stellt z. B. das in Bremen praktizierte Modell dar (vgl. auch den Beitrag von Ursula Carle und Gisela Koeppel in diesem Band).

Betrachtet man nun die Inhalte der Lehramtsstudiengänge, dann zeigen sich auch hier wieder unterschiedliche Konzeptionen. Im Vergleich zu den Studiengängen für die Sekundarstufen I und II zeichnen sich Studiengänge für das Primarschullehramt vor allem durch einen höheren bildungswissenschaftlichen und fachdidaktischen Studienanteil aus. Unterscheidungen ergeben sich jedoch bezüglich der Anteile, die für das erste und zweite Fach sowie für die Bildungswissenschaften vorgehalten werden. Blickt man näher in die bildungswissenschaftlichen Module hinein, dann werden dort traditionelle Themen der Erziehungswissenschaft behandelt, wie z. B. Erziehung und Sozialisation, Medien und Didaktik, Professionalisierung, aber auch aktuellere Querschnittsthemen, wie Heterogenität, Integration und Mehrsprachigkeit. Das grundschulische Angebot in den Fachwissenschaften hängt wiederum davon ab, welche Schwerpunkte sich die Universitäten selbst setzen und wie stark übergreifende grundschulpädagogische Problemstellungen (z. B. Anfangsunterricht, Schriftspracherwerb und Leseprozesse) in die Module einfließen. In letzter Zeit zumindest wurde häufiger hinterfragt, ob der fachwissenschaftliche Anteil in der Ausbildung für Grundschullehrer/innen hoch genug sei bzw. welche Form von Fachwissen an sich nötig wäre. Die TEDS-M-Ergebnisse für die Primarstufenlehrkräfte deuten hier darauf hin, dass spezifisch auf die Grundschule ausgerichtete Studiengänge und explizite Schwerpunktsetzungen in einem Fach sich günstig auswirken (vgl. Blömeke et al. 2011, S. 23).

Eine weitere Veränderung der Ausbildung von Lehramtsstudiengängen sei hier angesprochen. Tendenziell sind Studiengänge für das Grundschullehramt kürzer als Studiengänge für die Sekundarstufe II oder Studiengänge für Sonderpädagogik. Einzelne Bundesländer versuchen derzeit, diese Struktur aufzulösen; Nordrhein-Westfalen z. B. hat einheitlich die Ausbildungsdauer aller Lehramtsstudiengänge auf sechs plus vier Semester angehoben. In Niedersachsen wird dies vermutlich ab 2014 für die Ausbildung an Grund-, Haupt- und Realschulen ebenfalls so sein, wobei eine Praxisphase in dieses Studium integriert wird.

2.1 Zweites Zwischenfazit

Die eben beschriebene Diskussion um die Akademisierung der Ausbildung für Erzieher/innen fällt in eine Phase, in der an deutschen Universitäten die Umstellung von herkömmlichen Studienstrukturen auf Bachelor- und Master-Studiengänge stattfindet, was Möglichkeiten der Akademisierung bisher nicht-akademisierter Berufsfelder, z. B. im Elementarbereich, schafft. Ein Schwerpunkt des Ausbaus akademischer Ausbildung für den Elementarbereich liegt dabei auf den Bachelor-studiengängen, insbesondere an den Fachhochschulen. Da diese inhaltlich häufig an Themen der Sozialen Arbeit anschließen, sind diese Studiengänge meiner Meinung nach keine geeigneten Partner für eine gemeinsame Ausbildung von Erzieher/innen und Lehrer/innen. Sie sind mir, als Grundschulpädagogin, nicht spezifisch genug auf die Anforderungen einer gemeinsamen schulbezogenen Ausbildung fokussiert.

Für die Lehramtsstudiengänge bedeutet die Bachelor-Master-Reform die Abschaffung des prestigeträchtigen Staatsexamens, einen *Rückzug* des Staates aus der finalen Überprüfung der Studienleistung und hiermit einhergehend eine größere Autonomie der Universitäten. Inhaltlich werden v. a. in der Nach-Pisa-Diskussion verstärkt Bemühungen relevant, die eine Standardisierung der Studieninhalte fokussieren. Da allerdings in vielen Bundesländern die Ausbildung der Grundschullehrkräfte noch stufenübergreifend organisiert ist, werden grundschulspezifische Problemfelder in der Ausbildung oft zu wenig thematisiert. Hier würde sich mit Ausweitung der Master-Phase auf vier Semester die Möglichkeit anbieten, grundschulspezifische Fragestellungen im Master zu verorten. Ob dies in Nordrhein-Westfalen und Niedersachsen gelingt, lässt sich bisher noch nicht abschätzen.

3 Eine gemeinsame Ausbildungsperspektive: Zwei abschließende Thesen

Für die Frage nach einer gemeinsamen Ausbildung von Grundschullehrer/innen und Erzieher/innen bleibt festzuhalten, dass sich aus meiner Sicht gemeinsame Konzepte der Ausbildung auf universitäre Bachelor-Studiengänge konzentrieren sollten. Konkret ergibt sich jedoch die Problemlage, dass sich die Integration der beiden Institutionen in das Bildungswesen deutlich unterscheidet. Während der Primarbereich institutionell weitgehend angegliedert ist, steht dieser Prozess beim Elementarbereich noch aus. Im Primarbereich erfolgte die Akademisierung der dort Tätigen erst nach der institutionellen Integration, sie ist inhaltlich primär wissensorientiert und auf ein klares Ausbildungsziel fokussiert. Im Elementarbereich erfolgt die Akademisierung ohne institutionelle Integration und weitgehend ohne klares Ausbildungsziel.

Hier stellt sich für mich die grundsätzliche Frage: Welchen Mehrwert hat eine gemeinsame Ausbildung von Erzieher/innen und Grundschullehrer/innen aus Sicht der Grundschulpädagogik überhaupt? Den Verweis auf die internationale Perspektive, dass das in anderen Ländern auch so sei, lasse ich hier nicht gelten, da überall dort, wo die beiden Professionen gemeinsam ausgebildet werden, über eine rein funktionelle Integration auch eine pädagogische Integration der Teilsysteme in das Gesamtsystem gegeben ist. Es ist also im Sinne der Systemlogik dort richtig so zu verfahren, genauso wie es im Sinne der deutschen Systemlogik ist, nicht so zu verfahren. Betrachtet man zudem die Ausbildungssituation der Grundschullehrer/innen, dann scheint hier nicht allzu viel allzu kritisch zu sein. Die Grundschule als Schule funktioniert einigermaßen gut. Es gelingt ihr, Kinder in der kurzen Zeit recht gut zu fördern – zumindest kann man das aus der IGLU-Studie herauslesen. Die Probleme, die die Grundschule für die Zukunft lösen muss, wie z. B. den Umgang mit Heterogenität, Mehrsprachigkeit und Inklusion oder die Etablierung einer binnendifferenzierten individualisierten Lernkultur, können innerhalb der vorgegebenen Studiengänge des Primarbereichs gelöst werden, hierzu müssen nicht zwingend Erzieher/innen und Grundschullehrer/innen gemeinsam ausgebildet werden. Und in die bisherigen Studiengänge *einfach* Themen der vorschulischen Bildung einzufügen, scheint kaum effizient: Lehrer/innen unterrichten nun mal nicht im Kindergarten und das für die Arbeit in der Grundschule nötige frühpädagogische Wissen ließe sich auch über einzelne Seminare vermitteln. An dieser Stelle scheint es nun notwendig, sich grundsätzlich Gedanken darüber zu machen, ob eine gemeinsame Ausbildung aus Sicht der Grundschulpädagogik Sinn ergibt und wenn ja, wo. Ich möchte daher meine Ausführungen zur gemeinsamen Ausbildung von Grundschullehrer/innen und Erzieher/innen mit zwei Thesen beenden, die explizit von Seiten der Grundschulpädagogik gedacht sind:

1. Eine gemeinsame Ausbildung erfordert eine Fokussierung der fachlichen, fachdidaktischen und bildungswissenschaftlichen Inhalte auf ein für beide Institutionen bedeutsames Feld.
2. Ein zentrales Problem der gemeinsamen Ausbildung sind nicht die Inhalte, sondern das ungeklärte institutionelle Verhältnis von Elementar- und Primarbereich.

In ihrer kürzlich veröffentlichten Wiff-Expertise benennt Speck-Hamdan besonders den gemeinsam zu bewältigenden Übergang, die Kontinuität der individuellen Entwicklungen und Lernprozesse sowie den Aufbau eines Bildungsfundaments als wichtige Bezugspunkte der gemeinsamen Arbeit zwischen Elementar- und Primarbereich (vgl. Speck-Hamdan, 2012, S. 6f.). Mir scheint vor allem der Übergang vom Kindergarten in die Grundschule ein wichtiges gemeinsam zu bearbeitendes Feld zu sein. Auf der individuellen Ebene geht es hier um die Frage, wie dieser Übergang pädagogisch zu gestalten ist, damit er für Kinder nicht zu einem kritischen Lebensereignis wird, und welche Kompetenzen ein Kind braucht, um diesen Übergang zu meistern. Von Seiten der Grundschule aus gedacht, stehen bei diesem Übergang z. B. fachliche Lernthemen, wie die Anbahnung des Schriftspracherwerbs, die Einführung in arithmetische und algebraische Grundbegriffe sowie übergreifende Querschnittsthemen, wie Sprachbildung und Sprachförderung im Vordergrund, aber auch bildungswissenschaftliche Fragen, wie z. B. die nach den psychologischen Grundlagen des Lehren und Lernens im Grundschulalter oder der angemessenen Didaktisierung der kindlichen Lernprozesse. Ein Vorteil einer gemeinsamen Ausbildung läge aus Sicht der Grundschule darin, einige traditionelle Teilfunktionen (wie z. B. die systematische Anbahnung schriftsprachbezogener und mathematischer Vorkenntnisse, Sprachförderung) in den Elementarbereich zu verlagern. Dieser würde *Leistungen* erbringen, auf die die Grundschule direkt aufbauen könnte. Ob eine derartige Perspektive für die im Elementarbereich Tätigen derzeit vorstellbar ist, wage ich zu bezweifeln.

Unabhängig hiervon liegt das grundsätzliche Problem einer gemeinsamen universitären Ausbildung jedoch weniger in der Suche nach den gemeinsamen Inhalten, sondern in der Unsicherheit der Zielperspektive eines derartigen Studiengangs. Wo sollen die Abgänger/innen dieser Studiengänge konkret eingesetzt werden? Welche Aufgaben sollen sie in den Institutionen jeweils übernehmen? Und wie werden sie tarifrechtlich bezahlt? Es gilt also zunächst die fundamentale Frage des institutionellen Verhältnisses von Elementar- und Primarbereich zu klären: Sollen beide Bereiche weiterhin vollständig getrennte Institutionen bleiben? Dann braucht es keine gemeinsamen Studiengänge, denn dann lassen sich die für die Institutionen jeweils relevanten Kompetenzen am besten in den bestehenden, getrennten Strukturen vermitteln. Ist hingegen eine institutionelle oder gar pädagogische Integration der beiden Institutionen gewünscht, dann müssen sich die Zielperspektiven in beiden Institutionen verändern. Denkbar wäre z. B. eine institutionelle Lösung wie im Grund-/Basisstufenmodell der Schweiz. Dort wurden die letzten beiden Kindergartenjahre und die ersten beiden Grundschuljahre zusammengefasst, mit dem Ziel, schneller lernenden Kindern den Übergang früher zu ermöglichen und langsamer lernenden Kindern mehr Zeit zu geben. Wichtige Elemente sind dabei das Team-Teaching von Erzieher/innen und Lehrer/innen in diesen vier Jahren und ein überkantonal geltender Lehrplan sowie Mindeststandards, die zu erreichende Kompetenzen festschreiben. Für den Elementarbereich bedeutet dies letztlich die Abkehr von der bisher dominierenden sozialpädagogischen Tradition hin zur expliziten Schulvorbereitung. Im Primarbereich wäre eine flächendeckende Einführung der Schuleingangsstufe nötig, die differenzierend und individualisierend arbeitet und flexible Einstiege ermöglicht. Ich glaube nicht, dass eine solche institutionelle Veränderung in Deutschland in absehbarer Zeit zu erwarten ist. Sie stellt für mich aber eine Bedingung dar, ohne die eine gemeinsame akademische Ausbildung von Erzieher/innen und Lehrer/innen keinen Sinn ergibt.

Literatur

Blömeke, Sigrid, Gabriele Kaiser, und Rainer Lehmann. 2011. TEDS-M 2008 Primarstufe: Ziele, Untersuchungsanlage und zentrale Ergebnisse. In *TEDS-M 2008. Professionelle Kompetenz und Lerngelegenheiten angehender Primarstufenlehrkräfte im internationalen Vergleich*, Hrsg. Sigrid Blömeke, Gabriele Kaiser, und Rainer Lehmann, 11–38. Münster: Waxmann.

BMFSFJ (Bundesministerium für Familie, Senioren, Frauen und Jugend), Hrsg. 2003. *Auf den Anfang kommt es an! Perspektiven zur Weiterentwicklung des Systems der Tageseinrichtungen für Kinder in Deutschland*. Weinheim: Beltz.

BMFSFJ (Bundesministerium für Familie, Senioren, Frauen und Jugend), Hrsg. 2005. Zwölfter Kinder und Jugendbericht. Bericht über die Lebenssituation junger Menschen und die Leistungen der Kinder- und Jugendhilfe in Deutschland. Berlin.

Deutsche Nationalversammlung. 1920. Gesetz, betreffend die Grundschulen und Aufhebung der Vorschulen.

DGfE (Deutsche Gesellschaft für Erziehungswissenschaft). 2005. Strukturmodell für die Lehrerbildung im Bachelor/Bakkalaureus- und Master/Magister-System. http://www.dgfe.de/fileadmin/OrdnerRedakteure/Stellungnahmen/2005_Strukturmodell_BA_MA_Lehramt.pdf. Zugegriffen: 10. Jan. 2013.

Götz, Margarete, und Uwe Sandfuchs. 2011. Geschichte der Grundschule. In *Handbuch Grundschulpädagogik und Grundschuldidaktik* (3. vollst. überarb. Aufl.), Hrsg. Wolfgang Einsiedler, Margarete Götz, Andreas Hartinger, Friederike Heinzel, Joachim Kahlert, und Uwe Sandfuchs, 32–44. Bad Heilbrunn: Klinkhardt.

Herrlitz Hans-Georg. 1998. *Deutsche Schulgeschichte von 1800 bis zur Gegenwart. Eine Einführung* (2. erg. Aufl.). Weinheim: Juventa.

Hörner, Wolfgang. 2011. Grundschule in Europa. In *Handbuch Grundschulpädagogik und Grundschuldidaktik* (3. vollst. überarb. Aufl.), Hrsg. Wolfgang Einsiedler, Margarete Götz, Andreas Hartinger, Friederike Heinzel, Joachim Kahlert, und Uwe Sandfuchs, 52–59. Bad Heilbrunn: Klinkhardt.

Kirstein, Nicole, Klaus Fröhlich-Gildhoff, und Ralf Haderlein. 2012. Von der Hochschule an die Kita: Berufliche Erfahrungen von Absolventinnen und Absolventen kindheitspädagogischer Bachelorstudiengäng. München: Deutsches Jugendinstitut. http://www.weiterbildungsinitiative.de/uploads/media/Expertise_Kirstein_Haderlein_Froehlich-Gildhoff_v2.pdf. Zugegriffen: 10. Jan. 2013.

König, Karsten, und Peer Pasternack. 2008. *elementar + professionell. Die Akademisierung der elementarpädagogischen Ausbildung in Deutschland. Mit einer Fallstudie: Der Studiengang ‚Erziehung und Bildung im Kindesalter' an der Alice Salomon Hochschule Berlin.* Wittenberg: HoF (Institut für Hochschulforschung).

Oberhuemer, Pamela. 2004. Bildungskonzepte für die frühen Jahre in internationaler Perspektive. In *Frühpädagogik international. Bildungsqualität im Blickpunkt*, Hrsg. Wassilios Fthenakis und Pamela Oberhuemer, 359–383. Wiesbaden: Springer VS.

OECD. 2001. Starting strong. Early childhood education and care I. Paris.

OECD. 2006. Starting strong. Early childhood education and care II. Paris.

Reyer, Jürgen. 2006. *Einführung in die Geschichte des Kindergartens und der Grundschule.* Bad Heilbrunn: Klinkhardt.

Roßbach, Hans-Günther. 2008. Vorschulische Erziehung. In *Das Bildungswesen in der Bundesrepublik Deutschland*, Hrsg. Kai S. Cortina, Jürgen Baumert, Achim Leschinsky, Karl U. Mayer, und Luitgard Trommer, 283–323. Reinbek: Rowohlt.

Sandfuchs, Uwe. 2004. Geschichte der Lehrerbildung in Deutschland. In *Handbuch Lehrerbildung*, Hrsg. Sigrid Blömeke, Peter Reinhold, Gerhard Tulodziecki, und Johannes Wildt, 14–37. Bad Heilbrunn: Klinkhardt.

Speck-Hamdan, Angelika. 2012. *Grundschulpädagogisches Wissen.* München: Deutsches Jugendinstitut.

Stisser, Anna, Klaus-Peter Horn, Ivo Züchner, Christiane Ruhberg, und Lothar Wigger. 2012. Studiengänge und Standorte. In *Datenreport Erziehungswissenschaft 2012,* Hrsg.

Werner Thole, Hannelore Faulstich-Wieland, Klaus-Peter Horn, Horst Weishaupt, und Ivo Züchner, 17–69. Opladen: Budrich.

Zymek, Bernd. 2012. Der Stellenwert des Grundschulgesetzes von 1920 in der deutschen Schulgeschichte des 20. Jahrhunderts oder warum ist die Grundschule kein deutscher Erinnerungsort? In *Grundschule im historischen Prozess. Zur Entwicklung von Bildungsprogramm, Institution und Disziplin in Deutschland,* Hrsg. Wolfgang Einsiedler, Margarete Götz, Christian Ritzi, und Ulrich Wiegmann, 55–71. Bad Heilbrunn: Klinkhardt.

The Relationship Between ECE and CSE in the Training Field. The Italian Case

Arianna Lazzari and Lucia Balduzzi

Abstract

The paper aims to contribute to the debate on pre-school and primary education training through the analysis of a country case. The first part of the paper will explore how the relationships between these two parts of the education system has been constructed and evolved over time in the context of local socio-cultural conditions. The second part of the paper will investigate the impact that such developments had on the professional preparation of pre-school and primary school teachers and it will give a critical account of recent trends starting from a rigorous analysis of pathways of continuity and change. The assumption underlying this paper is that any reflection on the design of teacher's initial preparation shall not overlook the historical processes and the local socio-cultural conditions within which educational systems are embedded and constantly changing. The concluding part of the paper will outline conceptual categories for looking critically into the challenges and possibilities posed by recent reform trends concerning teachers' professional preparation across the early childhood and compulsory school education field.

A. Lazzari (✉) · L. Balduzzi
Department of Education Sciences, Università Bologna,
40126 Bologna, Italy
E-Mail: arianna.lazzari2@unibo.it

L. Balduzzi
E-Mail: lucia.balduzzi2@unibo.it

P. Cloos et al. (Hrsg.), *Elementar- und Primarpädagogik*,
DOI 10.1007/978-3-658-03811-3_6, © Springer Fachmedien Wiesbaden 2014

Keywords

Early childhood education(ECE) · Compulsory school education (CSE) · Pre-school teachers · Primary school teachers · Professional preparation · Italy

1 Introduction

Coming from a background of international research on professionalism in the field of early childhood education, we would like to offer a contribution to the debate on elementary and primary education training starting from the analysis of the Italian experience. The paper will analyse how the relationship between early childhood and compulsory school education has been constructed in the Italian case, how it evolved over the years in order to respond to changing social and cultural conditions, and how such developments have affected the professional preparation of pre-school and primary school teachers over time. According to the authors in fact the design of initial preparation programmes for professionals working across these two fields cannot be considered in isolation from the historical and socio-cultural context within which educational institutions are placed. In this view any rigorous reflection on the relationship between ECE and CSE in the training field should give account of local pedagogical traditions and—at the same time—it should take into account the needs and aspirations expressed by all those involved educational institutions: children, families, educators and members of local communities. Such rigorous analysis seem to be particularly significant at the current time, during which early childhood education policies are high on European agenda (EC 2011) and school curricula as well as teacher training programmes are under reform in many countries. It is noteworthy that in international context the importance of investing in comprehensive early childhood education systems has become increasingly justified in the light of evidence-based research carried out predominantly within social investment studies (vgl. Heckman and Masterov 2007; Felfe and Lalive 2011; Del Boca and Pasqua 2010). Within such paradigm however the importance of investing in ECE has been emphasised mostly in relation to countries' economic competitiveness—given the positive impact of early childhood education on improving children's outcomes in compulsory school—with the risk of silencing the voices of all those involved in educational processes—children, families, educators and teachers alike (Lazzari and Vandenbroeck 2012).

Therefore in the view of the authors the reflection on the relationship between ECE and CSE in the training field cannot be separated from a critical analysis of the assumptions that underpin the political choices regarding the restructuring of educational systems. In this sense the values, goals and understandings of education which underlie such policy developments need to be made explicit through a rigorous analysis of socio-cultural dynamics that affect the process in which political decisions are being taken and pedagogical choices are being made.

In this perspective the analysis reported in the present paper aims at offering a critical contribution to the debate on the relationship between early childhood education and compulsory schooling by focusing specifically on the way in which the interplay between ECE and CSE has been constructed in the field of teachers' professional preparation. Historical trends as well as contemporary challenges and possibilities will be rigorously examined with specific reference to the Italian case. The intention of the authors is to outline a conceptual framework that can enrich the discussion on teachers' professional development across the ECE and CSE field in relation to context-specific conditions.

2   Background: The Italian Education System

In Italy, early childhood education is provided within a split system. The Ministry of Welfare[1] is responsible for early childhood services attended by children below three years of age (*nidi d'infanzia*), while the Ministry of Education[2] is responsible for pre-schools attended by children aged from three to six (*scuola dell'infanzia*). Within this framework the administrative responsibility for the regulation and funding of zero to three services lies with local authorities (regions and municipalities) while the national school system—encompassing pre- and primary schools—is regulated and funded at central level[3]. The Ministry of Education is also responsible

---

[1] Specifically the government bodies responsible for zero to three ECE services are the *Ministero del lavoro e delle politiche sociali* and the *Dipartimento per le politiche della famiglia*.

[2] The Ministry of Education (*Ministero dell'Istruzione Università e Ricerca*) is also responsible for Compulsory Education at primary and secondary level (*scuola primaria e secondaria*) as well as for University and Research.

[3] As consequence of the split system stark disparities exists concerning children's access to ECE services. While services for under-threes are attended by 12.7 % of children on national average—with important regional disparities in participation rates (vgl. ISTAT 2010)—pre-schools are attended by over 96 % of the children aged three to six years old on national average (vgl. EURYDICE 2011).

for the initial professional preparation of ECE practitioners as well as primary school teachers at University level. However, while initial professional preparation at tertiary level (ISCED-5) is not compulsory for *nido* educators[4], pre-school and primary school teachers are currently required to hold a five-years university degree in educational studies (*Scienze della Formazione Primaria*) that confers them an official teacher status. Given the structure of the Italian system—characterised by a split ECE sector—and the scope of the book, the analysis presented in this paper will mostly focus on the initial preparation of teachers working across pre- and primary school education, although this leaves an important part of the early childhood sector out of discussion.

3 Educational Continuity: Conceptualising the Relationship Between ECE and CSE

> To describe the relationship [between ECE and CSE] as 'political' is to call attention to the conflicting alternatives available [...] with each alternative inscribed with particular constructs, values and assumptions, and each therefore contestable (Moss 2013, S. 2).

In the Italian debate educational continuity (*continuità educativa*) is defined as a concept that represents the way in which the relationship between the different components of the educational system is constructed. Educational continuity refers to a plurality of possibilities for implementation, ranging from the interplay between school institutions, families and local communities to the interchange of didactic methodologies across different school levels in relation to disciplinary fields. Therefore engaging with the issue of educational continuity implies not only dealing with the idea of children's development conceived along a continuum of experiences but also connecting such idea to a system of educational institutions that addresses children's learning needs comprehensively. Despite a highly fragmented education system, the debate on educational continuity in Italy has been particularly fruitful starting to provoke both pedagogical and political discussion as early as the 1960s. The debate on educational continuity in fact was generated in close connection with the spread of pedagogical activism toward the end of the

---

[4] As the responsibility for regulation and management of zero to three services is decentralised, qualification requirements for *nido* educators vary according to regional legislation and local administrations.

1960s, it catalysed a growing research attention of academics and teachers over the 1980s period and culminated in the1990s when two national laws regulating its implementation were enacted.

The issue of educational continuity initially developed over a period of rapid industrial and economic growth, the so called *economy boom*: this phenomenon created a strong demand for public schooling that arose, on one hand, from the need of the industrial sector to recruit a qualified workforce and, on the other hand, from the instance of democratisation and social mobility put forth by civil society. Despite the State initiatives aimed at increasing children's access to education both in quantitative and qualitative terms, the principle of equal educational opportunities for children belonging to different social classes was far from being realised. In fact, the data on early school leaving displayed by the studies undertaken over that period revealed that the educational approaches and didactic procedures adopted until then in compulsory school teaching were totally inadequate to promote children's learning, especially for those belonging to lower social classes. Traditional teaching methods, that favored approaches oriented toward the transmission and reproduction of knowledge, and standardised assessment of students' outcomes seemed *de facto* to hinder—rather than promote—equal educational opportunities for all children. Over the same period, the traditional teaching approaches adopted in compulsory school were also criticized by many progressive teachers who were advocating for a new public school system committed to the social and cultural promotion of young citizens. Therefore many voices, coming both from academia and from civil society, raised against those conservative approaches to education that, up until then, had rewarded middle and upper social classes and discouraged social mobility. On one side, sociological studies (vgl. Barbagli and Dei 1969) clearly highlighted the indissoluble links between education and socio-political issues, focusing on the crucial role played by compulsory school in society and calling it to its social responsibilities. On the other, pedagogical studies were opening possibilities for rethinking compulsory school education by drawing on the educational theories of Dewey and Freinet, inspired to the principles of democracy and participation. In some cases teachers' movements—such as the Movement of Cooperative Education (MCE)—were created in order to support the experimentation of innovative educational approaches and active didactic methodologies in primary schools. These innovations found particularly fertile ground in those places where progressive municipalities were successfully engaged in the education of young children (ECE) such as, for example, the cities of Reggio Emilia and Bologna located in Northern Central Italy (vgl. Ciari 1972; Malaguzzi 1971). In these contexts, early childhood pedagogy played an important role in challenging traditional understandings of children's learning which, in turn, led to re-think teachers' role and educational practices within primary school settings.

Particularly significant were the experience of participatory school management introduced by municipal institutions (*gestione sociale*) and the experimentation of the integrated day in primary school (*scuola a tempo pieno*). The first concerned the active involvement of parents and teachers in decision-making processes regarding the management of the school (from the educational project to the distribution of financial resources available) while the latter concerned the introduction of full-day education in primary schools, overcoming the traditional split between instructional activities in morning sessions and after-school care in the afternoon. The experimentation of the integrated day in primary school (*scuola a tempo pieno*) was carried out in Bologna under the coordination of the pedagogical director of municipal education institutions, Bruno Ciari (vgl. Lazzari and Balduzzi 2013). The idea underpinning this experience was to guarantee a more integrated framework for addressing children's learning needs over a full school day through the differentiation of educational methodologies (cooperative learning, individual tutoring, and so on) and a flexible organisation of activities (lessons, small group project work, individual activities). Within the *scuola a tempo pieno* model a more systemic approach to learning was introduced in primary school despite a subject-oriented curriculum. In this sense the furthering of an interdisciplinary approach that values children's learning experiences was made possible through the adoption of a more distended time frame[5] that facilitates teachers' collegial work inside and outside the classroom. At the core of this model stood the assumption that the aim of basic education (*scuola di base*)—from pre-school to high school—is the social and cultural promotion of all children as competent human beings and as citizens. There was also the awareness that such aim could have not been pursued within a school system where teachers' work remained isolated and anchored to traditional teaching practices. As Ciari himself put it:

> The group of adults, no longer the isolated individual, should be the model adopted. The work in the group of adults should be based upon parity of roles, respect, reciprocal support, collegial decision-making; the same values that children should interiorise. We think that all these values should characterise the professional development of teachers all along (Ciari 1972, S. 228).

In this sense one of the main strength of the *scuola a tempo pieno* experimentation was a major investment in teachers' professional development on a group basis:

> In the seminars the experimental teachers are examining—nearly on a daily basis—the outcomes of their activities, modifying in progress their hypothesis through ongoing

---

[5] Nowadays the *scuola a tempo pieno* model is still operating over a time frame of 40 h a week.

evaluation. They work on the creation and adoption of new didactic materials starting from the needs of individual children (Ciari 1972, S. 115).

The dissemination of such innovative experiences had repercussions not only in the re-organisation of schools at local level but also on some educational reforms enacted at national level[6]. In this sense it could be said that early childhood pedagogy played an important role in challenging traditional understandings of children's learning over time and this—in turn—contributed to re-think teachers' role and educational practices within primary school settings. At the core of this pedagogy is placed the idea of the child as a citizen (the same idea can be found in the UN Convention on Children's Rights that was enacted many years later) and as a competent human being, who actively engages with adults, peers, the surrounding environment and with the cultural artefacts of its community (Balduzzi 2006). In this perspective, teachers abandon their traditional role centred on imparting pre-determined knowledge in order to embrace a facilitator role focused on the promotion of children's holistic development. In this view, teachers' role is to provide a wide range of learning opportunities by encouraging children's exploration of the surrounding environment and to nurture the development of many symbolic languages through which children make meaning of reality. Trans-disciplinary approaches to knowledge co-construction and collaborative project work become therefore crucial aspects of innovative teaching methodologies that emphasise the role of children as protagonists of their own learning rather than the role of teachers as instructors. In this perspective, much of the research work carried out in educational settings at the time relied on the socio-constructivist paradigm. This strand of research emphasised the importance of social interaction—among children and between children and adults—as a 'place' where knowledge is actively co-constructed and where meanings are shared and intentionally negotiated. Mostly important, the new educational approach introduced in compulsory school over that time arose a widespread awareness regarding the political dimension of education. Schooling started to be viewed as an emancipatory experience directed toward social and cultural transformation and it became clear that social and cultural promotion of all citizens would have been made possible only if educational institutions were conceived and managed as democratic communities, where decision-making processes were carried out collectively by engaging with children and parents from local neighborhoods.

---

[6] The organisational model of *scuola a tempo pieno* was introduced in state primary school by Law 820/1971 while the participatory management of school institution was ratified by Law 416/1974 on collegiate bodies.

For all these reasons in the Italian context school readiness approaches—in which the goals of ECE are set in function of CSE learning requirements—have been traditionally contested in favour of educational continuity approaches—in which the goals set by CSE take into account the knowledge and competence that children have already matured through previous experiences in ECE. Over the years these understandings were further elaborated in the light of psychological studies that explored children's development from a socio-cultural and interactionist perspective (vgl. Rogoff and Lave 1984; Bruner 1981; Bateson 1972; Bronfenbrenner 1979). The contributions offered by these studies not only showed that children's learning is inextricably linked to the relational and cultural contexts within which educational experiences take place, but they also highlighted the complexity of children's development that takes place along a continuum encompassing both intra-personal and inter-personal variations (vgl. Pontecorvo and Formisano 1986). Along this line, it became increasingly clear that educational phenomena needed to be studied within a multi- and inter-disciplinary perspective and an integrated approach to educational sciences started to gain increasing attention in the academic debate. In this sense a growing consensus emerged on the need of exploring all round children's development and education from pedagogical, psychological, sociological and anthropological perspectives.

However, as a matter of fact the most advanced educational experiences that were realised within local experimentations had very little effects on the way teachers' initial professional preparation was carried out before the implementation of the Bachelor Degree in Primary Education Sciences that was only introduced at the end of the 1990s. Up until then teachers' professionalisation was mostly taking place in the context of in-service professional development and collegial meetings to which a large amount of hours were dedicated within teachers' national working contracts (up to 200 h a year).

4   The Complexity of Teachers' Role: Developing Pathways for the Initial Preparation of Teachers Across the ECE and CSE Field

While up until the end of the 1990s qualification requirements for pre- and primary school teachers were set at secondary level, between the end of the 1990s and the beginning of 2000 a series of laws were enacted in order to upgrade teachers' initial preparation to University level. Starting from 1998 pre- and primary school teachers were required to hold a four-year degree in Primary Education Sciences (*Scienze della Formazione Primaria, SFP*) conferring them a qualified teacher status. This degree was structured in two-year courses as follows:

- the first two-year-course was built upon a broad curriculum (education, psychology, sociology, anthropology) for the common preparation of pre- and primary school teachers;
- the second two-year-course was built upon a specialised curriculum focused on early childhood pedagogy and learning (literacy, numeracy, natural sciences, art, music, play and movement) or—alternatively—on primary school education (subject knowledge combined with didactic methodologies);
- additionally, special needs teachers were required to attend two semesters in special needs/inclusive education that were run parallel to the second two-years course.[7]

The flexible combination of the two-year pathways within the degree was designed to encourage educational continuity between pre- and primary school settings through the promotion of a trans-disciplinary approach for the professional preparation of teachers (vgl. Mantovani 2010; Nigris 2007). The aims of the course were to equip teachers with interpretative tools allowing them to make sense of educational problems and to be responsive toward children's needs and potentialities along the continuum of their development, which encompasses at the same time elements of continuity and variation (intra-personal and inter-personal). Therefore within this program teachers' professionalism was conceptualised more as the acquisition of a reflective stance on educational practices rather than as the ability to apply predetermined teaching procedures.

In line with the assumptions underpinning the relationship between ECE and CSE mentioned above, the development of initial preparation pathways for professionalisation of pre- and primary school teachers were characterised by a marked attention towards children's learning needs in their social context, which encompasses both family and local community enviroments. The focus on educational relationships—between adults and children, among children, among adults and between school and family environment—which was assumed as a crucial element of teaching and learning processes had therefore become a landmark in the design and implementation of teachers' professional preparation courses. This means that, within the course, both taught subject knowledge and didactic methodologies

---

[7] In the Italian education system all children with special needs are included in integrated settings where they avail of the support of a special needs teacher who works a in team with the class teachers.

are mediated by a complex conceptualisation of learning processes; within which children's acquisitions are understood to be inextricably linked to the quality of the relational environment where educational initiatives are carried out (vgl. Mantovani 2004). Therefore at the core of teachers' professional preparation stands the idea that both pedagogic knowledge and methodological tools need to be situated. In this sense the development of teachers' professionalism aims to promote critical reflection as a way of combining content knowledge and methodological tools in everyday educational practice. For this reason the University degree for teachers' initial preparation have been designed upon a dynamic interplay that reciprocally links theory and practices through a variety of training devices (vgl. Urban et al. 2011).

In these regards interesting studies have been conducted within several Italian Universities where the SFP degree course was implemented (vgl. Supervisori di Bologna e Modena-Reggio Emilia 2006; Galliani and Felisatti 2001, 2005; Nigris 2004). These studies highlight the central role played by specific activities—such as school placement (*tirocinio*) and workshops (*laboratori*)—for the competence development of future teachers. In particular, the strength of workshop devices has been identified in bridging theory (university lectures) to practice (placement experience in schools) by promoting an alternative approach to the construction of knowledge through the active involvement of students in project work activities. Workshops are facilitated by teacher educators[8]—who have relevant experience in several areas of ECE and CSE—and are carried out in the context of small groups which promote frequent interactions among students and collective reflectivity. In particular, the study conducted by the University of Milano-Bicocca reported that the methodologies adopted in the workshops facilitate more critical reflection by students on their placement experience (vgl. Kanizsa 2004), while the study carried out by the University of Padova highlighted the central role of school placement for the acquisition of cross-disciplinary competences (e.g. relational, didactic and reflective) which are at the core of teachers' professionalism (vgl. Galliani and Felisatti 2005). Both university workshop and school placement in fact provide to the students the possibility of meeting, planning, designing, researching and experimenting how professional knowledge and know-how may interact. In this sense, many authors have identified the qualifying elements of the university degree course both in the integrated curriculum based upon a reciprocal interplay of theory and practice and in the strong partnership built up with schools at local level (vgl. Mantovani 2010; Supervisori di Bologna and Modena-Reggio Emilia 2006; Galliani and Felisatti 2001, 2005; Nigris 2004).

---

[8] They are part-time pre- and primary school teachers who are recruited by the University as students' tutors and supervisors.

5   Recent Developments

The policy debate on the initial professional preparation of compulsory school teachers gained a new momentum toward the end of the last decade when a National Committee (*Commissione Israel*) was nominated in order to redefine its university curricula. Within such debate two positions emerged in response to the new structure of degree courses that were organised at Bachelor and Master level (Law 270/2004[9]) in response to the Bologna Process taking place at international level. The first position proposed to combine a three-years BA (*laurea triennale*) for pre-school teachers with a two-years MA (*laurea magistrale*) for primary school teachers, underpinning the idea that teaching in compulsory schools would demand a higher level of professional specialisation due to the subject-oriented curriculum. The second position argued instead for a five-year degree (*laurea a ciclo unico*) that draws upon the same university curricula for teachers operating across both segments of the education system—either at pre-school and primary school level—conceiving teaching as a high-level graduate profession. Such policy debate arose highly contentious issues, ranging from the understanding of teachers' professional role (generic vs. specific professionalism) to the curricular tools adopted for its initial preparation (broad pedagogical core vs. subject-oriented approach). In addition to these arguments, proposed by the representatives of academic and professional associations involved in such heated debate, the outcomes reported in the law reforming teachers' initial professional preparation at national level were affected to a certain extent by previous financial norms[10] limiting State expenditure across all the sectors of public administration. Although the reduction of public expenditure in relation to the training and recruitment of personnel within the national school system partly accounts for the choice of unifying the pathways for the initial professional preparation of pre-and primary school teachers, it needs to be said that innovation instances started to be advanced by academics representing subject-specific fields. In line with this trend, the work submitted by the National Committee led by Prof. Israel re-structured the initial preparation of pre-school and primary school teachers across a five-years unified pathway allowing on one side the reduction of costs associated with the differentiation of training

---

[9] www.miur.it/0006Menu_C/0012Docume/0098Normat/4640Modifi_cf2.htm (Zugriff: 23.02.2014).

[10] Law 244/2007 (National Budget) and Law 133/2008 (extraordinary measures undertaken for the reduction of public expenditure). The reduction of public expenditure in relation to the training and recruitment of teachers is explicitly mentioned in art. 4 of Law 133/2008 that was jointly enacted by the Ministry of Education and the Ministry of Finance.

pathways and, on the other, maintaining a high cultural profile of teaching profession across the two segment of the education system. Remarkably, the outcomes of the cultural and political debate on teachers' professionalism and professional preparation favour the choice of a specific professionalism strongly connoted by a subject-oriented curriculum over the more balanced combination of broad pedagogical core and subject-specific approaches characterising the four-years pathway previously described. As reported in the law reforming the SFP university degree (Law 249/2010):

> [Over the five-years course the students] have to acquire a sound knowledge in the subject-related area of their teaching and the ability to transfer such knowledge in relation to the school level, to the age and to the culture of the pupils. [...] Since the beginning of the course the knowledge acquired by future teachers in each subject area has to be strongly linked to teachers' ability in managing the classroom and in planning educational and didactic pathways.

In the excerpts quoted above it seems apparent that educational competences are viewed as merely instrumental to subject-directed teaching activities rather than being inscribed in a broader pedagogical framework assuming teachers' reflectivity at its core. Furthermore a detailed analysis of the law reveals that the model underpinning the design of the new SFP curriculum is tailored on primary school settings and on the teaching and learning processes that are taking place in such contexts. By using a powerful expression coined by Fielding and Moss (2011) we could say that the idea of education-in-the-broadest-sense underpinning the transdisciplinary approach of the four-years degree course is now replaced by a narrowed down idea of teaching and instruction centred on school-subjects rather than on whole-child learning. Although the legislative text underlines that the contents of subject-related courses need to be adapted to both level of school teaching, specific references to ECE professionalism are scarce and the terminology adopted by the document recall educational approaches and methodologies typical of compulsory school settings (traditional lesson, group-discussion, team-work activities etc.). In fact reference to children's areas of learning and development are completely absent and replaced with reference to school subjects reflecting the predominance of a fragmented approach to the teaching of pre-determined knowledge over an holistic approach to knowledge co-construction through experiential learning. An increase in the number of school placement hours could also be noted (600 instead of 400) along with the fact that student's practical experience has to be carried out compulsorily in both pre- and primary school settings.

In sum, a critical analysis of the reform brings to the fore the potential risks associated with the restructuring of the SFP degree. First of all the predominance of subject-related courses over a more inter-disciplinary approach to teaching and learning processes across core subject-areas tend to reduce the complexity of teachers' role undermining its broadly reflective component. Secondly, the alignment of training professional preparation pathways for both pre-school and primary school teachers underpin the risk of focusing the content of courses mainly on compulsory school teaching since children's ECE attendance is not mandatory by law. This risk becomes particularly salient in the light of current trends that emphasise a logic of evaluation focused on children's outcomes and schools' accountability. In the view of the authors all the elements mentioned above, along with an important generational turnover of teachers, are leading to the potential *schoolification* of pre-school education in spite of the long-standing pedagogical tradition developed by ECE services in the last four decades.

6   Concluding Reflections for an Open-Ended Debate

The analysis of the Italian case reported in this chapter highlights that the elaboration of common pathways for the professional preparation of pre- and primary school teachers are the result of the complex interaction among multiple aspects that are associated with the way the relationship between early childhood and compulsory school education is constructed over time. We noticed in fact that the design of the four-years SFP degree was underpinned by the idea of educational continuity which promoted a reciprocal dialogue and mutual exchange between ECE and CSE. As consequence, the structure and content of the degree course sough to combine a generic conceptualisation of teachers' professionalism—nurtured by a common pedagogical core—with a specific conceptualisation of professionalism, which reflected the educational identity of each school level. In this sense the dynamic interplay of common and differentiated training pathways reflected the effort of sustaining an on-going confrontation and—at the same time—creating a common ground between the ECE and CSE pedagogical traditions that are historically and socially constructed.

In this sense the elements of innovation introduced by the recent reform of teachers' initial preparation marked a shift in the understanding of the relationship between ECE and CSE. In line with the international trend affirming the necessity of investing in ECE in order to promote countries' economic competitiveness (*the productivity argument*) the positive impact of early childhood education is currently being emphasised mostly in relation to the improvements of children's outcomes in compulsory school. As consequence, the purpose of ECE has started to be viewed as functional to the goals CSE giving origin to a new conceptualisation of the relationship between ECE and CSE that could be defined in terms of *school readiness* (Moss 2013). This process is clearly documented by the new curricular guidelines (Indicazioni 2012) that promote continuity of children's educational experiences across pre-, primary and secondary school levels through the introduction of a more subjects-oriented approach to learning since the early years (three to fourteen curricular framework). Along this line, the recent reform of SFP degree has introduced a markedly subject-specific approach to teachers' initial professional preparation, blurring the boundaries between ECE and CSE professionalism in favour of the latter. The top-down implementation of this reform has raised many criticism from educational experts—academics and professionals alike—who fear the introduction of school-based educational approaches that disregard children's learning strategies in the early years. Associated to the latter is the risk of dismissing participatory approaches to learning that traditionally connoted early childhood settings—where children are conceived as protagonists and parents as partners. In the scenario outlined so far therefore the authors argue for a re-opening of the debate on the relationships between ECE as CSE starting from the pedagogical question that stands at its core:

How is our image of the child constructed? What are the assumptions underlying children's learning and participation in educational processes? What are the purposes of educational institutions within society?

In this sense we are convinced that only starting from a deep analysis of the pedagogical traditions underlying early childhood and compulsory school education such relationship can be re-constructed by involving children, parents and educators in the debate for exploring possible alternatives to the perspective of *school readiness*.

References

Balduzzi, Lucia (2006): Nella rete dei servizi per l'infanzia tra nidi e nuove tipologie. Bologna: CLUEB.

Barbagli, Marzio, and Marcello Dei. 1969. *Le vestali della classe media.* Bologna: il Mulino.

Bateson, Gregory. 1972. *Steps to an ecology of mind.* San Francisco: Chandler Publ. Co.

Bronfenbrenner, Urie. 1979. *The ecology of human development.* Cambridge: Harvard University Press.

Bruner, Jerome S. 1981. Intention in the structure of action and interaction. *Advances in Infancy Research* 1:41–56.

Ciari, Bruno. 1972. *La grande disadattata.* Roma: Editori Riuniti.

Del Boca, Daniela, and Silvia Pasqua. 2010. *Esiti scolastici e comportamentali, famiglia e servizi per l'infanzia.* Torino: Fondazione Giovanni Agnelli.

Dewey, John. 1916. *Democracy and education.* New York: MacMillan.

European Commission. 2011. Early childhood education and care: providing all our children with the best start for the world of tomorrow. http://ec.europa.eu/education/school-education/doc/childhoodcom_en.pdf. Accessed 2 March 2013.

EURYDICE. 2011. Italy: National System Overview. http://eacea.ec.europa.eu/education/eurydice/documents/eurybase/national_summary_sheets/047_IT_EN.pdf. Accessed 2 March 2013.

Felfe, Christina, and Rafael Lalive. 2011. How does early childcare affect child development? Learning from the children of German Unification. CESifo Area Conference on Economics of Education: Center for Economics Studies.

Fielding, Michael, and Peter Moss. 2011. *Radical education and the common school. A democratic Alternative.* London: Routledge.

Freinet, Célestin. 1969. *Pour l'ecole du peuple: guide pratique pour l'organisation materielle, technique et pedagogique de l'ecole populaire.* Paris: Maspero.

Galliani, Luciano, and Ettore Felisatti, eds. 2001. *Maestri all'Università. Modello empirico e qualitÂ della formazione iniziale degli insegnanti: il caso di Padova.* Lecce: Pensa Multimedia.

Galliani, Luciano, and Ettore Felisatti, eds. 2005. *Maestri all'Università. Curricolo, tirocinio e professione.* Lecce: Pensa Multimedia.

Heckman, James, and Dimitiy V. Masterov 2007. *The productivity argument for investing in young children.* Bonn: IZA.

ISTAT (Italian National Institute of Statistics). 2010. L'offerta comunale di asili nido e altri servizi socio-educativi per la prima infanzia. Anno scolastico 2008/2009. http://www.istat.it/salastampa/comunicati/non_calendario/20100614_00. Accessed 3 March 2013.

Kanizsa, Silvia. 2004. Laboratori e tirocinio nella formazione universitaria degli insegnanti. In *La formazione degli insegnanti: percorsi, strumenti, valutazione,* ed. Elisabetta Nigris, 63–89. Roma: Carrocci.

Lazzari, Arianna, and Michel Vandenbroeck. 2012. Literature review of the participation of disadvantaged children and families in ECE services in Europe. In *Early childhood education and care (ECEC) for children from disadvantaged backgrounds: Findings from a European literature review and two case studies. Study commissioned by the Directorate general for education and culture,* ed. John Bennett. Brussels: European Commission.

Lazzari, Arianna, and Lucia Balduzzi. 2013. Bruno Ciari and 'educational continuity': The relationship from an Italian perspective. In *Early childhood and compulsory education: Reconceptualising the relationship,* ed. Peter Moss. London: Routledge.

Malaguzzi, Loris. 1971. *Esperienze per una nuova scuola dell'infanzia: atti del seminario di studio tenuto a Reggio Emilia il 18–19–20 marzo 1971.* Roma: Editori Riuniti.

Mantovani, Susanna. 2004. La relazione insegnante-bambino nel contesto istituzionale. In *La formazione degli insegnanti: percorsi, strumenti, valutazione,* ed. Elisabetta Nigris, 27–36. Roma: Carrocci.

Mantovani Susanna. 2010. Italy: Commissioned report for the SEEPRO project. In *Professionals in early childhood education and care systems. European profiles and perspectives,* ed.

Pamela Oberhuemer, Inge Schreyer, and Michelle J. Neuman, 239–259. Opladen: Barbara Budrich Publishers.

Ministerial Decree n. 249. 2010. Regolamento concernente: "Definizione della disciplina dei requisiti e delle modalita' della formazione iniziale degli insegnanti della scuola dell'infanzia, della scuola primaria e della scuola secondaria di primo e secondo grado, ai sensi dell'articolo 2, comma 416, della legge 24 dicembre 2007, n. 244".

Moss, Peter. 2013. *Early childhood and compulsory education: Reconceptualising the relationship*. London: Routledge.

Nigris, Elisabetta, ed. 2004. *La formazione degli insegnanti: percorsi, strumenti, valutazione*. Roma: Carrocci.

Nigris, Elisabetta. 2007. Teacher training. In *Early childhood education. An international encyclopedia*, eds. Rebecca S. New and Moncrieff Cochran, 1145–1150. Westport: Praeger.

Pontecorvo, Clotilde, ed. 1989. *Un curricolo per la continuità educativa dai quattro agli otto anni*. Firenze: La Nuova Italia.

Pontecorvo, Clotilde, and Marina Formisano. 1986. Continuità e discontinuità nell'educazione di base. In *Infanzia e continuitÀ educativa*, eds. Vincenzo Cesareo, and Cesare Scurati, Centro per l'Innovazione Educativa Comune di Milano. Milano: Franco Angeli.

Rogoff, Barbara, and Jean Lave, eds. 1984. *Everyday cognition: Its development in social context*. Cambridge: Harvard University Press.

Supervisori di Bologna e Modena-Reggio Emilia. 2006. *Tracciare un percorso: i tirocini e i laboratori nel corso di laurea in scienze della formazione primaria*. Bologna: CLUEB.

Urban, Mathias, Michel Vandenbroeck, Jan Peeters, Arianna Lazzari, and Katrien Van Laere. 2011. Competence requirements for early childhood care and education. Study commissioned by the Directorate General for Education and Culture: European Commission.

Zur Ausbildung der Kindergärtner/innen und der Grundschullehr/innen an der Freien Universität Bozen (I)_FUB

Annemarie Saxalber

Zusammenfassung

Der vorliegende Beitrag beschäftigt sich mit dem vom italienischen Bildungsministerium im Jahre 2010 erlassenen, neuen Ausbildungskonzept in der Primarbildung. Ziel ist, für den/die interessierte/n Leser/in nachvollziehbar zu machen, welche pädagogischen und strukturellen Prinzipien vom italienischen Bildungsministerium vorgegeben sind, wie diese Eingang in die Ausbildung finden und welche offenen Probleme zur Halbzeit der Umsetzung sich zeigen. Ein besonderes Augenmerk wird dabei auf die Sprachenausbildung der zukünftigen Pädagog/innen und Lehrer/innen sowie auf die sprachdidaktische Vorbereitung auf den Beruf gelegt.

Schlüsselwörter

Berufsbilder · Bildungswissenschaften · Südtirol · Lehrveranstaltungen · Kompetenzen · Sprache · Ausbildung · Mehrsprachigkeit

1 Einleitung

Die Bildungspolitik der Autonomen Provinz Bozen hat sich in Schulbelangen an die gesetzlichen Vorgaben des italienischen Staates zu halten, Anpassungen an die besonderen lokalen Bedürfnisse der Schule, z. B. in den schulischen Rahmenrichtli-

A. Saxalber (✉)
Fakultät für Bildungswissenschaften, Universität Bozen, 39042 Brixen, Italien
E-Mail: annemarie.saxalber@unibz.it

P. Cloos et al. (Hrsg.), *Elementar- und Primarpädagogik*,
DOI 10.1007/978-3-658-03811-3_7, © Springer Fachmedien Wiesbaden 2014

nien, sind eingeschränkt möglich. Gesetzlich abgesichert ist ein mehrgliedriges und bislang getrenntes Schulsystem für die drei Sprachgruppen (deutsche, italienische und ladinische Schule), in dem die deutsche Schule sich in Fragen um Fachprofil, kulturelles Verständnis, Weiterbildungsinitiativen usw. aus historisch-kulturellen Gründen eher dem österreichisch-deutschen-schweizerischen Raum zuwendet. Die Hochschulpolitik der Freien Universität Bozen nimmt sich in der Ausbildung der Pädagoginnen und Pädagogen sowie Lehrerinnen und Lehrer im Primarbereich einen kulturell offenen pädagogischen Ansatz vor, der von der Brückensituation der germanischen und romanischen Schulpädagogiken und Didaktiken profitiert.

2 Pädagog/innen- und Lehrer/innenbildung in Italien allgemein und in Südtirol im Besonderen

Im Unterschied zum deutschsprachigen Ausland sind im italienischen Bildungssystem strukturelle und pädagogische Grundsätze wie inklusive Schule, Gesamtschule im Pflichtschulbereich, gemeinsame Ausbildung der Pädagog/innen im Kindergarten und der Lehrer/innen der Grundschule auf universitärer Ebene nicht ein gesellschaftlicher oder bildungspolitischer Dauerbrenner, sondern schon gesetzlich festgelegt (vgl. Höllrigl 2005). Dies bedeutet, dass Lehre, Forschung und Evaluation zu Kindergarten, Schule und Ausbildung vor dem genannten Hintergrund erfolgen und es zu den meisten dieser Punkte wissenschaftlich erforschte Erfahrungswerte gibt (vgl. ebd.), die zur ständigen qualitativen Verbesserung des Systems, aber auch in der internationalen Diskussion der Schulentwicklung und der Lehrer/innenbildung herangezogen werden können. Wie in Österreich wird die Ausbildung von Pädagog/innen und Lehrer/innen in Italien zentral gesteuert; während sich in Österreich zumindest zwei Ministerien um Ausbildung und Schule kümmern, was gelegentlich zu Abstimmungsschwierigkeiten führt, unterliegt in Italien Schule und Ausbildung ein und demselben *Ministero dell'Istruzione, dell'Università e della Ricerca* (abgekürzt MIUR, im Folgenden Bildungsministerium genannt). Für die Ausbildung in Südtirol, in dem es unterschiedliche Schulsysteme für die drei territorialen Sprachgruppen (deutsche, italienische, ladinische Sprachgruppe) gibt[1], ist der Ausbildungsort die Freie Universität Bozen,

---

[1] Deutschsprachige Schüler/innen besuchen Schulen mit deutscher Unterrichtssprache, italienischsprachige solche mit italienischer Unterrichtssprache. Schüler/innen mit einem zweisprachigem familiären Hintergrund, deren Zahl stark zunimmt, müssen sich in eine der beiden Schulsysteme einordnen. Die ladinischsprachigen Schüler/innen gehen in Schulen, in denen die Fächer in den Unterrichtssprachen Deutsch oder Italienisch unterrichtet werden, darin wird Ladinisch als unterstützende Erklärungssprache verwendet und auch als Fach unterrichtet; Englisch ist ein eigenes Fach.

Bildungswissenschaftliche Fakultät, Standort Brixen. Das Ausbildungskonzept für alle drei Sprachgruppen ist ein gemeinsames, die Ausbildung erfolgt aber in getrennten Abteilungen (Deutsch, Italienisch, Ladinisch).

2.1 Pädagog/innen- und Lehrer/innenbildung im Primarbereich: Auslaufender Laureatsstudiengang – neuer Masterstudiengang

Die Ausbildung der Pädagoginnen und Pädagogen im Vorschulbereich und der Lehrerinnen und Lehrer an der Grundschule hat in Italien in den letzten 20 Jahren zweimal eine wesentliche Umstrukturierung erfahren: 1998 (sog. Moratti Reform) und wie bereits oben genannt 2010. 1998 löste die verpflichtende universitäre Ausbildung die bisherige Ausbildung der Kindergärtner/innen und Lehrer/innen über den Sekundarschulbereich II (Kindergärtnerinnenschule, Lehrerbildungsanstalt) ab. Die staatliche Einführung der Ausbildung für die Kindergartenpädagog/innen und die Grundschullehrer/innen auf Hochschulebene war mitentscheidend für die Einrichtung der Fakultät für Bildungswissenschaften der Freien Universität Bozen, die laut Gründergrundsatz die Ausbildung von muttersprachlichen Grundschullehrer/innen für die deutsche Sprachgruppe in Südtirol garantieren sollte. Die universitäre Ausbildung: Laureatsstudiengang Bildungswissenschaften umfasst acht Semester, insg. 240 Credits, ist in zwei Abschnitte eingeteilt, wobei der erste Studienabschnitt (erstes - viertes Semester) für beide beruflichen Zielgruppen ident ist und sich der zweite Studienabschnitt spezifisch an das Berufsbild: Kindergärtner/in oder Grundschullehrer/in wendet. Innerhalb der Grundschullehrer/innenspezialisierung gibt es für die Studierenden die Wahlmöglichkeit: Schwerpunkt Naturwissenschaften oder Schwerpunkt Sprachen. Der Studienabschluss garantiert die Lehrbefähigung für das gewählte Berufsbild. Der Laureatsstudiengang Bildungswissenschaften ist im Auslaufen begriffen, 2013/2014 wird das vierte Studienjahr zum letzten Mal angeboten. Interessierte Student/innen haben die Möglichkeit, mit Mehrauflagen auch die Lehrbefähigung für die zweite Studienrichtung zu erlangen. In zusätzlichen universitären Weiterbildungslehrgängen erwerben interessierte Studierende auch das Spezialisierungsdiplom für die Ausbildung zur Integrationslehrperson (Spezialisierungskurs zur Befähigung für den Integrationsunterricht in der Sekundarschule, 400 h) und/oder zum Unterricht des Faches Englisch an der Grundschule (Ausbildungslehrgang Englisch).

Kennzeichnend für den auslaufenden Laureatsstudiengang Bildungswissenschaften ist eine Prävalenz der psycho–pädagogischen Lehrveranstaltungen, in denen wiederum allgemeine Pädagogik und klassische Forschungsfelder der

Pädagogik besonders positioniert, während hingegen schulpädagogische, allgemeindidaktische und ausgewiesene Forschungsfelder für Schulentwicklung, Unterrichtsforschung und Evaluation nachgereiht sind. Mit einer geht auch eine Unterrepräsentation der schulfachbezogenen Ausbildungselemente, wobei in diesen selbst oft eine Abstimmung zwischen fachwissenschaftlichen und fachdidaktischen Elementen fehlt (z. B. die Ausbildung für den Erstlese- und Erstschreibunterricht).

Gemäß Ministerialdekret 249/2010 vom 10.09.2010[2] wurde 2011/2012 beginnend und aufbauend mit dem ersten Studienjahr der einstufige Masterstudiengang Bildungswissenschaften für den Primarbereich (LM-85 bis) auf dem gesamten Staatsgebiet und so auch an der Bildungswissenschaftlichen Fakultät der Freien Universität Bozen eingerichtet. Seine Kennzeichen sind: spezifisches Zulassungsverfahren, Studienplätze nach schulischem Bedarf in der Provinz, Vollzeitstudium, integrierte Praktika, Doppelabschluss der Lehrbefähigung: Kindergärtner/in und Grundschullehrer/in, insg. 300 Credits. In Südtirol befähigt der Abschluss des Studiums in der deutschen Abteilung zur Berufsausübung an den deutschen Kindergärten und Grundschulen, in der ladinischen Abteilung zu jener im ladinischen Schulsystem, in der italienischen Abteilung zur Lehrbefähigung an der gesamtstaatlichen italienischen Schule, weiteres zum Unterricht der Zweiten Sprache/Grundschule an der italienischen rsp. deutschen Schule in Südtirol und zum Unterricht der Drittsprache Englisch an der Grundschule. In der Studiengangsregelung des einstufigen Masterstudienganges Bildungswissenschaften für den Primarbereich werden die zu erreichenden Kompetenzen der Absolvent/innen folgendermaßen zusammengefasst:

> Fachkompetenzen, psycho-pädagogische, methodisch-didaktische, organisatorische Kompetenzen für die Unterweisung gemäß den gesetzlichen schulischen Rahmenrichtlinien der Bildungsstufen Kindergarten und Grundschule;
> Kompetenzen, um an der Entwicklung der schulischen Institutionen (Autonomie der Einzelschule, gem. Landesgesetz Nr. 12, 2000) mitwirken zu können;
> Kompetenzen im Umgang mit den neuen Technologien im Sinne der Empfehlungen des europäischen Parlaments und des Rates vom 18.12.2006;
> didaktische Kompetenzen für die Integration in den Kindergärten und in der Grundschule von Kindern mit Beeinträchtigungen laut Gesetz Nr. 104/1992 und nachfolgenden Ergänzungen (Studiengangsregelung 2013/2014, Art. 2).

Zusätzlich soll die Ausbildung eine Verbesserung der Kompetenzen der Studierenden in der Erstsprache (Deutsch, Italienisch oder Ladinisch), der Zweitsprache

---

[2] Regolamento concernente: „Definizione della disciplina dei requisiti e delle modalitá della formazione iniziale degli insegnanti della scuola dell'infanzia, della scuola primaria e della scuola secondaria di primo e secondo grado, ai sensi dell'articolo 2, comma 416, della legge 24 dicembre 2007, n. 244".

(Deutsch oder Italienisch) und der Drittsprache Englisch, sowie deren sprachdidaktische Ausbildung garantieren, damit auch Gruppen/Klassen mit multikultureller Zusammensetzung angemessen begleitet werden können.

Die Bildungsziele zum Bildungsverlauf in den psycho-pädagogischen und methodisch-didaktischen grundlegenden, sowie in den fachspezifischen Bildungsbereichen, in den Lehrveranstaltungen zur Aufnahme von Kindern und Schüler/innen mit Beeinträchtigungen, zu den *weiteren Tätigkeiten* (Praktikum, Wahlpflichtveranstaltungen, Sprachlaboratorien zu Englisch) werden in der Studiengangsregelung ebenfalls ausführlich dargestellt. Entsprechend den Grundprinzipien der italienischen Ausbildungsreform finden die Zielsetzungen für den frühkindlichen Bereich und zur Inklusion/Integration besondere Berücksichtigung, dies dürfte auch dem/r ausländischen Leser/in schnell auffallen (vgl. Studiengangsregelung 2013/2014, Art. 2).

Zur Struktur des Einstufigen Masterstudiengangs Bildungswissenschaften für den Primarbereich, mit Berücksichtigung der Besonderheiten an der Freien Universität Bozen

Der insg. 300 Credits umfassende Masterstudiengang teilt sich laut staatlicher Vorgabe wie folgt auf:

78	ECTS	Pädagogisch-didaktische Grundkompetenzen
135	ECTS	Schulfächer und deren Didaktik
31	ECTS	Ausbildung: Inklusion
56	ECTS	Andere Tätigkeiten (Praktikum 24 ECTS, Englisch-Laboratorien zehn, Wahlpflichtfächer acht, Lab. für neue Technologien in der Didaktik drei ECTS, Englisch Eignungsprüfung: zwei ECTS usw.)

In der italienischen akademischen Lehre gibt es zwei Typen von Veranstaltungen: Vorlesung (lezione) und auf praktische Anwendung des in den Lehrveranstaltungen Gehörten ausgerichtete Laboratorien (laboratorio). Vorlesungen und Laboratorien sind im MD 249/2010 auf die psycho-pädagogischen, allgemeindidaktischen, fachdidaktischen und inklusionsbezogenen Lehrveranstaltungen folgendermaßen verteilt: 225 ECTS Vorlesungen, 19 ECTS Laboratorien. In Südtirol wurden die ECTS der Vorlesungen zugunsten der ECTS der Laboratorien verschoben: 19 ECTS Staat: 37 ECTS Südtirol. Die Leistungsüberprüfungen zu den Lehrveranstaltungen erfolgen über insgesamt 30 Modulprüfungen in zehn Semestern. Für die Modulprüfungen gilt, dass sie eine lehrveranstaltungsintegrierende Prüfung mit den

Dozent/innen im Modul beinhalten sollen, es reicht nicht aus, das arithmetische Mittel der Einzelergebnisse zu den Lehrveranstaltungen zu bilden. Die Ausbildung schließt mit einer Abschlussprüfung ab, in deren Rahmen die Abschlussarbeit (relazione finale) und das Praktikum diskutiert und bewertet werden.

Studienplätze, Aufnahmeprüfung, Assessment

Die Studienplätze werden alljährlich mit Ministerialdekret aufgrund eines Vorschlags der Universitäten festgelegt, die ihrerseits die eigenen universitären Möglichkeiten und den Stellenbedarf, der durch die Bildungspolitik bzw. Schulbehörde erhoben wird, mitberücksichtigen. Das Zulassungsverfahren wird ebenso alljährlich mit Ministerialdekret gesamtstaatlich geregelt. Bislang ist es der Bildungspolitik Südtirols noch nicht gelungen, eine Abänderung dahingehend zu erreichen, dass im Zulassungsverfahren nicht nur mittels Multiple-Choice-Verfahren die Allgemeinbildung der/des interessierten Kandidatin und Kandidaten überprüft wird, sondern auch die Berufseignung zum Gegenstand des Verfahrens gemacht wird. Dem Aufnahmeverfahren gehen Informationsveranstaltungen, universitäre Schnuppertage für Oberschüler/innen, open-day Veranstaltungen usw. voraus, ein geregeltes Assessment-Verfahren in der Studieneingangsphase hat sich noch nicht etabliert. Konkret angegangen wird die Begleitung der Studierenden in der Heranbildung wissenschaftlichen Arbeitens und Schreibens in mehreren Sprachen (siehe Schreibzentrum).

Praktikum

Das Praktikum ist in das Vollstudium integriert, umfasst insgesamt 600 h (24 ECTS) und beginnt ab dem zweiten Studienjahr. Die Fakultät schließt diesbezüglich mit Kindergärten und Schulen im gesamten Land Kooperationsverträge ab; eigene Übungsschulen, wie an den österreichischen Pädagogischen Hochschulen, gibt es nicht. Die Schulbehörde stellt Praktikumsverantwortliche zur Verfügung (= ausgebildete erfahrene Lehrpersonen, die an die Fakultät abgeordnet werden), die die Studierenden, z. T. gemeinsam mit den Schultutor/innen, betreuen, die Vor-und Nachbereitung der Praktika organisieren, evtl. auch die Verbindung zur Lehre herstellen. Ziel ist, dass Studierende auch Praktika in anderen, auch ausländischen Schulsystemen, z. B. die ladinischsprachigen Studierenden im schweizerischen Engadin, absolvieren. Der schriftliche Bericht des Praktikumsprojekts ist auch Gegenstand der Abschlussprüfung des Masterstudiengangs. Die Rolle der Praktikumsverantwortlichen im neuen Masterstudiengang ist gegenüber ihrer Rolle im Laureatsstudiengang aufgewertet worden.

Das Sprachenmodell der FUB und in der Pädagog/innen- und Lehrer/innenbildung

Für die Freie Universität Bozen ist die Förderung der Mehrsprachigkeit aufgrund ihres Standortes und ihrer strategischen Überlegungen zur Positionierung im internationalen Kontext ein Muss und eine große Chance. Bezogen auf die Pädagog/innen- und Lehrer/innenausbildung gilt es heute die Forderung nach einer Ausbildung in der Erstsprache einer Sprachgemeinschaft (siehe die Gründungsmotivation der Fakultät oben) mit der Forderung nach einer mehrsprachigen Ausbildung der Studierenden, besonders auch mit Blick auf die sprachdidaktischen Kompetenzen in der mehrsprachigen Lerngruppe, abzustimmen. Die universitäre Sprachenregelung im Rahmen des Masterstudienganges Bildungswissenschaften der FUB sieht vor, dass die Studierenden Eingangssprachkompetenzen und Ausgangsprachkompetenzen nachweisen müssen:

Eingangskompetenzen (akad. Jahre 2011/12, 2012/13, 2013/14)[3]: C1 Sprache der Abteilung, B1 Englisch oder Zweite Sprache; (ab akad. Jahr 2014/15: B2 Englisch oder Zweite Sprache)

Ausgangskompetenzen C1 Sprache der Abteilung und C1 Englisch oder Zweite Sprache und B2 in der anderen der beiden Sprachen. Für die Sprachzertifizierungen und den Besuch der Sprachkurse können die Studierenden die Sprachenzentren der Universität in Anspruch nehmen. Die Lehrveranstaltungen werden in der jeweiligen Unterrichtssprache der Abteilung abgehalten, die Studierenden sind aber verpflichtet, auch einige Lehrveranstaltungen in der anderen Sprache zu besuchen-Lehrveranstaltungen in Deutsch bzw. Italienisch mind. vier ECTS je Jahr, zusätzlich eine Lehrveranstaltung (vier ECTS) in englischer Sprache im Fünf-Jahres-Zyklus.

Sprachdidaktische Kompetenzen in einem mehrsprachigen Raum

Die Vorbereitung der zukünftigen Lehrpersonen und Pädagog/innen für die pädagogische und fachliche Begleitung der Kinder und Schüler/innen[4] erfordert in einem mehrsprachigen Gebiet, dass das Ausbildungscurriculum die Sprachdidaktik der Erstsprache, aber ebenso die der anderen Schulsprachen besonders beachtet und darüber hinaus die Studierenden zu einer Mehrsprachigkeitsdidaktik befähigt. Solches wird auch in deutschen, österreichischen oder schweizerischen Ausbildungsinstitutionen zunehmend diskutiert, und zwar vor allem wegen der Anzahl von Migrantenkindern in den pädagogischen Gruppen. In Südtirol gilt es darauf zu

---

[3] Gemeinsamer europäischer Referenzrahmen für Fremdsprachen. Online unter: http://www.goethe.de/z/50/commeuro. (Zugriff: 22.02.2014).

[4] Zu den diesbezüglichen gesetzlichen Vorgaben der Bildungspolitik siehe die Rahmenrichtlinien für den Kindergarten (Deutsches Schulamt 2008) und die Rahmenrichtlinien für die Grund- und Mittelschule in Südtirol (Deutsches Schulamt 2009).

achten, dass das zu Recht gegebene Ziel einer guten Erstsprachdidaktikkompetenz und das Ziel einer Mehrsprachigkeitsdidaktikkompetenz nicht gegeneinander ausgespielt werden oder einander abdrängen. Die Erkenntnisse der Spracherwerbs- und Sprachlernforschung, kontrastiven Linguistik, Glottodidaktik, integrierten Sprachdidaktik, Varietätenlinguistik und Mehrsprachigkeitsforschung wird in die akademische Lehre als Inhalt, aber auch als didaktisch/methodischer Zugang eingebaut. Neu gegenüber dem auslaufenden Laureatsstudiengang Bildungswissenschaften ist auch die Aufwertung von Literacy, Sachtextleseförderung, Didaktik der Kinderliteratur und komparatistischer Literaturdidaktik in der akademischen Lehre.

3   Zwischenbilanz: Zu den Stärken und Schwächen der neuen Pädagog/innen- und Lehrer/innenbildung gem. DM 249/2010

Der neue einstufige Masterstudiengang Bildungswissenschaften im Primarbereich befindet sich an den italienischen Universitäten und an der Freien Universität Bozen im Aufbau (2013/14: Drittes Studienjahr) und wird im Allgemeinen von den Studierenden und der Öffentlichkeit positiv aufgenommen.

3.1   Stärken

Der Vorteil der universitären und gemeinsamen Ausbildung für Pädagog/innen und Lehrer/innen wird gesellschaftlich und bildungspolitisch in Italien prinzipiell nicht in Frage gestellt, allein die Annäherung der Berufsbilder und des beruflichen Status dürfte sich positiv auf die Laufbahn der Nutzer/innen auswirken. Die Beschäftigung der Universitäten mit frühkindlicher Bildung in Lehre und Forschung verleiht der vorschulischen Erziehungszeit eine wichtige Präsenz und eine Aufwertung im gesellschaftspolitischen, privat-öffentlichen Diskurs. Eine positive Folge ist auch, dass Ausbildungscurricula verschiedener Bildungsstufen leichter aufeinander abgestimmt und Schnittstellenprobleme erkannt werden können. Die Ausbildung sieht Erziehen und Lehren in einem umfassenden Kontext eingebettet, beschäftigt sich mit den sozioökonomischen und organisatorischen Rahmenbedingungen sowie mit den verschiedenen Rollen, die die zukünftigen Pädagog/innen und Lehrer/innen in der autonomen Institution Kindergarten/Schule (vom Individuum zum Teamspieler bis hin zur Führungskraft) wahrnehmen sollen.

Mit dem Abschluss des Masterstudienganges haben die Absolvent/innen Zugang zu zwei Berufsbildern und sind gleichzeitig auch in Fragen der Inklusion ausgebildet, was zur didaktisch-methodischen Sicherheit in Fragen der Differenzierung, Individualisierung und Lernberatung wesentlich beiträgt. Vor allem aber wird unterstrichen, dass die gesamte Schulwelt sich des inklusiven Prinzips annehmen soll.

3.2 Kritische Aspekte

Punkte, die zu Kritik Anlass geben, sind zum Teil universitätssystem-immanent, zum Teil südtirolspezifisch. An Universitäten, an denen verschiedene Traditionen in Lehre und Forschung und zum Teil auch unterschiedliche pädagogische Vorstellungen aufeinanderstoßen, weil sie im Hintergrund von unterschiedlichen nationalen Prinzipien geprägt sind, fallen eventuelle Brüche besonders auf.

Systemimmanente Aspekte
Zu nennen ist diesbezüglich, dass die Absolvent/innen zwar den universitären Abschluss begrüßen, dass sie von der Berufseignung und Berufsvorstellung her sich in der Regel aber eine eindeutig praxisorientiertere (berufsbezogene) Ausbildung wünschen; dazu kommt, dass mehrere Studierende zeitweise berufstätig sind und sie eine wissenschaftsorientierte Beschäftigung mit Psychologie, Pädagogik, aber auch Inhalten der Fachdisziplinen als sehr weit weg von ihrem beruflichen Alltag empfinden. In der italienischen akademischen Welt ist die Kluft zwischen Theorie und Praxis deutlich spürbar, mehr noch als z. B. an österreichischen Universitäten, die sich diesbezüglich gegenüber den pädagogischen Hochschulen rechtfertigen müssen (vgl. Saxalber 2010). Die Hinführung zu einer reflektierenden Kompetenz, sei es in Fragen der Grundschulpädagogik, der pädagogischen Kindheit, einer jeweils altersbezogenen Fachdidaktik, zu den wissenschaftlichen Wissensbeständen und auch zur Kompetenz *Forschendes Lernen* dürften Wege und Möglichkeiten eröffnen, die genannte Kluft zu verringern (vgl. Schratz 2013). Hilfreich könnte auch ein verändertes Aufnahmeverfahren sein, das für Südtirol angestrebt wird, und durch das die Zielgruppen etwas besser gelenkt werden könnten. Es ist auch darauf zu achten, dass im neuen Studiengang, in dem beide Berufsbilder (Kindergarten, Grundschule) gleichzeitig angestrebt werden, die Gewichtung der Themen/Inhalte in den Lehrveranstaltungen nicht einseitig eine Stufe bevorteilt, z. B. Grundschule. Die Fachdidaktik nimmt an italienischen Universitäten eine geringe Rolle ein, selbstredend bleibt im neuen Ausbildungssystem die Betreuung der Praktika fast ausschließlich in der Verantwortung abgeordneter Lehrer/innen. Es muss ohne

Zweifel noch zu einer besseren Verzahnung allgemeindidaktischer, unterrichts-, fachdidaktischer und fachwissenschaftlicher Forschung kommen. Die Kompeten- zenorientierung gilt nicht nur für die pädagogische und didaktische Arbeit, sondern letztlich auch für die ausbildenden Institutionen: die Institutionen müssen auch die Persönlichkeitsentwicklung der Studierenden in den Blick ihrer Arbeit nehmen. Ein systemimmanentes Problem ist – und das gilt nicht nur für italienische Stu- diengänge – die starke Verschulung des Studienganges nach dem Bologna-Prozess, wonach die Studierenden kaum Wahlmöglichkeiten bei den Lehrveranstaltungen haben und sich selten in wechselnden Lehrveranstaltungsgruppen einfinden, son- dern in geschlossenen Gruppen von einer zur nächsten Lehrveranstaltung *ziehen*. Diese Gleichschaltung beeinflusst die Gruppendynamik und auch das individuelle Studierverhalten vielfach negativ. Eine bedauerliche Folge davon ist beispielsweise, dass das sehr gute individuelle Betreuungsangebot für Studierende an der Fakultät Bozen relativ wenig genutzt wird. Damit einher geht auch, dass die Studierenden nicht in andere pädagogisch-soziale Studiengänge Einblick nehmen können (z. B. in den Studiengang: Sozialpädagogik), wie überhaupt das italienische Ausbildungs- system für Pädagogen/innen und Lehrer/innen im Grundschulbereich noch nicht auf eine Anbindung für andere Berufe im Sozialbereich vorbereitet ist.

Südtirolspezifische Aspekte

An den italienischen Universitäten kennt man die Veranstaltungsform Seminar oder Proseminar nicht. Dies bringt mit sich, dass die Studierenden der unteren Se- mester weniger Möglichkeiten haben ein wissenschaftliches Thema zu bearbeiten, sich ihm forschend zu nähern, die Anwendungsmöglichkeiten zu erkunden und einer wissenschaftlichen Community in geschriebener Form zu präsentieren. An der Fakultät für Bildungswissenschaften Bozen-Brixen hat man deshalb die Anzahl der Laboratorien erhöht, diese bilden eine Art Zwischenglied zwischen Vorlesung und Praktika. De facto muss die Zusammenarbeit zwischen den Dozent/innen und Praktikumsbegleiter/innen aber gezielt aufgebaut und gefördert werden, damit die kritisch vermerkte Theorie-Praxis-Kluft abgemildert werden kann. Im Hintergrund dazu sind darauf abgestimmte Fachprofilbeschreibungen vonnöten, die auch den Ausgleich zwischen fachwissenschaftlichen und fachdidaktischen Inhalten sicher- stellen und inhaltliche Überschneidungen vermeiden. Synergien können besser genutzt werden, wenn die Forschungsarbeiten der Studierenden mit den Projek- ten der Fakultät vernetzt werden. Wenn es gelingt, Lehre und Forschung und die Curricula an der Fakultät und Universität noch besser zu vernetzen, sich auch mit den weiterbildenden außeruniversitären Institutionen besser abzustimmen, so dass auch die Partnerinstitutionen der Praktika die Zusammenarbeit als imagefördernd für ihre eigene Institution erleben, dann kann der Masterstudiengang Bildungswissenschaften Primarbereich Bozen-Brixen noch einiges an Profil gewinnen. Ziel der Freien Universität Bozen ist es, im Zeitraum 2013–2016 die länderübergreifende Zusammenarbeit mit den Pädagogischen Hochschulen und Universitäten West-österreichs, besonders Innsbrucks, und mit der italienischen Universität Trient zu stärken und auf dem Wege der Kooperation den Dozent/innenaustausch, den studentischen Austausch und gemeinsame Forschungsprojekte zu fördern.

Ein dringend anzugehendes Thema ist die Angleichung bzw. Zusammen-führung der immer noch bestehenden drei Abteilungen – nach Sprachgruppen getrennt – innerhalb des Studienganges Bildungswissenschaften Primarbereich par-allel zur Erhöhung des Stammrollenpersonals an der Fakultät. Derzeit werden alle Lehrveranstaltungen noch parallel in zwei Sprachen angeboten, die Anzahl der Do-zent/innen, die ein Thema in zwei Sprachen (Deutsch, Italienisch) verantworten und die Zahl der Student/innen, die freiwillig Lehrveranstaltungen der anderen Sprache besuchen, hält sich immer noch in bescheidenen Grenzen. Der mangelhaf-te Besuch der Lehrveranstaltungen der anderen Sprache hängt zugegebenermaßen vielfach mit organisatorischen Beeinträchtigungen zusammen: Überschneidungen von Lehrveranstaltungen, Anwesenheitspflicht in einzelnen Lehrveranstaltungen, evtl. Berufstätigkeit der Studierenden. Der italienische Staat sieht für beide Berufs-gruppen ein Vollzeitstudium im Ausmaß von zehn Semestern vor, die Studierenden drängt es aber aus verschiedenen Gründen schon früher in die Praxis. Die Fakul-tät Bozen-Brixen wird dies zur Kenntnis nehmen und neue didaktische Formate zur Einbindung der autodidaktisch angeeigneten Kompetenzen der Studierenden einführen. Ein eng verplanter Masterstudiengang einerseits, reibt sich mit den individuellen Studienverlaufsplänen der Studierenden andererseits: Auch an den Universitäten stellt sich die Vielfalt an Bildungsbiographien ein, so wie wir es von den Schulen heute kennen. Dem gegenüber haben wir es bei der Geschlechterverteil-ung, der räumlich und sprachlichen Zugehörigkeit der Studierenden der deutschen Abteilung in Brixen mit einer *Engführung* zu tun: die Studierenden sind überwie-gend weiblich (90 %), kommen überwiegend aus ländlichen Gebieten Südtirols und sind außerschulisch überwiegend einsprachig sozialisiert (Deutsch bei den Studie-renden der deutschen Abteilung). Die italienischsprachigen Studierenden, die zum überwiegenden Teil aus der südlichen Nachbarprovinz Trentino kommen, unter-scheiden sich in der Herkunftssituation: Sie sind urbaner sozialisiert, haben öfters auch eine andere universitäre Ausbildung bereits abgeschlossen, sind aber vielfach noch der Nachbarsprache Deutsch nicht so mächtig, als dass sie deutschen Veran-staltungen ohne weiteres folgen können. Dies alles stellt die hochschuldidaktische Lehre vor neue Herausforderungen. In jedem Fall ist die Annäherung der deutschen und italienischen Abteilungen im Studiengang Bildungswissenschaften in Bozen-Brixen ein wichtiges Ziel. Zukunftsvision muss sein, die Bildungsbiographie der zukünftigen Pädagog/innen und Lehrer/innen mehrsprachig anzulegen, damit sie die ihnen anvertrauten Kinder und Schüler/innen, die einsprachig sozialisiert sind, zur Mehrsprachigkeit hinführen können und die schon mehrsprachig sozialisierten in deren Kompetenzen in den Einzelsprachen und Kulturen festigen können.

4 Schlussüberlegungen

Das italienische Schulsystem hat in den letzten Jahrzehnten wichtige Akzente gesetzt, die ein vernetztes Gesamtsystem innerhalb von Schule sichtbar machen und dessen positive Auswirkungen den Schüler/innen, den Lehrpersonen und der Gesellschaft zugutekommen. Beispiele dafür sind: System der Einheitsmittelschule (bis zum achten Schuljahr), Integration der Schüler/innen mit Beeinträchtigung in die Regelklasse, ausgebautes Tutoring-System (Integrationslehrpersonen, pädagogische Zentren für Sprachmittler/innen und Kulturmittler/innen), Öffnung der Laufbahnen für Fachlehrer/innen im Sekundarschulbereich sowie Ermöglichung von vertikalen Laufbahnen bei Führungskräften. Damit hat das Schulsystem auf wichtige gesellschaftliche Herausforderungen reagiert und eine gute Basis für eine zukunftsgerichtete Bildungsplanung gelegt. Damit Pädagog/innen und Lehrpersonen auf diese komplexen, integrierenden Aufgaben vorbereitet werden, wurde die Ausbildung universitär und integrativ angelegt. Universitäten sind aber ihrerseits Systeme, die in der Vergangenheit mehr von der Spezialisierung der Einzeldisziplinen in Lehre und Forschung als von Teamarbeit und interdisziplinärer Öffnung auch in der Lehre profitiert haben. Deshalb sind organisatorische Maßnahmen zur Umsetzung neuer Konzepte immer in einem systemischen Zusammenhang zu sehen und die entsprechende Zeit für eine, von den Betroffenen mitzutragende Umstrukturierung ist miteinzubeziehen. Die Freie Universität Bozen ist mit ihrem Konzept der Umsetzung auf einem guten Weg, sie arbeitet an einem Modell, das vor dem Hintergrund der visionären italienischen staatlichen Vorgaben, der Nutzung der Ressourcen des mehrsprachigen Kontexts und der grenzübergreifenden Zusammenarbeit der zukünftigen Lehrer/innen- und Schüler/innengeneration die bestmögliche effiziente Ausbildung sucht. Südtirol ist eine Grenzregion in staatlicher, wie sprachlich-kultureller Hinsicht, in einem geeinten Europa ist es aber mehr noch eine Region, in der sich alte und neue Mehrsprachigkeit begegnen. Es finden sich im Kleinen all die Herausforderungen, die auch für die globalisierte Welt gelten.

Literatur

Höllrigl, Peter, Rudolf Meraner, und Kurt Promberger. Hrsg. 2005. *Schulreformen in Italien und ihre Umsetzung in Südtirol.* Innsbruck: Studien.

Saxalber, Annemarie. 2010. Aus der Innen- wie der Außensicht. Reform der LehrerInnenbildung in Österreich und Italien. *Ide* 4:116–120.

Schratz, Michael. 2013. (Wie) Ist die Kluft zwischen Lehren und Lernen überbrückbar? In *Brückenbau(e)r. Festschrift für/Miscellanea per/Publicazion en onour de/Article collection in honour of Siegfried Baur,* Hrsg. Doris Kofler, Hanskarl Peterlini, und Gerda Videsott, 316–326. Bozen: edizioni alpha beta.

Studiengangsregelung. 2013/2014. Einstufiger Masterstudiengang Bildungswissenschaften Primarbereich.

Gesetzliche Unterlagen

DM Nr. 249/2010: http://www.miur.it/Documenti/universita/Offerta_formativa/Formazione _iniziale_insegnanti_corsi_uni/DM_10_092010_n.249.pdf. Zugegriffen: 22. Feb. 2014.

Deutsches Schulamt. Hrsg. 2008. *Rahmenrichtlinien für den Kindergarten in Südtirol* (= Beschluss d. Landesregierung v. 3.11.2008, Nr. 3990). Bozen: Deutsche Schulamt.

Deutsches Schulamt, Hrsg. 2009. *Rahmenrichtlinien für die Grund- und Mittelschule in Südtirol* (= Beschluss d. Landesregierung v. 19.01.09, Nr. 81). Bozen: Deutsche Schulamt.

Europarat, und Rat für kulturelle Zusammenarbeit. Hrsg. 2001. Gemeinsamer europäischer Referenzrahmen für Fremdsprachen. http://www.goethe.de/z/50/commeuro. Zugegriffen: 22. Feb. 2014.

Freie Universität Bozen. 2011. Studiengangsregelung des einstufigen Masterstudienganges Bildungswissenschaften für den Primarbereich (LM-85 bis) an der Fakultät für Bildungswissenschaften der Freien Universität Bozen: http://www.unibz.it/de/ education/progs/regulations/Documents/dk2013-12-06_51-STR%20LM85bis.pdf. Zugegriffen: 4. Jan. 2014.

Ausbildungssituation im Elementar- und Primarbereich in der Schweiz

Doris Edelmann

Zusammenfassung

In diesem Beitrag werden die Strukturen und aktuellen Entwicklungen im Elementar- und Primarbereich in der Schweiz aufgezeigt. Es sind Erläuterungen zum Bildungssystem in einem Land mit rund acht Millionen Einwohner/innen, in dem es vier offizielle Landessprachen gibt und 26 Kantone, die aufgrund der föderalistischen Strukturen eine weitgehende Verantwortung für ihre Schulen tragen. Ein nationales Bildungsministerium gibt es ausschließlich für die berufliche Bildung. Es wird im Folgenden ein kurzer Überblick über das Schweizer Bildungssystem aufgezeigt. Danach erfolgen vertiefende Einblicke in den Bildungsbereich für Kinder im Alter von null bis zwölf Jahren, wobei unter anderem das Projekt der altersdurchmischten Eingangsstufe (= Grund- und Basisstufe) vorgestellt wird. Anschließend werden die Ausbildungssituation von pädagogischen Fachkräften für den Elementar- und Primarbereich dargelegt und die damit in Verbindung stehenden pädagogischen Hochschulen thematisiert. Abgeschlossen wird der Beitrag mit einem Ausblick auf zukünftige Entwicklungen.

Schlüsselwörter

Frühkindliche Bildung · familienergänzendes Betreuungsangebot · Bildungsforschung · Schweiz · Primarbereich · Elementarbereich

D. Edelmann (✉)
Institut für Bildung und Gesellschaft, Pädagogische Hochschule St. Gallen,
CH-9000 St. Gallen
E-Mail: doris.edelmann@phsg.ch

P. Cloos et al. (Hrsg.), *Elementar- und Primarpädagogik*,
DOI 10.1007/978-3-658-03811-3_8, © Springer Fachmedien Wiesbaden 2014

1 Überblick über das Schweizer Bildungssystem

Die Schulhoheit der 26 Kantone, die in ihrer Bedeutung vergleichbar sind mit den 16 deutschen Bundesländern, ist das wichtigste Kennzeichen des föderalistisch organisierten Schweizer Bildungssystems. Sie hat zu einer „vielfältigen Schullandschaft geführt", die „historisch gewachsen und den lokalen Gegebenheiten angepasst ist" (Bildungsbericht Schweiz 2010, S. 54). Auf nationaler Ebene koordinieren die Kantone ihre Bildungsaufgaben im Rahmen der Schweizerischen Konferenz der kantonalen Erziehungsdirektorinnen und -direktoren (= EDK[1], vergleichbar mit der KMK). Die EDK agiert subsidiär und befasst sich daher mit Aufgaben, die von den Kantonen und Regionen nicht erfüllt werden können. Rund 95 % aller Kinder besuchen die unentgeltliche öffentliche Schule, so dass diese, wie intendiert, eine zentrale gesellschaftliche Integrationsfunktion erfüllt. Die lokale Landessprache wird jeweils als Schulsprache gesprochen und alle Schüler/innen erlernen mindestens eine zweite Landessprache sowie Englisch mit Beginn in den unteren Klassen der Primarstufe (vgl. Bildungsbericht Schweiz 2010).

Analog zur Situation in Deutschland sind in der Schweiz die Verantwortlichkeiten für den vorschulischen und den schulischen Bereich zwei unterschiedlichen bildungspolitischen Gremien unterstellt, was die Verbindung der beiden Bereiche maßgeblich erschwert. So liegt in der Schweiz die primäre Verantwortung für den Vorschulbereich bei der kantonalen Sozialdirektorinnen und -direktorenkonferenz (= SODK[2]). Die Trennung der beiden Bereiche beinhaltet unter anderem, dass sich die Ausbildungsorte und Qualifikationswege für pädagogische Fachkräfte im vorschulischen Bereich respektive Lehrpersonen im schulischen Bereich deutlich unterscheiden. Ebenso gehen damit unterschiedliche Vorstellungen von Kindheit, Bildung, Betreuung und Erziehung einher, die sowohl als Ausgangslage als auch als Folge des unterschiedlichen Professionsverständnisses zu verstehen sind.

In der Schweiz werden über 5 % des Bruttoinlandproduktes in den Bildungsbereich investiert, womit die Schweiz im Vergleich mit den OECD-Mitgliedstaaten zu denjenigen Ländern mit den höchsten Bildungsausgaben gehört (vgl. Bildungsbericht Schweiz 2010, S. 48). Im Gegensatz dazu liegen die Investitionen in die familienergänzende Betreuung für Vorschulkinder im internationalen Vergleich der OECD-Länder am niedrigsten. Während der OECD-Durchschnitt bei 0.65 % des Bruttoinlandproduktes liegt, investiert die Schweiz gerade mal 0.25 % des BIP in

---

[1] vgl. Schweizerische Konferenz der kantonalen Erziehungsdirektorinnen und Schweizerische Konferenz der kantonalen direktoren unter http://www.edk.ch. (Zugriff: 18.02.2014).

[2] vgl. Schweizerische Konferenz der kantonalen Sozialdirektorinnen und -direktoren. Online unter www.sodk.ch (Zugriff: 10.02.2014).

öffentliche Ausgaben für den vorschulischen Bereich. Dies entspricht einem Viertel der von der OECD empfohlenen Mittel (vgl. Schweizerischer Wissenschafts- und Technologierat 2011; OECD 2012). Vor diesem Hintergrund betont der Schweizerische Wissenschafts- und Technologierat (= SWTR[3]) in seinen Empfehlungen zur Förderung von Bildung, Forschung und Innovation die unbedingte Notwendigkeit einer Stärkung des Vorschulbereichs, da dies die Voraussetzung für gerechtere Bildungschancen und eine bessere Ausschöpfung des Potenzials nachfolgender Generationen in der Schweiz sei (vgl. SWTR 2011, S. 21).

2 Einblicke in Betreuungs- und Bildungsangebote für Kinder von null bis zwölf Jahren

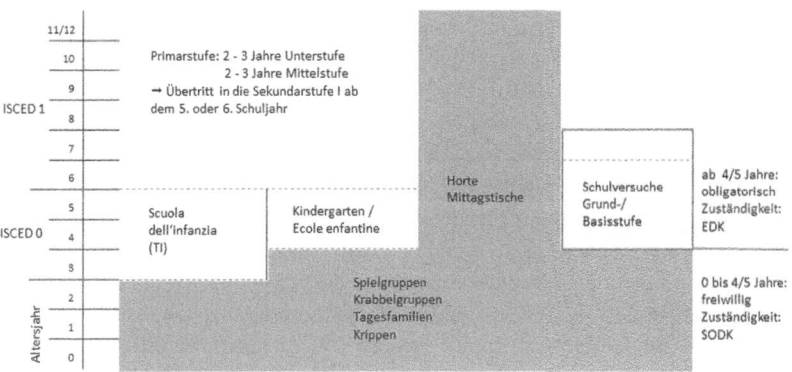

Abb. 1 Betreuungs- und Bildungsangebote für Kinder von 0 bis 12 Jahren. (Quelle: Bildungsbericht Schweiz 2006, S. 40; mit eigenen Ergänzungen)

2.1 Vorschulbereich

Zum Vorschulbereich zählen in der Schweiz die familienergänzenden Angebote in der Regel für Kinder im Alter zwischen null und vier Jahren. In der italienischsprachigen Schweiz beginnt der Schuleintritt bereits mit drei Jahren, in einigen

---

[3] Der Schweizerische Wissenschafts- und Technologierat (= SWTR) ist das Konsultativorgan des Bundesrates im Bereich Wissenschaftspolitik.

deutsch-sprachigen Kantonen erst mit fünf Jahren (vgl. Abb. 1). Das familienergänzende Angebot für Kinder im Vorschulalter umfasst Kindertagesstätten (auch
Krippen genannt), die als einziges Angebot einer Bewilligungspflicht unterworfen
sind, sowie Tagesfamilien, Krabbelgruppen für Kleinstkinder und Spielgruppen.
Die Teilnahme an vorschulischen Angeboten, die mehrheitlich privat getragen
werden, ist freiwillig. In der Schweiz gibt es keinen Rechtsanspruch auf einen
familienergänzenden Betreuungsplatz für Kinder im Vorschulalter und alle Angebote sind kostenpflichtig. Für qualitativ gute Angebote sind die Kosten zum Teil
ausgesprochen hoch und können bis zu einem halben Monatsgehalt und mehr
ausmachen, so dass sich die Teilzeitarbeit vieler Mütter und/oder Väter finanziell
nicht lohnt, wenn sie dafür auf eine familienergänzende Kinderbetreuung ange-
wiesen wären. Folglich ist in der Schweiz ein chancengerechter Zugang für Kinder
bis zum Eintritt in die Schule ausschließlich als bildungspolitisches Desiderat zu
verstehen (vgl. Edelmann 2010; SWTR 2011).

Die Datenlage über die aktuelle Nutzung und den potenziellen Bedarf an familienergänzenden Betreuungsangeboten ist in der Schweiz lückenhaft, obschon seit
einigen Jahren zuverlässige flächendeckende Statistiken eingefordert werden (vgl.
Bildungsbericht Schweiz 2010). Die vorhandenen Daten weisen jedoch deutlich
darauf hin, dass während der vergangenen Jahre sowohl die Nachfrage als auch das
Angebot an familienergänzender Betreuung deutlich gestiegen sind (vgl. Edelmann
et al. 2013a). Auf der Grundlage des Familienberichts des Bundesamts für Statistik (2008) kann davon ausgegangen werden, dass vor allem Einelternhaushalte
familienergänzende Tagesstrukturen in Anspruch nehmen. Ebenso wirken sich ein
hohes Einkommen und eine gute Ausbildung der Mutter positiv auf die Höhe der
Inanspruchnahme von familienergänzenden Betreuungsangeboten aus. Von allen
Haushalten, die familienergänzende Angebote in Anspruch nehmen, nutzt rund
ein Viertel Kinderkrippen, Tageskindergärten oder Tagesschulen. Nur 15 % nutzen Tages- oder Pflegefamilien. Etwas mehr als die Hälfte aller Familien lässt ihre
Kinder von Verwandten betreuen, insbesondere von Großeltern (vgl. Bundesamt
für Statistik 2010a, b, c). Insgesamt umfasst der Betreuungsumfang in der Regel
eineinhalb bis drei Tage (Bildungsbericht Schweiz 2010, S. 66 f.). Es ist daher nicht
überraschend, dass Schätzungen zeigen, dass insbesondere das Fehlen von „preis-
günstigen Angeboten zu Einschränkungen im Erwerbsverhalten von Frauen führt"
(Bildungsbericht 2010, S. 66). Da die Mutterschaftsversicherung in der Schweiz berufstätigen Frauen nach der Geburt einen Mutterschaftsurlaub von gerade mal vier
Monaten zuspricht, werden vor allem auch Betreuungsplätze für Säuglinge benötigt
(vgl. Nay et al. 2008; Grubenmann 2012).

2.2   Kindergarten

In den meisten Kantonen ist der Kindergarten strukturell der Schule zugeordnet. Allerdings besteht für die Kantone derzeit einzig die Verpflichtung, allen Kindern mindestens einen einjährigen kostenlosen Kindergartenbesuch zu ermöglichen. Vor diesem Hintergrund besuchen in der Schweiz 95 % aller Kinder mindestens ein Jahr und 86 % zwei Jahre lang einen Kindergarten, bevor sie in die erste Klasse der Primarstufe einmünden. Auf der Grundlage dieser Zahlen wird im Bildungsbericht das Fazit gezogen, dass es in der Schweiz kaum Zugangsbarrieren zum Kindergarten gibt. Allerdings fehlen Kenntnisse darüber, weshalb gewisse Kinder *nicht* daran teilnehmen. Dies steht im Zusammenhang mit Fragen des chancengerechten Zugangs zu Bildung, wie es in der Bundesverfassung verankert ist (vgl. Bildungsbericht Schweiz 2010, S. 66 f.). Der Kindergarten findet in der Regel halbtags statt. Zum Mittagessen gehen die meisten Kinder nach Hause und kommen nachmittags in den Kindergarten zurück, sofern Lektionen eingeplant sind (v. a. in der Deutschschweiz). Kinder von berufstätigen Eltern können Horte oder Mittagstische besuchen. Diese werden durchschnittlich von rund 4 % aller Haushalte in Anspruch genommen (vgl. Bildungsbericht Schweiz 2010).

2.2.1   Grund- und Basisstufe

Zwischen 2003 und 2010 wurden in zehn Deutschschweizer Kantonen sowie im Fürstentum Liechtenstein im Rahmen des Projektes *EDK-Ost 4bis8*[4] in 154 Schulversuchsklassen zwei verschiedene Schuleingangsmodelle erprobt, die entweder zwei Kindergartenjahre und das erste Jahr der Primarstufe umfassen (= Grundstufe) oder die ersten zwei Kindergartenjahre und die ersten zwei Jahre der Primarstufe (= Basisstufe). Das Ziel dieser Neustrukturierung der Schuleingangsphase bestand darin, den Übergang zwischen Kindergarten und Primarstufe flexibler zu gestalten, indem Kinder die Eingangsstufe ihren unterschiedlichen Lernausgangslagen und Entwicklungsständen entsprechend schneller oder langsamer durchlaufen können (vgl. EDK-Ost 2010). Nicht zuletzt sollte damit ein Beitrag zum Abbau von Bildungsdisparitäten geleistet werden, weil durch die flexible Einmündung Leistungsrückstände zu Beginn der Primarstufe – unter anderem von Kindern aus wenig privilegierten Familienverhältnissen oder Kinder aus Familien mit Migrationshintergrund, die zu Hause nicht die lokale Landessprache sprechen – durch ein längeres Verweilen in der Eingangsstufe ausgeglichen werden sollten (vgl. Roßbach und Edelmann 2010).

---

[4] vgl. weitere Informationen zur Grund- und Basisstufe. Online unter: http://edk-ost.d-edk.ch/content/projekt-4bis8 (Zugriff am 22.02.2014).

Mit der Neustrukturierung wurde also einerseits auf die Tatsache reagiert, dass Kinder sowohl beim Eintritt in den Kindergarten als auch beim Übertritt in die Schule große Entwicklungsunterschiede mitbringen. Andererseits versprach man sich insgesamt eine Verbesserung der kindlichen Lernentwicklung, da im Rahmen dieses Projektes die spielerische Förderung von mathematischen und sprachlichen Vorläuferfähigkeiten gezielter erfolgte als in herkömmlichen Kindergartenklassen. In den Versuchsklassen der neuen Eingangsmodelle wurden die Schüler/innen in altersgemischten Gruppen mehrheitlich im Teamteaching (= 150 Stellenprozente) von einer Kindergärtnerin und einer Primarlehrperson unterrichtet, die in der Regel mit weiteren Fachpersonen, wie Heilpädagoginnen und Heilpädagogen, zusammenarbeiteten. Die Schuleingangsversuche wurden wissenschaftlich begleitet (vgl. EDK-Ost 2010; Urech 2010).

Die formative Evaluation des Projektes, deren Erkenntnisinteresse den Prozess der Einführung der Grund- und Basisstufe, die Rahmenbedingungen sowie die methodisch-didaktischen Prinzipien fokussierte, verdeutlichte unter anderem, dass die pädagogische Nutzung der altersgemischten Lerngruppen, die erfolgreiche Förderung von Kindern aus sozial weniger privilegierten Familien oder von Kindern mit Migrationshintergrund sowie der flexible Übergang in die Primarstufe nicht im gewünschten Ausmaß gelingen (vgl. Vogt et al. 2010). Rund 80 % aller Kinder durchliefen die Grund- und Basisstufe in der vorgesehenen Zeit. Für die übrigen 20 % Kinder, die von der Flexibilität des Übergangs in die Primarstufe profitierten, wurde diese vor allem dazu verwendet, die Kinder erst *später* in die Schule übertreten zu lassen.

Die summative Evaluation des Projektes, durchgeführt von Moser und Bayer (2010), verdeutlicht, dass sich die kognitive Entwicklung von Kindern, die eine Grund- oder Basisstufe besuchten, am Ende der zweiten Klasse nicht von derjenigen unterschied, die das traditionelle Modell von zwei Jahren Kindergarten und zwei Jahren Primarstufe absolvierten. Ebenso konnten in Bezug auf die sozial-emotionalen Fähigkeiten, das Wohlbefinden, die Akzeptanz durch die Mitschüler/innen und das Selbstvertrauen keine maßgebenden Unterschiede festgestellt werden, die für das eine oder andere Modell der Eingangsstufe sprachen. Moser und Bayer (2010) wiesen diesbezüglich darauf hin, dass für Veränderungen neben strukturellen Maßnahmen der pädagogischen Qualität des Unterrichts sowie der Qualifikation der Lehrkräfte noch mehr Aufmerksamkeit hätte geschenkt werden müssen.

Die Gründe dafür, dass in den neuen Eingangsstufen die frühere Einschulung unter den Erwartungen blieb, werden unter anderem dem Umstand zugeschrieben, dass Lehrpersonen „das Vertrauen und die Erfahrungen mit flexiblen Übertrittsprozessen fehlten" (Grossenbacher 2008, S. 9). Ein wichtiger Grund ist auch die

Tatsache, dass die Klassen auf der Primarstufe unverändert altershomogen geführt wurden und somit ein gewisser Druck bestand, dass die Schüler/innen den Schulstoff der ersten respektive der zweiten Klassen bei ihrem Übertritt in die Schule beherrschten. Aus wissenschaftlicher Sicht war es sicher von Relevanz, dass im Rahmen der Umsetzung der neuen Schuleingangsstufen für die teilnehmenden Schulen und Lehrpersonen ein großer Freiraum bestand. Damit konnten weder die „Implementationssicherheit" (Kuger et al. 2012, S. 191) als Grundlage für die Bewertung der Effektivität von Wirkungen pädagogischer Konzepte noch die Ausgangslage für einen echten Vergleich der verschiedenen Modelle ausreichend sichergestellt werden.

Das Projekt wurde 2010 abgeschlossen und die allfällige Weiterentwicklung und Einführung von neuen Schuleingangsmodellen den Kantonen überlassen. Aufgrund der Tatsache, dass auf der Basis der wissenschaftlichen Begleitung dieses Projektes keine eindeutigen lern- und entwicklungsbezogenen Vorteile der neuen Schuleingangsstufe aufgezeigt werden konnten, wird sich weder das Grund- noch das Basisstufenmodell in der Schweiz flächendeckend durchsetzen können. In einigen Kantonen wird es den einzelnen Schulgemeinden überlassen, ob für die ersten Schuljahre das Modell des traditionellen Kindergartens oder eines der beiden neuen Schuleingangsmodelle geführt wird, in anderen stehen Entscheide über deren definitive Einführung noch aus. Aufgrund einer Volksabstimmung im Kanton Zürich im November 2012 wurde die Einführung der neuen Modelle sogar abgelehnt und die Rückkehr zum herkömmlichen zweijährigen Kindergarten für alle Gemeinden beschlossen.

2.3 Primarstufe

Der Übertritt in die Primarstufe erfolgt zu Beginn des Schuljahres, sobald die Kinder das gesetzlich vorgeschriebene Alter erreicht haben. Es finden weder Selektionsverfahren noch flächendeckende Sprachstanderhebungen statt. Die Primarstufe ist in zwei Stufen gegliedert: die Unterstufe (erste bis dritte Klasse) und die Mittelstufe (vierte bis fünfte bzw. sechste Klasse, je nach Kanton). In der Regel werden die Schüler/innen während der ersten drei Jahre von der gleichen Lehrkraft (manchmal sind es zwei Lehrkräfte, die sich eine Stelle teilen) unterrichtet. Auf der Mittelstufe werden die Schüler/innen dann von einer respektive zwei neuen Lehrkräften unterrichtet, wobei die Klassen meistens neu zusammengesetzt werden. Der Übertrittsentscheidung für die Sekundarstufe I fällt am Ende der fünften bzw. sechsten Klasse und ist wie in Deutschland mit maßgeblichen Folgen für den weiteren Bildungsweg verbunden, auch wenn eine gewisse Durchlässigkeit zwischen den Niveaustufen gewährleistet ist. Die Schweiz gehört zu denjenigen Ländern, bei denen der sozio-kulturelle Hintergrund der Schüler/innen in einem entscheidenden Zusammenhang mit dem Bildungserfolg steht und Zuweisungsmechanismen und damit einhergehende Bildungschancen nicht nur auf Leistungskriterien beruhen, sondern durch Einflüsse der Herkunft geprägt sind (vgl. Bildungsbericht Schweiz 2010).

2.4 Sonderpädagogik und Harmonisierung

Das Bildungsniveau der Bevölkerung wird als maßgebliche Ressource verstanden, weshalb die Schweiz unter anderem herausgefordert ist, „nach Lösungen zu suchen, wie Lernprozesse wirksamer gestaltet, Lernziele transparenter gemacht, Lernleistungen und Kompetenzen objektiver abgebildet und das Bildungssystem integrativer gestaltet werden können" (Bildungsbericht Schweiz 2010, S. 54). In diesem Kontext wurden zwei bedeutende interkantonale Vereinbarungen (= Konkordate) beschlossen, die sich aktuell noch in der Umsetzungsphase befinden.

Dies ist erstens eine Vereinbarung über die Umstrukturierung des sonderpädagogischen Bereichs, der seit 1. Januar 2011 zum Bildungsauftrag der Volksschule gehört. Alle 26 Kantone haben dafür ein *eigenes* Konzept zur Sonderpädagogik erstellt. Gemäß der neuen Regelung haben alle in der Schweiz wohnhaften Kinder und Jugendlichen mit einem besonderen pädagogischen Förderbedarf das Anrecht auf angemessene sonderpädagogische Maßnahmen von Geburt bis zum vollendeten 20. Lebensjahr, wobei soweit wie möglich integrierende Massnahmen angestrebt werden.

Die zweite interkantonale Vereinbarung bezieht sich auf die Harmonisierung der kantonalen Bildungssysteme (= HarmoS Konkordat[5]), mit der erstmalig auf nationaler Ebene die zentralen Lernziele der einzelnen Bildungsstufen festgelegt sowie das Schuleintrittsalter und die Dauer der Schulpflicht geregelt werden (vgl. Bildungsbericht Schweiz 2010). In diesem Konkordat ist vereinbart, dass spätestens zu Beginn des Schuljahres 2015/2016 – zumindest in den bislang 15 beigetretenen Kantonen – das Schuleintrittsalter mit dem vollendeten vierten Altersjahr beginnt (Stichtag 31. Juli). Dabei sind zwei Jahre Kindergarten für alle Kinder verpflich-

---

[5] vgl. HarmoS unter http://www.edudoc.ch/static/web/arbeiten/harmos/Kurz_info_d.pdf (Zugriff: 10.02.2014).

tend, was zu einer gesamten obligatorischen Schulzeit von elf Jahren führt – eine Regelung, die in einigen Kantonen bereits heute umgesetzt ist.

Der Eintritt in den Kindergarten wird im Rahmen des HarmoS-Konkurdats offiziell als *Einschulung* bezeichnet, was allerdings in einem juristischen Sinn zu verstehen ist, da in den ersten zwei Jahren weiterhin eine Orientierung an der Pädagogik des Kindergartens stattfinden soll. Nicht vorgeschrieben wird mit dem HarmoS-Konkordat, wie die ersten beiden Schuljahre zu gestalten sind – also zwei Jahre Kindergarten, Grund- oder Basisstufe – allerdings muss für alle Schüler/innen die Möglichkeit bestehen, dass sie die ersten Schuljahre schneller oder langsamer durchlaufen können. Verpflichtend wird in diesem Konkordat weiterhin festgehalten, dass Vorläuferkompetenzen, die für den Erwerb der Schriftsprache und Mathematik erforderlich sind, bereits während der ersten beiden Schuljahre unterrichtet werden müssen, womit von der traditionellen Vorstellung definitiv Abstand genommen wird, dass im Kindergarten ausschließlich *gespielt* wird.

Ebenfalls verbunden mit der Harmonisierung der kantonalen Bildungssysteme ist die Einführung von drei sprachregionalen Lehrplänen (= in Französisch, Italienisch und Deutsch) anstelle von bislang 26 kantonalen Lehrplänen – allerdings bleiben die Rätoromanen (= vierte Landessprache) weiterhin eigenständig. Damit einher geht zudem die Implementierung von nationalen Bildungsstandards (= Mindeststandards), mit welchen zum ersten Mal die Bildungsziele am Ende des vierten Schuljahres (folglich nach zwei Jahren Kindergarten und zwei Jahren Primarstufe) sowie am Ende des achten und elften Schuljahres erhoben werden. Darüber hinaus verpflichten sich die beitretenden Kantone, den Unterricht auf der Primarschulstufe vorzugsweise in Blockzeiten zu organisieren und entsprechende Tagesstrukturen zu entwickeln (vgl. Bildungsbericht Schweiz 2010).

3 Ausbildung der pädagogischen Fachkräfte und Lehrpersonen

Während in Einrichtungen des vorschulischen Bereichs nur wenige Fachkräfte über eine tertiäre Ausbildung verfügen und die Ausbildungssituation insgesamt sehr heterogen ist, werden Lehrpersonen für den schulischen Bereich (= ab Kindergarten) seit 2005 gesamtschweizerisch an pädagogischen Hochschulen ausgebildet und verfügen mindestens über einen Bachelor-Abschluss.

3.1 Ausbildung der pädagogischen Fachkräfte im vorschulischen Bereich

Die Ausbildung zur pädagogischen Fachkraft für Kinder zwischen null und vier Jahren erfolgt in unterschiedlichen Einrichtungen und mit verschiedenen Abschlüssen. Im Rahmen einer dualen Berufsausbildung kann eine eidgenössisch zertifizierte Lehre als Fachfrau/Fachmann Betreuung absolviert werden (= Niveau Sekundarstufe II). Höhere Fachschulen (= HF) und Fachhochschulen (= FH) bieten auf Tertiärniveau Bachelor-Studiengänge an, die mit dem Abschluss Sozialpädagoge/in HF bzw. Sozialpädagoge/in FH abgeschlossen werden. Allerdings zeigt sich, dass Absolvierende dieser Studiengänge aus Lohn- und Prestigegründen häufiger eine berufliche Tätigkeit in sozialen Einrichtungen ausüben als in Kindertagestätten. Nicht eidgenössisch zertifiziert sind Ausbildungen zum/zur Krippenleiter/in, Spielgruppenleiter/in und Tagesmutter. Für die Deutschschweiz wird angenommen, dass aktuell weniger als 50 % des Personals, das in einer Kindertagestätte tätig ist, über einen tertiären Bildungsabschluss verfügt. In den anderen Landesteilen wird von einem Anteil von rund 50 % ausgegangen. Einen großen Anteil des Personals machen Lernende und Ungeschulte aus (meist Praktikantinnen und Praktikanten), dies nicht zuletzt, weil dadurch Kosten eingespart werden können (vgl. Stamm et al. 2009; Burkhardt et al. 2013).

3.2 Ausbildung von Lehrkräften

Entgegen den Entwicklungen in Deutschland, wo Pädagogische Hochschulen respektive die Lehrer/innenbildung in fast allen Bundesländern in Universitäten integriert sind, wurden in der Schweiz die Pädagogischen Hochschulen im Kontext der Bologna-Reform neu entwickelt: Aus vorher rund 150 sogenannten Lehrer/innenseminaren entstanden durch strategische Zusammenschlüsse zwölf rechtlich selbständige kantonale Pädagogische Hochschulen sowie vier an Universitäten integrierte Institutionen der Lehrer/innenbildung. Seit 2005 werden folglich Lehrkräfte für Schüler/innen vom Kindergarten (ab vier Jahren) bis zur Sekundarstufe I (bis 16 Jahre) gesamtschweizerisch an Pädagogischen Hochschulen ausgebildet.

Die pädagogische Hochschule bieten Studiengänge in den folgenden Bereichen an:

- **Ausbildung für Lehrkräfte der Kindergarten- und Primarstufe**
  Nach einem gemeinsamen ersten Studienjahr erfolgt eine zweijährige Spezialisierung für die Kindergarten- oder Primarstufe. An der Pädagogischen

Hochschule St.Gallen gibt es zusätzlich eine Ausbildung für Lehrpersonen vom Kindergarten bis zur dritten Primarstufe (= Altersstufe vier bis acht Jahre). Abgeschlossen wird die Ausbildung (= sechs Semester zu 180 ECTS) mit einem Bachelor of Arts in Primary und/oder Pre-Primary Education.

- **Ausbildung für Lehrkräfte auf der Sekundarstufe I**
  Für diese Stufe erfolgt eine Spezialisierung für den Unterricht im sprachlich/historischen oder im mathematisch/naturwissenschaftlichen Bereich. Abgeschlossen wird die Ausbildung (= neun Semester zu 270 ECTS) mit einen Master of Arts in Secondary Education bzw. Master of Science in Secondary Education.

- **Ausbildung für Lehrpersonen an Berufsfachschulen**
  Zahlreiche pädagogische Hochschulen bieten Ausbildungen für Lehrpersonen an Berufsfachschulen bzw. höheren Fachschulen an, die im Bereich Berufskunde oder Allgemeinbildung tätig sind. Diese Studiengänge basieren auf dem Rahmenlehrplan für Berufsbildungsverantwortliche des Bundesamts für Berufsbildung und Technologie (= BBT). Lehrpersonen, die an Gymnasien unterrichten, absolvieren ihr Studium an einer Universität.

Die interkantonale Zusammenarbeit der Pädagogischen Hochschulen, die auf Fachhochschulniveau angesiedelt sind und bislang (noch) kein Promotionsrecht zugesprochen bekamen, ist die Schweizerische Konferenz der Rektorinnen und Rektoren der Pädagogischen Hochschulen (= COHEP[6]: Conférence suisse des rectrices et recteurs des hautes écoles pédagogiques). Alle Pädagogischen Hochschulen verfügen über eigene Forschungszentren, in denen Grundlagen- und Praxisforschung durchgeführt wird.

3.3 Masterstudiengänge im frühkindlichen Bereich (null bis acht Jahre)

Mit dem Ziel der Professionalisierung des frühkindlichen Bereichs wurden seit 2009 an einigen Universitäten und Pädagogischen Hochschulen erste (bi)nationale Masterstudiengänge entwickelt. Die Absolvierenden dieser Studiengänge sollen den großen Bedarf an Expertinnen und Experten im frühkindlichen Bereich abdecken und als zukünftige Forschende, Dozierende und Verantwortliche in Entwicklungsprojekten sowie im Bereich der Qualitätssicherung tätig sein. Aktuell werden die folgenden Masterstudiengänge angeboten, die nach erfolgreichem Abschluss zur

---

[6] vgl. www.COHEP.ch (Zugriff: 10.02.2014)

Promotion berechtigen (vgl. Burkhardt Bossi und Koch Gerber 2012; Burkhardt Bossi und Zingg 2013):

- Masterstudiengang „Frühkindliche Bildung und pädagogische Beratung" am Departement Erziehungswissenschaften der Universität Fribourg (CH);
- Masterstudiengang „Sonderpädagogik mit Vertiefungsrichtung Heilpädagogische Früherziehung" an der Pädagogischen Hochschule der Fachhochschule Nordwestschweiz, Institut Spezielle Pädagogik und Psychologie sowie der Hochschule für Heilpädagogik Zürich;
- Binationaler Masterstudiengang „Early Childhood Studies" an der Pädagogischen Hochschule St.Gallen (CH) und der Pädagogischen Hochschule Weingarten (D);
- Binationaler nicht-konsekutiver Masterstudiengang „Frühe Kindheit" an der Pädagogischen Hochschule Thurgau (CH) und der Universität Konstanz (D);
- Master der Pädagogik, spezialisiert auf frühkindliche Bildung an der Pädagogischen Hochschule Waadt (CH) und der Universität Genf (CH).

4 Zukünftige Entwicklungen

Die Verbindung von Kindergarten- und Primarbereich und die damit einhergehende Ausbildung auf Bachelor-Niveau an Pädagogischen Hochschulen, wie sie seit 2005 gesamtschweizerisch erfolgt, findet als wegweisende Entwicklung sowohl seitens der Bildungspolitik als auch der Praxis eine unbestrittene Anerkennung.

Ein deutlicher Entwicklungsbedarf zeigt sich allerdings im vorschulischen Bereich, insbesondere in Bezug auf den quantitativen Ausbau, da sich nach wie vor eine große Differenz zwischen Angebot und Nachfrage manifestiert. Dieses Desiderat bezieht sich vor allem auch auf den Abbau von Disparitäten zwischen städtischen und ländlichen Räumen.

Eine weitere bedeutende Wissenslücke besteht bezüglich der Qualität der familienergänzenden Betreuungsangebote. Diese soll folglich Vh demnächst im Rahmen der Einführung eines Qualitätslabels durch den Verband Kindertagesstätten der Schweiz (= KiTaS[7] in Kooperation mit der Jacobs Foundation) erfasst sowie entsprechend weiterentwickelt werden. Diese Zielsetzung ist nicht zuletzt mit der

---

[7] Qualitätslabel des Verbandes Kindertagesstätten der Schweiz. Online unter: http://www.kibesuisse.ch (Zugriff: 10.02.2014).

bildungspolitischen Intention verbunden, durch qualitativ hochwertige Vorschulprogramme die notwendigen Voraussetzungen für kompensatorische Wirkungen für Kinder aus weniger privilegierten Familienverhältnissen zu schaffen und somit zumindest einen Beitrag zum Abbau von ungleichen Bildungschancen zu leisten. Zudem ist die Professionalisierung der pädagogischen Fachkräfte im Vorschulbereich eine große Herausforderung, da bislang zu wenig qualifiziertes Personal in diesem Bereich tätig ist.

Darüber hinaus ist die Frage der Verbindung zwischen der Vorschule und der Schule ein bislang kaum thematisiertes Entwicklungsfeld, das es in nächster Zukunft unbedingt zu bearbeiten gilt. Eine Ausbildung der vorschulischen Fachkräfte auf Bachelorniveau wird seitens der Pädagogischen Hochschulen favorisiert, wobei diesbezüglich die Ausbildungsstrukturen in Skandinavien wegweisend sind. Dort ist für Lehrpersonen für Kinder von null bis 16 Jahren eine tertiäre Ausbildung unbestritten. Mit der Implementierung erster Masterstudiengänge und dem zunehmenden Weiterbildungsangebot für Fachkräfte im vorschulischen Bereich werden seitens der Pädagogischen Hochschulen erste Schritte unternommen, zur Qualifizierung des Vorschulpersonals beizutragen. Damit soll nicht die duale Berufsausbildung mit dem Abschluss Fachfrau/Fachmann Betreuung in Frage gestellt werden, sondern vielmehr die Professionalisierung der Leitenden von Kindertagestätten angestrebt werden.

Darüber hinaus ist es unerlässlich, auf der Basis empirischer Bildungsforschung die neuen Entwicklungen kontinuierlich zu analysieren und für die pädagogische Praxis zu reflektieren. Da sich die (frühkindliche) Bildungsforschung in der Schweiz bislang fast ausschließlich mit dem Übergang vom Kindergarten in die Schule beschäftigte, ist es als großes Forschungsdesiderat zu erachten, in zukünftigen Studien viel deutlicher den Übergang von der Familie in familienergänzende Einrichtungen sowie den Übergang von der Vorschule in den Kindergarten zu untersuchen. Nur so können tatsächliche Zusammenhänge erkannt und ideologische Verschleierungen durchschaut und in der Folge institutionelle Entwicklungen sowie Konzepte für die Aus- und Weiterbildung auf der Basis wissenschaftlicher Erkenntnisse realisiert werden (vgl. Edelmann et al. 2012). Es steht daher außer Frage, dass sich die Schweiz respektive die Bildungspolitik, Wirtschaft und Wissenschaft stärker für den vorschulischen Bereich engagieren müssen, damit sie ihre Verantwortung gegenüber der nachfolgenden Generation professionell wahrnehmen können.

Literatur

Bildungsbericht Schweiz. 2006. Schweizerische Koordinationsstelle für Bildungsforschung. Aarau.

Bildungsbericht Schweiz. 2010. Schweizerische Koordinationsstelle für Bildungsforschung. Aarau.

Bundesamt für Statistik (BFS) 2008. Familien in der Schweiz – statistischer Bericht 2008. Neuenburg: BFS.

Bundesamt für Statistik. 2010a. Familienergänzende Kinderbetreuung. http://www.bfs. admin.ch/bfs/portal/de/index/themen/20/05/blank/key/Vereinbarkeit/05.html. Zugegriffen: 5. Jan. 2013.

Bundesamt für Statistik. 2010b. Anteil Haushalte mit familienergänzender Kinderbetreuung nach Haushaltstyp und Alter des jüngsten Kindes. http://www.bfs.admin.ch/bfs/portal/de/index/themen/20/05/blank/key/Vereinbarkeit/05.html. Zugegriffen: 5. Jan. 2013.

Bundesamt für Statistik. 2010c. Anzahl Kinderkrippen und Kinderhorte nach Kantonen und pro 1000 Kinder unter 7 Jahren. http://www.bfs.admin.ch/bfs/portal/de/index/themen//05/blank/key/Vereinbarkeit/06.html. Zugegriffen: 5. Jan. 2013.

Burkhardt Bossi, Carine, und Christina Koch Gerber. 2012. Masterstudiengänge im Frühbereich. Schweizerische Zeitschrift für Heilpädagogik 4/4:36–40.

Burkhardt Bossi, Carine, und Claudio Zingg. 2013. Professionalisierung im Bereich der frühkindlichen Bildung und Erziehung in der Schweiz. In Handbuch frühkindliche Bildungsforschung, Hrsg. Margrit Stamm und Doris Edelmann, 297–310. Wiesbaden: Springer.

Edelmann, Doris. 2010. Frühe Förderung von Kindern aus Familien mit Migrationshintergrund – von Betreuung und Erziehung hin zu Bildung und Integration. In Frühkindliche Bildung, Betreuung und Erziehung. Was kann die Schweiz lernen?, Hrsg. Margrit Stamm und Doris Edelmann, 199–221. Zürich: Rüegger.

Edelmann, Doris. 2011. Aus der Tradition in die Zukunft: Die Aus- und Weitebildung von Lehrergenerationen im gesellschaftlichen Wandel. In Bildung der Generationen, Hrsg. Thomas Eckert, von Hippel Aiga, und Manuel Pietraß, 287–299. Wiesbaden: Springer.

Edelmann, Doris, Joel Schmidt, und Rudolf Tippelt. 2012. Einführung in die Bildungsforschung. Stuttgart: Kohlhammer.

Edelmann, Doris, Kathrin Brandenberg, und Klaudia Mayr. 2013a. Frühkindliche Bildungsforschung in der Schweiz. In Handbuch frühkindliche Bildungsforschung, Hrsg. Margrit Stamm und Doris Edelmann, 165–182. Wiesbaden: Springer.

Edelmann, Doris, Judith Fehr, Rahel Moll, Margrith Schilter, und Marina Wetzel. 2013b. Chancengerechtigkeit und Integration durch frühkindliche Bildung? Erkenntnisse für die Professionalisierung des pädagogischen Personals auf der Grundlage einer empirischen Längsschnittstudie. In Frühe Kindheit im Fokus. Entwicklungen und Herausforderungen (sozial-) pädagogischer Professionalisierung, Hrsg. Bettina Grubenmann und Mandy Schöne, 119–140. Berlin: Frank Timme.

EDK-Ost. Hrsg. 2010. Projektschlussbericht 2010: Erziehung und Bildung in Kindergarten und Unterstufe im Rahmen der EDK-Ost und Partnerkantone (Projekt EDK-Ost 4 bis 8). Zürich: Schulverlag plus.

Grossenbacher, Silvia. 2008. Das Projekt „EDK-Ost 4bis8" im nationalen und internationalen Kontext. Aarau: Schweizerische Koordinationsstelle für Bildungsforschung.

Grubenmann, Bettina. 2012. Was passiert wirklich im Krippenalltag? Beobachtung als Methodik in der Krippenforschung. In *Krippenforschung. Methoden, Konzepte, Beispiele*, Hrsg. Susanne Viernickel, Doris Edelmann, Hilmar Hoffmann, und Anke König, 110–118. München: Ernst Reinhardt.

Kuger, Susanne, Jutta Sechtig, und Yvonne Anders. 2012. Kompensatorische (Sprach-) Förderung. Was lässt sich aus US-amerikanischen Projekten lernen? *Frühe Bildung* 1/4:181–193.

Moser, Urs, und Nicole Bayer. 2010. Grund- und Basisstufe: Umsetzung, Unterrichtsentwicklung und Akzeptanz bei Eltern und Lehrpersonen. Zusammenfassung der formativen Evaluation. In *Projektschlussbericht 2010: Erziehung und Bildung in Kindergarten und Unterstufe im Rahmen der EDK-Ost und Partnerkantone*, Hrsg. EDK-Ost, 92–101. Zürich: Schulverlag plus.

Nay, Eveline, Bettina Grubenmann, und Sabina Lachrer Klee. 2008. Kleinstkindbetreuung in Kindertagesstätten. Bern: Haupt.

OECD. 2012. Education at a Glance 2012: OECD Indicators, OECD Publishing. http://dx.doi.org/10.1787/eag-2012-en. Zugegriffen: 10. Jan. 2013.

Roßbach, Hans-Günter, und Doris Edelmann. 2010. Institutionelle Übergänge: Aktuelle Entwicklungen in Deutschland und in der Schweiz. In *Frühkindliche Bildung, Betreuung und Erziehung. Was kann die Schweiz lernen?*, Hrsg. Margrit Stamm und Doris Edelmann, 293–319. Zürich: Rüegger.

Schweizerischer Wissenschafts- und Technologierat. 2011. Empfehlungen des SWTR zur Förderung von Bildung, Forschung und Innovation. Beitrag zur Ausarbeitung der BFI-Botschaft für die Periode 2013 bis 2016. Bern: Schweizerischer Wissenschafts- und Technologierat SWTR.

Stamm, Margrit, Vanessa Reinwand, Kasper Burger, Karin Schmid, Martin Viehhauser, und Verena Muhheim. 2009. Frühkindliche Bildung in der Schweiz. Eine Grundlagenstudie im Auftrag der Schweizer UNESCO-Kommission, Departement für Erziehungswissenschaften. http://perso.unifr.ch/margrit.stamm/forschung/fo_downloads/fo_dl_publ/Grundlagenstudie_FBBE_090220.pdf. Zugegriffen: 15. April 2012.

Urech, Christa. 2010. Die heterogene Schulklasse: Fallstudien zum pädagogischen Handeln in Basisstufen. Zürich: Rüegger.

Vogt, Franziska, Bea Zumwald, Christa Urech, und Nadja Abt. 2010. Grund- und Basisstufe: Umsetzung, Unterrichtsentwicklung und Akzeptanz bei Eltern und Lehrpersonen. Zusammenfassung der formativen Evaluation. In*Projektschlussbericht 2010: Erziehung und Bildung in Kindergarten und Unterstufe im Rahmen der EDK-Ost und Partnerkantone*, Hrsg. EDK-Ost, 102–113. Zürich: Schulverlag plus.

Die Integration von Elementar- und Grundschulpädagogik in der universitären Ausbildung am Beispiel der Universität Bremen

Ursula Carle und Gisela Koeppel

Zusammenfassung

Der vorliegende Beitrag thematisiert Erfahrungen mit dem Bachelorstudiengang *Fachbezogene Bildungswissenschaften für Primar- und Elementarbereich*, der im Jahr 2005 an der Universität Bremen eingerichtet wurde. Im Schwerpunkt *Elementarbereich* qualifiziert er sowohl für die Arbeit im Kindergarten als auch für das Masterstudium mit dem Berufsziel Grundschullehramt.

Zwei in diesem Beitrag näher ausgeführte Begründungen sprechen für dieses Modell: Es kann als international kompatibel gelten und es lässt hoffen, dass sich Kindergarten und Grundschule durch gemeinsame fachliche Grundlagen näher kommen.

Die ersten Erfahrungen mit den Absolvent/innen der Elementarpädagogik in der Praxis sind ermutigend, zeigen sie doch, dass die besondere Qualität dieser Ausbildung in Kindertageseinrichtungen wertgeschätzt wird und dass die Elementarpädagog/innen (Kindheitspädagog/innen) aufgrund ihrer fachdidaktischen Ausbildung die Vorschulkinder beim Übergang in die Grundschule gut begleiten und auch die Bildungsmöglichkeiten in Alltagssituationen für alle Kinder nutzen können.

U. Carle (✉)
Fachbereich Erziehungs- und Bildungswissenschaften – Grundschulpädagogik,
Universität Bremen, 28334 Bremen, Deutschland
E-Mail: ucarle@uni-bremen.de

G. Koeppel
28717 Bremen, Deutschland
E-Mail: koeppel@uni-bremen.de

P. Cloos et al. (Hrsg.), *Elementar- und Primarpädagogik*,   113
DOI 10.1007/978-3-658-03811-3_9, © Springer Fachmedien Wiesbaden 2014

Schlüsselwörter

Professionalisierung · Elementarpädagogik · Grundschulpädagogik · Kindertageseinrichtung · Orientierungsrahmen

1 Einleitung

Ab 2004 wurden in Deutschland grundständige Bachelorstudiengänge an Hochschulen eingerichtet, die für den frühkindlichen Bereich qualifizieren. Ende 2010 folgten die Jugend- und Familienministerkonferenz (JFMK) und die Kultusministerkonferenz (KMK) in einem gemeinsamen Beschluss (Orientierungsrahmen), diesem Trend und erkannten die Notwendigkeit einer Höherqualifizierung der Fachkräfte an:

> Kindertageseinrichtungen stehen heute vor neuen Herausforderungen, die sich vor allem aus der seit der PISA Studie geführten öffentlichen Diskussion über die große Bedeutung einer frühen Förderung aller Kinder und aus dem gesellschaftlichen Wandel hin zu einer Wissensgesellschaft ergeben. Dies hat auch Folgen für die Ausbildung der in den Einrichtungen tätigen Fachkräfte. (JFMK 2010, S. 1)

Eine innovative „Entwicklung von hochschulischen Studiengängen für die Bildung und Erziehung in der Kindheit mit unterschiedlichen inhaltlichen Akzentsetzungen und Berufsprofilen" (JFMK 2010, S. 1) wird für notwendig erachtet.

Auch wenn diese gemeinsame Empfehlung letztlich der rasanten Entstehung zahlreicher Studiengänge im frühpädagogischen Bereich hinterher hinkte, so setzte sie doch ein Zeichen mit Blick auf den Wandel des beruflichen Spektrums der in Kindertageseinrichtungen beschäftigten Personen. Den Absolvent/innen des Bachelorstudiengangs *Fachbezogene Bildungswissenschaften*, von denen im Herbst 2010 erstmals acht Elementarpädagoginnen und zwei Elementarpädagogen nach einem Praxisjahr die staatliche Anerkennung erhielten, machte diese Empfehlung Mut.

2 Historie und Besonderheiten des Bremer Modells

Die Besonderheiten des Bremer Modells werden kurz samt seiner Historie skizziert. Im Jahr 2002 begann eine Initiativgruppe unter Leitung von Helga Krüger[1], Ilse Wehrmann und Ursula Carle an der Universität Bremen mit der Entwicklung eines

---

[1] Helga Krüger starb am 23.2.2007.

weiterbildenden Studiengangs *Frühkindliche Bildung*. Vertreten waren dabei die Sozialbehörde, die Träger von Kindertageseinrichtungen und die Fachschulen für Sozialpädagogik. Das Ergebnis bildete die Eröffnung des weiterbildenden Studiums *Frühkindliche Bildung* für Erzieher/innen und Grundschullehrer/innen im Jahr 2003. Das Angebot wurde von Erzieher/innen stark frequentiert, von Lehrer/innen jedoch kaum wahrgenommen. Gleichzeitig begann unter wissenschaftlicher Leitung von Ursula Carle das Forschungs- und Entwicklungsprojekt *Frühes Lernen – Kindergarten und Grundschule kooperieren* (2003–2005) in Bremen, in dessen Rahmen auch erste Studierende der Universität ihre Praktika im Rahmen der integrierten Eingangsstufe Lehrerbildung in Verbindung von Kindertageseinrichtungen und Schulen durchführten. Das Projekt hatte vor allem ein Ergebnis: Die Zusammenarbeit der Kindertageseinrichtungen und Schulen muss weiter ausgebaut werden und sie benötigt eine bessere Verständigung zwischen den beiden Professionen. Schließlich beauftragte der damalige Bildungssenator Lemke im Rahmen eines Gesprächs mit der Universitätsleitung Ursula Carle mit dem Aufbau eines gemeinsamen Studiengangs für Primar- und Elementarbereich im Kontext der Umstellung der Lehrerbildung auf die zweistufige Bachelor-Masterausbildung zum Wintersemester 2005/2006. Die Studiengangentwicklung durch die neu gegründete Lehreinheit Elementarpädagogik an der Universität Bremen wurde im Rahmen des Projekts *Profis in Kitas* (PiK I) von 2005 bis 2008 und anschließend die Entwicklung einer Berufseinstiegsphase (PiK II) von 2009 bis 2011 durch die Robert Bosch Stiftung gefördert.

Die Einrichtung des gemeinsamen Bachelor-Studiengangs *Fachbezogene Bildungswissenschaften, Elementarbereich, Grund- und Sekundarschule* an der Universität Bremen im Jahr 2005 setzte ein deutliches Zeichen in der langjährigen Diskussion zur Akademisierung der Frühpädagogik. Mit der Reakkreditierung ergab sich die Möglichkeit einer stärkeren Profilierung. Gleichzeitig erhielt der Studiengang 2010 einen neuen Namen: *Bachelor Bildungswissenschaften des Primar- und Elementarbereichs*.

Der Studiengang fügt sich in die internationale Entwicklung zur Höherqualifizierung des Personals in Kindertageseinrichtungen ein. Die Absolvent/innen werden auch in anderen europäischen Ländern anerkannt. Vier Grundmodelle frühpädagogischer Ausbildung in Europa werden von Pamela Oberhuemer (2008, S. 16) spezifiziert:

- „Spezialisierung auf zwei bzw. drei Jahre vor der Einschulung (z. B Belgien, Griechenland Zypern)
- Spezialisierung auf fünf bzw. sechs Jahre vor der Einschulung (z. B. Estland, Finnland, Slowenien)

- Qualifizierung für die Jahre bis zur Einschulung und für weitere außerschulische Arbeitsfelder mit Kindern und Erwachsenen (Dänemark)
- Gemeinsame Ausbildung für die Arbeit im Elementar- und Primarbereich (z. B. Frankreich, Luxemburg, Niederlande, Großbritannien, Italien, Irland, Schweden, Schweiz)"

Bis heute bietet in Deutschland nur der Bremer Studiengang einen gemeinsamen Abschluss für den Elementar- und Primarbereich. An den pädagogischen Hochschulen in Baden-Württemberg, die alle einen Studiengang für Kindheitspädagogik anbieten, wäre eine Annäherung gut möglich, wenn dem nicht durch den staatlichen Lehramtsabschluss strukturelle Veränderungsfunktionen entgegenstünden.

3 Übergang zwischen Kindergarten und Grundschule

Gemeinsame Studiengänge werden vornehmlich damit begründet, dass Kinder am Schulanfang sehr heterogene Voraussetzungen mitbringen und deshalb sowohl Kindergarten als auch Schule ein breites und anschlussfähiges Spektrum an Bildungsangeboten abdecken müssen. Inhaltliche und methodische Anschlussfähigkeit muss dann natürlich auch zwischen den Ausbildungen der pädagogischen Fachkräfte für Kindergarten und Grundschule sichergestellt werden (vgl. Carle 2014).

Der Bremer Studiengang wurde durch Lehrende der Fachdidaktik und der Erziehungswissenschaft entwickelt, die bis zum Jahre 2003 ausschließlich für die Grundschullehrerausbildung zuständig waren. Durch die Aufgabe, nun auch für den Elementarbereich zu qualifizieren, rückte die kindliche Entwicklung stärker in den Blick. Es wurde deutlich, dass die fachliche Ausrichtung der Lehre z. B. in Germanistik, Mathematik oder Interdisziplinärer Sachbildung, auch die Spezifika frühkindlicher Lebensphasen mit berücksichtigen muss. Bildung wird stärker als Prozess wahrgenommen, der dem Kind zunehmend Autonomie und Einblicke in die wissenschaftliche Welt ermöglichten. Es geht also nicht mehr um die Profilierung und Abgrenzung von Kindergarten und Grundschule, sondern um die Begleitung der Kinder in verschiedenen Lern- und Entwicklungsbereichen. Studierende sind gefordert einen diagnostischen Blick zu entwickeln. Auch bei der Erarbeitung didaktischer Settings, in denen die Lernbegleitung der Kinder eine bedeutsame Rolle spielt, müssen sie neuartige fachliche und pädagogische Kompetenzen erwerben.

2005 war der Bremer Studiengang einer der ersten in Deutschland, in dem für das Berufsziel Elementarbereich auch die Fächer Elementarmathematik, Deutsch, Interdisziplinäre Sachbildung und Ästhetik studiert wurden. Zwischenzeitlich haben nahezu alle Fachdidaktiken die Bedeutung frühkindlicher Bildungsprozesse entdeckt. Auch die Bildungsforschung belegt, dass ein bezüglich der Inhaltsbereiche der Bildungspläne fachdidaktisch und pädagogisch gut qualifiziertes Personal die beste Garantie für eine dem Kind zugewandte, am Lernprozess jedes Kindes interessierte, kognitiv und sozial anspruchsvolle Arbeit bietet. Und das gilt als eine wichtige Voraussetzung für eine gelingende Bildungsbiografie (vgl. Melhuish et al. 2003; König 2010; Anders 2012).

4   Aufbau des Bremer Studiengangs Bildungswissenschaften für den Primar- und Elementarbereich

Etwa ein Drittel des Studiums des Bremer Studiengangs umfasst spezielle Differenzierungsangebote für die Stufenschwerpunkte Elementarbereich bzw. Primarbereich. Vier Aspekte spielen bei der Entwicklung des Studienangebotes eine besondere Rolle (Daiber und Carle 2008, S. 57):

1. Die Qualifikation soll für Kitas attraktiv sein, u. a. sollen die Absolvent/innen die Arbeit im Kindergarten bereichern.
2. Das Studium soll für die Arbeit mit den Bildungsplänen, die kindgerechte und fachlich richtige Anleitung von Bildungsprozessen und die Auswahl (Anschaffung) von Bildungsmaterial qualifizieren.
3. Die Stärken der forschungsbasierten Grundschullehrer/innenausbildung (reformpädagogisch ausgerichtetes Bremer Modell) sollen zum Aufbau einer entdeckenden und forschenden Grundhaltung der Studierenden beitragen.
4. Das Studium soll Studierenden durch eine prozessbegleitende, spielimmanente Schuleingangsdiagnostik die Absolvent/innen befähigen, die Entwicklungsprozesse beim Übergang des Kindes vom Kindergarten in die Grundschule zu begleiten.

Die Anschlussfähigkeit der Bildungseinrichtungen des Kindes kann über die Qualifikation der Fachkräfte durch die gemeinsame Zielperspektive einer kontinuierlichen Bildungsbiografie der Kinder deutlich verbessert werden. Das setzt allerdings voraus, dass ein längerer Bildungsweg angedacht wird, als nur derjenige,

	Interdiszipl. Sachbildung	Deutsch o. Mathematik	Deutsch o. Mathematik	EW (Entwickl., Ästhetik)	SQ / O-Prakt. (EW)/ BA-Arbeit	Σ
3. J.	15 CP	15 CP	6 CP	9 CP	BA-Arbeit 12 CP SQ Heterogenit. 3 CP	60CP
2. J	18 CP (einschl. 3cp Praxis)	18 CP (einschl. 3cp Praxis)	9 CP	9 CP (einschl. 3cp Praxis)	SQ Heterogenit. 3 CP SQ Studienportf. 3 CP	60CP
1. J.	18 CP	18 CP	9 CP	9 CP	O-Prakt. (EW) 6 CP	60CP

Abb. 1 Überblick über Studium der Elementarpädagogik an der Universität Bremen

der in der jeweiligen Institution zurückzulegen ist. Notwendig dafür ist die Grundlegung anschlussfähiger Beliefs und Kompetenzen der pädagogischen Fachkräfte bereits im Studium.

Die Studierenden entscheiden sich vor oder während des ersten Semesters für das Studium mit dem Schwerpunkt Elementarbereich. Wie Abb. 1 zeigt, müssen die Studierenden neben den Schlüsselqualifikationen (SQ) einschließlich des Orientierungspraktikums (O-Prakt.), Interdisziplinäre Sachbildung, Deutsch und Mathematik sowie Erziehungswissenschaften (EW) einschließlich Entwicklungspsychologie und Ästhetik studieren. Praktika und Praxisstudien sind in die verschiedenen Module eingebunden und werden zu gleichen Teilen in Grundschulen und Kindertageseinrichtungen absolviert. Die Aufgabenstellungen orientieren sich an Gemeinsamkeiten und Besonderheiten der jeweiligen Handlungsfelder. Es geht darum, die vielfältigen Anforderungen des pädagogischen Berufsfeldes kennenzulernen, sich zu erproben und die Erfahrungen (auch aus biografischer Perspektive) zu reflektieren.

Von jährlich ca. 200 Studienanfänger/innen im B.A. Fachbezogene Bildungswissenschaften studieren etwa 30 den Schwerpunkt Elementarbereich. Jährlich absolvieren ca. zehn B.A.-Absolvent/innen ein Anerkennungsjahr im Kindergarten, um mit der staatlichen Anerkennung als Elementarpädagogin und Elementarpädagoge B.A. in der Kinder- und Jugendhilfe arbeiten zu können. Derzeit finden jährlich vier bis fünf Absolvent/innen einen Arbeitsplatz im Gruppendienst einer Kita.

Das Zielmodell (s. Abb. 2), das mit der Einrichtung des *B.A. Fachbezogene Bildungswissenschaften des Elementarbereichs, Grund- und Sekundarschule* die Entwicklungen leitet, umfasst aber weit mehr als nur den Bachelorstudiengang. Es soll der Entwicklung des gesamten pädagogischen Feldes, einschließlich der Forschung dienen.

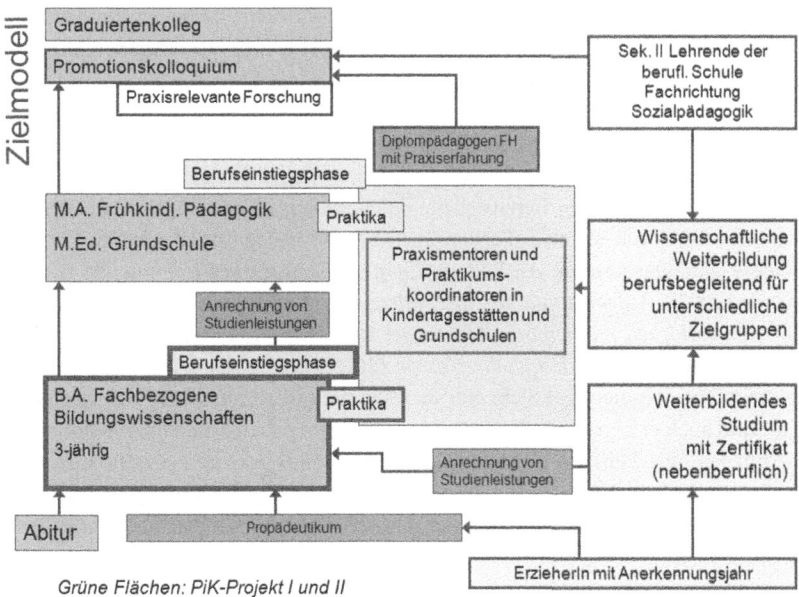

Abb. 2 Zielmodell des Programms „Frühkindliche Bildung" an der Universität Bremen 2005–2012

Nicht alle Komponenten des Zielmodells konnten bislang realisiert werden. Insbesondere versagte der Senat des Landes Bremen im Jahr 2012 die Einrichtung des bereits seit zwei Jahren akkreditierten Masters *Frühkindliche Pädagogik*. 2009–2011 entwickelte und erprobte die Universität Bremen ein Konzept für das Berufspraktikum. Das Berufspraktikum wurde ab dem zweiten Jahr durch das Landesjugendamt durchgeführt, allerdings wurden die fachlichen Entwicklungen der Universität nicht übernommen, stattdessen setzt das Berufspraktikum stärker auf die Anpassung an die aktuelle Arbeitsweise in der Kita und vernachlässigt die universitär beabsichtigte Unterstützung des Innovationspotenzials der Elementarpädagog/innen.

5 Kooperation der Lernorte Universität und Praxis

Bei der Einführung des Studiengangs in Bremen war zu bedenken, dass die Entwicklung und Etablierung des neuen Tätigkeitsfelds, Unsicherheiten bei allen Beteiligten mit sich bringen würde (vgl. Daiber und Carle 2008, S. 65). Aus der Abwehr dieser Unsicherheiten erwachsen nicht selten unerwünschte Nebenwirkungen. Die Annäherung der Professionen, sowie die Akzeptanz des Studiengangs und seiner Absolvent/innen wurde dadurch erleichtert, dass es gelang, die notwendige Transparenz durch ein System von Informationen (Newsletter, Fachgespräche im Haus der Wissenschaft zu gemeinsamen Themen der Elementar- und Grundschulpädagogik) und durch die Kooperation in Arbeitskreisen mit Träger- und Behördenvertreter/innen herzustellen. Einen wichtigen Beitrag zur Annäherung der Professionen leisteten außerdem die internationalen Tagungen *Das Kind im Blick – eine gemeinsame Ausbildung für den Elementarbereich und die Grundschule (2007), Aufgabenqualität in Kindergarten und Grundschule* (2012) sowie *Anschlussfähigkeit mathematikdidaktischer Überzeugungen und Praktiken von Erzieher/innen und Grundschullehrer/innen* (2013), die an der Universität Bremen stattfanden[2]. Aus heutiger Sicht war dieses breite Engagement besonders notwendig (und auch erfolgreich), da die Etablierung eines neuen Studiengangs ein neues berufliches Tätigkeitsfeld nicht erfinden kann, „sondern es muss systematisch der Boden entwickelt werden, auf dem das neue Samenkorn (Frühpädagog/innen mit universitärem Abschluss) aufgehen und wachsen kann." (Daiber und Carle 2008, S. 65).

In einem langen, durchaus kontrovers geführten Diskussionsprozess und insbesondere bei der gemeinsamen Entwicklung und Durchführung der Praxismentorenqualifizierung zur Ausbildung von Praktikant/innen der verschiedenen Ausbildungsgänge in der Praxis, näherten sich in Bremen allmählich die Vorstellungen der Träger der Kindertageseinrichtungen und der Universität (sowie der Fachschulen für Sozialpädagogik) an. Es zeigte sich, dass trotz unterschiedlicher Bezeichnungen viele Tätigkeiten und Aktivitäten in Grundschule und Kindergarten ähnlichen Charakter haben. Gemeinsamkeiten ergeben sich u. a. dadurch, dass der Rahmenplan für Bildung und Erziehung im Elementarbereich in Bremen vom gleichen Bildungsbegriff wie der Bildungsplan für die Grundschule ausgeht: Von einem sozialkonstruktivistischen Modell des Erkenntnisprozesses, bei dem das Kind und seine Entwicklung im Mittelpunkt stehen.

Die Kooperation von Universität und Praxis, in der Begleitung von Praktikant/innen der verschiedenen Semester und die gemeinsame Arbeit in Ausschüssen, Gremien und Arbeitskreisen mit Behörden und Trägern schufen eine gute Grundlage für die Entwicklung eines Programms zum Übergang der ersten Absolvent/innen der Elementarpädagogik in die berufliche Praxis und für eine vertrauensvolle Zusammenarbeit bei der Begleitung der ersten Elementarpädagog/innen in der Berufspraxis.

---

[2] www.fruehpaedagogik.uni-bremen.de/tagung.html (Zugriff: 31.01.2013).

6 Die Erfahrungen aus der Praxis mit den ersten Absolvent/innen der Elementarpädagogik der Universität Bremen: Akzeptanz der universitären Ausbildung

Dem Berufseinstieg wird in der Fachliteratur eine hohe Bedeutung für die Qualität der Weiterentwicklung beruflicher Kompetenzen beigemessen. Das besondere Problem liegt darin, wie eine Qualitätssteigerung durch die Akademisierung der Ausbildung für den frühpädagogischen Bereich gelingen kann, obwohl der Berufseinstieg für B.A.-Absolvent/innen noch in fast allen Berufen ungeklärt ist.

Im Elementarbereich stellt sich die Lage besonders schwierig dar, weil es sich zugleich um eine Anhebung der Ausbildung auf Hochschulniveau handelt. Gelingt der Berufseinstieg der ersten Absolvent/innen, dann ist das Fundament für die Akzeptanz in der Praxis gelegt. Ob dieses Fundament jedoch tragfähig ist und ob damit zugleich eine Anhebung des fachlichen Kompetenzniveaus von Praktiker/innen einhergeht, ist bislang noch offen und keineswegs ein Automatismus. Es hängt wesentlich davon ab, ob die Berufseinstiegsphase geeignet ist eine gelungene Verbindung zwischen Studium und eigenverantwortlicher beruflicher Arbeit zu ermöglichen. Unabdingbar ist es, die Absolvent/innen in die neue Berufstätigkeit hinein zu begleiten und ihnen zu helfen, sich zu positionieren, sich ihr neues Arbeitsfeld *einzurichten* und es zu gestalten, ohne im Alltagsbetrieb der Einrichtung unterzugehen.

Berufseinsteiger/innen verfügen über praxisorientiertes Wissen und über erste Erfahrungen im Rahmen der durch die Universität (und von ihr ausgebildeten Praxismentor/innen) begleiteten Praktika. Eine alltägliche Praxis, mit deren Hilfe sie dieses Wissen in belastbare individuelle und professionelle Kompetenzen umsetzen könnten, finden sie im besten Falle in Ansätzen, nie aber in ausgereifter Form und in einem pädagogisch entsprechend orientierten Umfeld vor. Das bedeutet, die Absolvent/innen müssen in der Berufseinstiegsphase zugleich Aufgaben wahrnehmen, die zur Entwicklung ihres eigenen Berufsbildes beitragen. Die ersten Elementarpädagog/innen sind zugleich individuelle Berufsanfänger/innen und Begründer/innen der neuen Profession.

Da dem Übergang vom Studium an der Universität in die pädagogische Praxis der Kita in der Konzeption der Universität Bremen ein besonderer Stellenwert zukommt, wurde eine begleitete Berufseinstiegsphase für die B.A.-Absolvent/innen konzipiert und erprobt (als PiK II Projekt durch die Robert Bosch Stiftung gefördert). Zur Organisation der Berufseinstiegsphase wurde ein Leitfaden entwickelt, der als Orientierungsrahmen für die im Ausbildungsprozess beteiligten Personengruppen diente und online zur Verfügung steht (Carle und Koeppel 2010; Leineweber 2012).

Ein wichtiger Punkt für den Gelingensprozess war die intensive Vorbereitung und Betreuung der Einrichtungen durch die Universität. Ziel für die Studierenden war es, eine unmittelbare und intensive Verbindung von theoretischem Wissen und eigener, praktischer pädagogischer Arbeit herzustellen. Hierfür wurde eine qualifizierte Praxisanleitung entwickelt, die wesentlich zu einem bewusst strukturierten, geplanten und begleiteten Lehr- und Lernprozess beitrug. Die Berufseinsteiger/innen wurden von der Universität betreut. Die Praxisbetreuenden gewährleisteten als Bindeglied zwischen Universität und Einrichtung den kontinuierlichen Kontakt und den Austausch mit den Anleiter/innen in der Praxis. Die Praxisbetreuende der Universität war Ansprechpartnerin bei allen das Arbeitsfeld betreffenden Fragen und Problemen. Diese Unterstützung der Kindergärten bildete eine notwendige Voraussetzung für das pädagogisch *Auf-den-Weg-Kommen*, für das nachhaltige *Auf-dem-Weg-Bleiben* und für die gelingende Integration der hochschulisch qualifizierten Elementarpädagog/innen in die Teams der Einrichtungen.

Unsere Begleituntersuchung zeigt: Die fachliche Ausbildung der Absolvent/innen der Universität Bremen wird in den Kindertageseinrichtungen positiv wahrgenommen. Dabei sehen die Kindergärten mit einem entwickelten pädagogischen Konzept vor allem die didaktische Kompetenz der Elementarpädagog/innen als wichtigen Baustein der eigenen Personalentwicklung. Damit dieses didaktische Potential jedoch voll zum Tragen kommt, bedarf es zusätzlich eines besonderen Engagements der B.A.-Absolvent/innen für die didaktisch fundierte Förderarbeit wie auch des Interesses der anderen Kolleg/innen an einer solchen Förderarbeit. In den beteiligten Kindergärten werden die Elementarpädagog/innen als Ergänzung der Teams wahrgenommen, u. a. bei der Intensivierung der Zusammenarbeit mit Eltern, der individuellen Lern- und Entwicklungsdokumentation (LED), der Projektplanung und -umsetzung sowie bei der Verbesserung des Übergangs vom Kindergarten in die Grundschule.

Eine erste Interpretation von Erhebungsbefunden zur Akzeptanz der Elementarpädagog/innen ergibt für die Bremer Absolvent/innen folgende Akzeptanzbasis in den Kindergärten:

> Die brauchen wir! Unbedingt! Aber nicht als Ersatz für die Erzieher/innen, sondern als Bereicherung der (multiprofessionellen) Teams im Kindergarten der Zukunft. Die verstärkte Zusammenarbeit mit der Grundschule wird durch die Elementarpädagog/innen erheblich erleichtert.

Dieses nachdrückliche Resümee einer Kindergartenleiterin drückt zweierlei aus: Zum einen ist dieser Ausruf Ausdruck einer zurückblickenden Bewertung der ersten praktischen Erfahrungen mit einigen Absolvent/innen des Studiengangs

Bachelor Fachbezogene Bildungswissenschaften, Schwerpunkt Elementarbereich der Universität Bremen. Zum anderen spiegelt sich darin ein zukunftsorientiertes Urteil über die Entwicklung des künftigen Personalbedarfs in den Krippen und Kindertageseinrichtungen: Die angesagte pädagogische Entwicklung der Kindertageseinrichtungen wird ohne die Kompetenzen der akademisch qualifizierten Elementarpädagog/innen nicht gelingen. „Inhaltlich würden wir die gerne nehmen!" – In diesem wörtlich zitierten Konjunktiv spiegelt sich jedoch das Dilemma der Kita-Träger wieder. Einerseits erachten sie die Kompetenzen der B.A.-Absolvent/innen als notwendige personelle Bedingung insbesondere zur Ausgestaltung zukunftsweisender thematischer Projekte (Inklusion, Sprachförderung, Naturwissenschaft für Kinder, Zusammenarbeit mit Eltern, etc.). Andererseits fehlen ihnen die entscheidenden finanziellen Bedingungen für einen solchen Entwicklungsschritt.

Die andere (Berufs-)Biografie der Elementarpädagog/innen wirkt sich in der pädagogischen Arbeit positiv auf die Kinder und das Team aus. Durch ihr (fach-)didaktisches Wissen ist ein anderer Blick auf die Fragen der Kinder vorhanden. Die Aussage einer Erzieherin „nicht die Unterschiede zwischen Elementarpädagog/innen und Erzieher/innen sind von Interesse, sondern die gegenseitige Bereicherung" zeigt, dass die Elementarpädagog/innen nicht als Konkurrenz wahrgenommen werden. Diese Bereicherungen werden folgendermaßen beschrieben: Grundlegender Unterschied in der Art des Arbeitens und der Herangehensweise im Vergleich zu Berufspraktikant/innen mit Fachschulabschluss. Die Rückmeldung von Kolleg/innen der verschiedenen Teams zeigt, dass sie den speziellen Mehrwert durch die Arbeit der Elementarpädagog/innen, ihr didaktisches Arbeiten, das bessere und gezieltere Erkennen der Bedürfnisse der Kinder und dadurch eine bessere Unterstützung der Kinder, eine schnellere und bessere Ausarbeitung von didaktischen Angeboten, Medien und Vorhaben schätzen. Sie nehmen wahr, dass die Elementarpädagog/innen Kinder sehr gut und nachhaltig motivieren, zudem können sie sehr gut reflektieren (vgl. Carle et al. 2011).

Die Elementarpädagog/innen können Interessen und Fähigkeiten der Kinder mit Blick auf das, was diese in der Schule lernen werden, vorbereitend aufgreifen, da sie durch ihr Studium gute Kenntnisse darüber haben, wie es konkret in der Schule für die Kinder weitergeht (z. B. bezogen auf mathematische Fähigkeiten). Dadurch können sie am Übergang in die Grundschule den Kontakt zur Schule leichter herstellen, da die Kommunikation mit den Lehrkräften eher auf Augenhöhe stattfindet.

7 Ausblick

Zu erwarten ist, dass sich die Wirkung des fachwissenschaftlichen Fundaments der Elementarpädagog/innen erst nach deren praktischer Einarbeitungszeit voll entfalten kann. Erst wenn diese individuelle Einarbeitung abgeschlossen ist, verfügen sie über eine angemessene Erfahrung in Bezug auf die differentielle Bandbreite des kindlichen Handelns sowie in Bezug auf das pädagogische Reagieren darauf. Dazu ist eine Begleitung durch die Hochschule notwendig, um einer *Nivellierung nach unten* durch Anpassung an vorhandene traditionelle Standards und Arbeitsweisen in Kindertageseinrichtungen vorzubeugen.

Die Wirksamkeit der fachlich fundierten Elementarpädagogik hängt auch von der Entwicklung und Etablierung dieser neuen Profession in den Einrichtungen wie auch in den Berufsgemeinschaften und den zugehörigen wissenschaftlichen Fachgemeinschaften ab.

Unabdingbar wird es in Zukunft sein, die Debatte um die Einordnung von Fachschulausbildung und Hochschulausbildung in den Deutschen Qualifikationsrahmen (DQR) konstruktiv im Interesse von Kindern und Familien an einer qualitativ hochwertigen Bildung, Erziehung und Betreuung weiter zu führen. Zudem bedarf es einer entsprechenden Tätigkeitsbeschreibung und Neubewertung der pädagogischen Arbeit der Elementar- und Kindheitspädagog/innen in den Tarifverträgen.

Literatur

Anders, Yvonne. 2012. Modelle professioneller Kompetenzen für frühpädagogische Fachkräfte. Aktueller Stand und ihr Bezug zur Professionalisierung. Expertise zum Gutachten „Professionalisierung in der Frühpädagogik". http://www.aktionsrat-bildung.de/fileadmin/Dokumente/Expertise_Modelle_professioneller_Kompetenzen.pdf. Zugegriffen: 29. Juni 2013.

Carle, Ursula. 2014. Anschlussfähigkeit zwischen Kindergarten und Schule. In *Handbuch Talententwicklung - Theorien, Methoden und Praxis in Psychologie und Pädagogik*, Hrsg. Margrit Stamm, 161–171. Bern: Huber

Carle, Ursula, und Gisela Koeppel. 2010. Leitfaden Berufseinstiegsphase Elementarpädagogik B.A. der Universität Bremen, Fachbereich 12 (Modellphase 2009–2010). Überarbeitete Fassung vom Mai 2010. www.fruehpaedagogik.uni-bremen.de/forschung/PIK_Bremen/pik2_index.html. Zugegriffen: 31. Jan. 2013.

Carle, Ursula, Giesela Koeppel, Sabine Leineweber, und Heinz Metzen. 2011. „Die brauchen wir!" Evidenzbasierte Einschätzung der Akzeptanz von AbsolventInnen des Bachelor-

Studiengangs „Elementarpädagogik" der Universität Bremen im Berufsfeld. Vorläufige unveröffentlichte Fassung.

Daiber, Barbara, und Ursula Carle. 2008. Der Bachelor of Arts „Fachbezogene Bildungswissenschaften der Universität Bremen. In *Das Kind im Blick. Eine gemeinsame Ausbildung für den Elementarbereich und die Grundschule*, Hrsg. Ursula Carle und Barbara Daiber, 56–83. Baltmannsweiler: Schneider Verlag Hohengehren.

Jugend- und Familienministerkonferenz (JFMK). 2010. Gemeinsamer Orientierungsrahmen „Bildung und Erziehung in der Kindheit". http://www.jfmk2010.de/cms2/JFMK_prod/ JFMK/de/bes/Anlage_zum_JFMK_Beschluss_6_2010_Gemeinsamer_Orientierungsrahmen. pdf. Zugegriffen: 31. Jan. 2013.

König, Anka. 2010. Impulse aus der internationalen Frühpädagogik – Überlegungen zum Aufbau einer Bildungsdidaktik für den Elementarbereich. In *Didaktik in der Pädagogik der frühen Kindheit*, Hrsg. Dagmar Kasüschke, 385–400. Köln: Carl Link.

Leineweber, Sabine. 2012. Vom Studium in die Kita. Wie gelingt der Übergang in den neuen Beruf? In *Handreichungen zum Berufseinstieg von Elementar- und KindheitspädagogInnen* (Heft A01), Hrsg. Carle Ursula und Koeppel Gisela. www.fruehpaedagogik.unibremen.de/handreichungen. Zugegriffen: 31. Jan. 2013.

Melhuish, Edward, Kathy Sylva, Pam Sammons, Iram Siraj-Blatchford, und Brenda Taggart. 2003. The effective provision of pre-school education (EPPE) project: Technical Paper 10 – Intensive case studies of practice across the foundation stage. London: DfES/Institute of Education, University of London.

Oberhuemer, Pamela. 2008. Eine gemeinsame Ausbildung für den Elementar- und Primarbereich? Konzepte im europäischen Vergleich. In *Das Kind im Blick. Eine gemeinsame Ausbildung für den Elementarbereich und die Grundschule*, Hrsg. Ursula Carle und Barbara Daiber, 16–27. Baltmannsweiler: Schneider Verlag Hohengehren.

Zehn Thesen zur Gestaltung des Elementar- und Primarbereichs

Werner Knapp

Zusammenfassung

Die Frage nach der optimalen Ausbildung für Statt Pädagogen/innen der frühen Kindheit und für Lehrpersonen beschäftigt die Bildungspolitik in Deutschland. Diskutiert werden vor allem die Organisationsformen der Ausbildung, ihre Dauer, die Curricula, die Arten der Abschlüsse sowie im Elementarbereich der Grad an Akademisierung.

Meine Thesen formuliere ich auf der Basis eigener langjähriger Erfahrungen als Lehrer, als Lehrbeauftragter in der zweiten Ausbildungsphase (Referendariat), als Fortbildner in der dritten Phase, als Dozent in der Lehrerausbildung, als Forscher und Fortbildner im Elementarbereich sowie in der Leitung der Pädagogischen Hochschule Weingarten in Baden-Württemberg. Seit ich vor 40 Jahren als Student in eine pädagogische Hochschule eintrat, lernte ich viele Konzepte und Forderungen zur Ausbildung im pädagogischen Bereich kennen, die nicht selten modischen Erscheinungen folgten. Nachdem in den vergangenen 40 Jahren weder die Verheißungen paradiesischer Zustände erfüllt wurden noch die Prophezeiungen von Weltuntergängen eintrafen, plädiere ich für eine gelassene Distanz gegenüber aktuellen bildungspolitischen Forderungen. Bei aller notwendiger Debatte über die geeigneten Ausbildungsformate sollten wir das Subjekt nicht vergessen und den Studierenden Freiheiten lassen, ihre Ausbildung autonom zu steuern, im Vertrauen darauf, dass sie selbst erkennen,

Für wertvolle Hinweise zu diesen Thesen danke ich Irene Pieper und Ursula Pfeiffer-Blattner.

W. Knapp (✉)
Pädagogische Hochschule Weingarten,
88250 Weingarten, Deutschland
E-Mail: knapp@vw.ph-weingarten.de

P. Cloos et al. (Hrsg.), *Elementar- und Primarpädagogik*,
DOI 10.1007/978-3-658-03811-3_10, © Springer Fachmedien Wiesbaden 2014

welche Schwerpunktsetzungen im Studium sinnvoll sind. In meiner Darstellung gehe ich vom Bundesland Baden-Württemberg aus, wobei die Situation in den anderen Bundesländern weitgehend ähnlich ist. Um die Komplexität der Beschreibung zu reduzieren, beschränke ich mich auf mein Bundesland.

Schlüsselwörter

Institutioneller Wandel des Bildungswesens · Frühkindliche Bildung · Elementarbildung · Übergang · Kindergarten · Grundschule · Ausbildung von Erzieherinnen und Erziehern · Ausbildung Grundschullehrerinnen und Grundschullehrer

These (1)

Lebenslanges Lernen vollzieht sich in verschiedenen altersbezogenen Einrichtungen. Es kommt nicht darauf an, den Wechsel von einer Einrichtung in eine andere zu vermeiden, sondern darauf, den Wechsel so zu gestalten, dass für alle Betroffenen die Persönlichkeitsentwicklung gefördert und das Lernen unterstützt wird.

Die individuelle Entwicklung im Kindes- und Jugendalter kann sehr unterschiedlich verlaufen, wobei auf kontinuierliche Phasen sprunghafte Schübe folgen können. Dabei vollzieht sich die Entwicklung in verschiedenen Dimensionen (zum Beispiel sprachliche Entwicklung, körperliche Entwicklung) nicht immer parallel. Trotz dieser interindividuellen Differenzen wurden für die Betreuung, Erziehung und Bildung der Kinder und Jugendlichen im Laufe der Zeit häufig Einrichtungen geschaffen, die sich auf eine Altersgruppe beziehen. In der Bundesrepublik Deutschland wurde die härteste Grenze fast durchweg zwischen der vorschulischen und der schulischen Erziehung und Bildung gezogen, wobei es im vorschulischen Bereich lange Zeit primär um die Betreuung, im schulischen dagegen um Lernen und Bildung ging, was die Härte der Grenze verdeutlicht.

In Baden-Württemberg wurde das Schulwesen seit dem zweiten Weltkrieg – grob skizziert – folgendermaßen gestaltet: Es gab die acht-, später neunjährige Volksschule, aus der sich die Grund- und Hauptschule mit später einem zehnjährigen Zweig (zuletzt Werkrealschule genannt) entwickelte. Für die Sekundarstufe I gab es zusätzlich die Realschule und das Gymnasium, das auch alleine die Sekundarstufe II abdeckte. Parallel zur Grund- und Hauptschule wurde ein ausdifferenziertes Sonderschulsystem entwickelt. An dieser Grundstruktur hat sich bis zum Jahr

2012, als die Gemeinschaftsschule eingeführt wurde, nichts Wesentliches geändert. Entscheidend geändert haben sich aber die Zahlen der Schüler/innen in den unterschiedlichen Schularten – mit folgenden Tendenzen: Starke Zunahme der Anzahl der Schüler/innen am Gymnasium; Ausbau des beruflichen Schulwesens in der Sekundarstufe II; Verkümmern der Hauptschule zur Restschule, auch in ihrer Variante als Werkrealschule.

Für ein Kind beziehungsweise einen Jugendlichen ergaben sich in seinem/ihrem Bildungsverlauf typischerweise folgende Übergänge:

- Im Alter von ca. drei Jahren Eintritt in den Kindergarten/in eine Kindertageseinrichtung etc. (fakultativ),
- im Alter von sechs Jahren Übertritt/Eintritt in die Grundschule,
- im Alter von zehn Jahren Übertritt auf eine weiterführende Schule einschließlich der Selektion Hauptschule, Realschule, Gymnasium,
- im Alter von 14–16 Jahren Übergang von der Schule in eine berufliche Ausbildung,
- im Alter von 16 Jahren Übertritt von der Sekundarstufe I in die Sekundarstufe II beziehungsweise von der Realschule in das berufliche Gymnasium (zum Beispiel Technisches Gymnasium, Wirtschaftsgymnasium, Hauswirtschaftliches Gymnasium),
- im Alter von 19 Jahren Übergang von der Schule ins Studium oder in eine Ausbildung.

Die Übergänge wurden oft als schmerzhafte Brüche empfunden. Die Abstimmung der Systeme aufeinander glückte in vielen Fällen nur unzureichend, was in den vergangenen Jahrzehnten viele Kooperationsprogramme und -initiativen mit unterschiedlichem Erfolg auslöste. Es gab auch Versuche die Brüche zu vermeiden, indem man zwei zuvor getrennte Phasen zusammenzog, zum Beispiel im Kinderhaus die Elementar- und Primarphase, was aber nichts daran ändert, dass an anderer Stelle ein Übergang von einem System in ein anderes stattfindet. Wenn man nicht alle Adressaten der Bildung vom frühen Kindheitsalter bis zur Seniorenhochschule in einer einzigen überdimensionierten Einrichtung zusammenfassen will, kann man den Wechsel von einer Einrichtung in eine andere im Verlauf des lebenslangen Lernens nicht vermeiden.

These (2)

Die Fülle an Wissen über Entwicklungs- und Lernprozesse in einer Altersstufe führt dazu, dass eine einzelne Lehrperson nur auf eine Altersstufe bezogen fundiert ausgebildet wird.

Das traditionelle Schulsystem und das darauf bezogene Ausbildungssystem in Baden-Württemberg orientieren sich an einer dreigliedrigen Gesellschaft. Für das Volk, also die große Mehrheit der Bevölkerung, die Volksschule, für diejenigen, die eine besondere Qualifikation für Technik, Wirtschaft und Handel benötigten, die Mittel- und später Realschule und für die Eliten das Gymnasium. Dementsprechend waren die Ausbildungsgänge strukturiert. Die Volksschullehrerausbildung fand an Pädagogischen Instituten mit einer Dauer von zwei Jahren statt. Ab 1962 wurden dafür Pädagogische Hochschulen eingerichtet, um eine wissenschaftliche Lehrerbildung zu ermöglichen. An ihnen studierten Grund- und Hauptschullehrer/innen bis zum Jahr 2011 (Studienbeginn) sechs Semester lang in einem Verbundstudium. Die Realschullehrer/innen wurden zunächst in einem Ergänzungsstudium und später in einem grundständigen Studium ausgebildet. Gymnasiallehrer/innen wurden völlig unabhängig davon an Universitäten ausgebildet, wobei sich die Ausbildung fast nur auf die Vermittlung fachlicher Inhalte beschränkte, ohne dass Erziehungswissenschaften, Psychologie oder Fachdidaktiken eine relevante Rolle spielten. In Baden-Württemberg wurde 2011 der Verbundstudiengang Grund- und Hauptschule aufgelöst. Stattdessen gibt es nach der Prüfungsordnung von 2011 nur noch die Ausbildung zur Grundschullehrerin/zum Grundschullehrer[1] und zur Lehrerin/zum Lehrer für die Werkreal-, Haupt- und Realschule[2], also für die Sekundarstufe außer dem Gymnasium. In aktuellen Gutachten und Konzeptionen (vgl. Senatsverwaltung für Bildung, Jugend und Wissenschaft Berlin 2012; Ministerium für Wissenschaft, Forschung und Kunst Baden-Württemberg 2013) wird eine stufenbezogene Lehramtsausbildung favorisiert.

Begründet wird die stufenbezogene Ausbildung damit, dass die Entwicklung der Kinder und Jugendlichen in einer Altersspanne ähnlich verläuft und die Lehrpersonen eine Expertise bezogen auf diese Altersspanne benötigen. Aufgrund der Zunahme an empirischer Forschung sowohl in Erziehungswissenschaft und Psychologie als auch in den Fachdidaktiken wird das Wissen über Lern- und Bildungsprozesse immer umfangreicher. Deshalb geht man heute in der Regel nicht

---

[1] Vgl.: http://www.ph-weingarten.de/de/studium-lehreweiterbildung/studienangebote/lehramtsstudiengaenge/Lehramtangrundschulen.php?navanchor=1010263.

[2] Vgl.: http://www.ph-weingarten.de/de/studium-lehreweiterbildung/studienangebote/lehramtsstudiengaenge/lehramtanwerkrealhauptrealschulen.php?navanchor=1010264

mehr davon aus, dass eine Lehrperson bezogen auf zwei Stufen über ein genügend fundiertes Wissen verfügen kann. Am ehesten wird dies für die Sekundarstufe I und II für möglich gehalten.

These (3)

Mit dem Voranschreiten der Akademisierung der Elementarbildung werden Elementar- und Primarbildung anschlussfähig.

In der Bundesrepublik Deutschland setzt sich immer mehr die Erkenntnis durch, dass eine qualitativ hochwertige Bildung in vorschulischen Einrichtungen nur dann ermöglicht wird, wenn der Anteil der akademisch ausgebildeten Erzieher/innen darin gesteigert wird. Dies führt zu einer Zunahme der akademischen Studiengänge für Elementarbildung bzw. Frühkindliche Pädagogik bzw. Pädagogik der frühen Kindheit etc. Damit wird die Expertise im vorschulischen Bereich erhöht und derjenigen im schulischen Bereich angepasst.

These (4)

Da inzwischen an denselben Hochschulen für den Elementar- und den Primarbereich ausgebildet wird, sollten gemeinsame Veranstaltungen bzw. Module für die beiden Bereiche angeboten werden, wodurch eine spätere Kooperation im Berufsleben gefördert wird.

Alle halten es für sinnvoll, dass eine intensive Kooperation zwischen dem Elementar- und dem Primarbereich stattfindet. Die davon betroffenen Bereiche sind Ausbildung, Weiterbildung, Forschung und Zusammenarbeit beim Übergang der Kinder von einer Einrichtung in die andere. Traditionell sind die Ausbildungs- und Organisationsstrukturen weitgehend getrennt. Erzieher/innen wurden an Fachschulen und gelegentlich Fachhochschulen bzw. Hochschulen für angewandte Wissenschaft ausgebildet und arbeiten in Kindertagesstätten; Lehrer/innen werden an Universitäten und Pädagogischen Hochschulen ausgebildet und arbeiten an Schulen. Die Akademisierung der Erzieher/innenausbildung eröffnet hier große Chancen, die ich am Beispiel der Pädagogischen Hochschule Weingarten kurz aufzeigen möchte. Seit dem Wintersemester 2007/2008 gibt es den Bachelor *Elementarbildung*[3], seit dem Wintersemester 2010/2011 in Kooperation mit der Pädagogischen Hochschule St. Gallen den Masterstudiengang *Early Childhood*

---

[3] Vgl.: http://www.ph-weingarten.de/elementarbildung/index.php?navanchor=1010255 (Zugriff: 13.02.2014).

Studies[4]. Damit werden an derselben Einrichtung Kindheitspädagogen, Kindheitspädagoginnen und Lehrer/innen ausgebildet. Dies erleichtert den fachlichen Austausch der Lehrenden und Studierenden ebenso wie die Durchführung gemeinsamer Veranstaltungen, zum Beispiel zum Übergang vom Kindergarten zur Schule. Aufgrund der Expertise der Pädagogischen Hochschule in den Fächern kann eine qualitativ hochwertige domänenspezifische Ausbildung der Kindheitspädagogen/Kindheitspädagoginnen angeboten werden. Unter den Dozenten/Dozentinnen haben wir einen ehemaligen Fachschuldozenten, unter den Studierenden Absolventen/Absolventinnen von Fachschulen. Dadurch kommen die *Fachschulwelt* und die *Hochschulwelt* miteinander in einen Austausch.

These (5)

Bei der Konzeption von Studiengängen sollte man dem Druck widerstehen, dass jede/r Erzieher/in und Lehrperson alles beherrschen muss, was gesellschaftlich gewünscht wird.

Die gesellschaftlichen Erwartungen an Erzieher/innen und Lehrpersonen sind aus begreiflichen Gründen sehr hoch. Wer will nicht das Beste für sein Kind. Die Erwartungen werden von verschiedenen gesellschaftlichen Gruppen ungeniert formuliert, was nachvollziehbar ist. Wenn man alle Erwartungen zusammenstellt, kommt man auf einen Text, der den mir zur Verfügung stehenden Raum bei Weitem überschreiten würde. Hier deshalb nur einige Beispiele für solche Erwartungen, um wenigstens ansatzweise das Spektrum aufzuzeigen:

Jede/r Erzieher/in, jede Lehrperson sollte:

- interkulturelle Kompetenz aufweisen,
- Gesundheitserziehung durchführen,
- Umwelterziehung durchführen,
- über Medienkompetenz verfügen und diese vermitteln,
- ein Instrument spielen,
- mit den Kindern singen können,
- mit Heterogenität umgehen und inklusive Bildung durchführen,
- Grundlagen von Mathematik und Deutsch vermitteln,
- Erfahrungen in der freien Wirtschaft gesammelt haben,
- ...

---

[4] Vgl.: http://www.ph-weingarten.de/early_childhood/index.php?navanchor=1010258 (Zugriff: 13.02.2014).

So sehr der Wunsch nach einer *eierlegenden Wollmilchsau* nachvollziehbar ist, so wenig wird es sie geben. Würde man alle Erwartungen, die seitens der Gesellschaft an die Ausbildung von Erziehern, Erzieherinnen und Lehrpersonen formuliert werden, in Ausbildungsmodule transformieren, käme man auf eine völlig zersplitterte Ausbildung mit vielen kleinen Elementen, von denen die Studierenden jeweils nur oberflächlich etwas lernen würden. Stattdessen sollte man auf die Vernunft der Studierenden setzen und ihnen Angebote für Schwerpunktsetzungen und Profilbildungen unterbreiten.

These (6)

In der Ausbildung von Erziehern, Erzieherinnen und Lehrpersonen sollte das exemplarische Prinzip angewandt werden.

Es gibt nicht nur von der Gesellschaft formulierte Ansprüche, die zur Stofffülle führen. Die Entwicklung der Erziehungswissenschaft, Psychologie, Soziologie, der Fachwissenschaften und der Fachdidaktiken führt zu einem immer größeren Bestand an Wissen, der für die Ausübung eines Berufes relevant ist. Während das Wissen explosionsartig wächst, bleibt die Ausbildungszeit gleich oder nimmt nur relativ geringfügig zu. Daneben ist das vorhandene Wissen aufgrund der Entwicklung der neuen Medien in immer stärkerem Maße direkt verfügbar. Beide Entwicklungen, die der Explosion des Wissens und die der schnellen Verfügbarkeit des Wissens, lassen nur einen Schluss zu: Man muss dem Drang widerstehen in die Ausbildung alles zu packen, was es an relevantem Wissen für das spätere Berufsfeld gibt. Stattdessen sollte das exemplarische Prinzip angewandt werden.

These (7)

Es muss ein System einer kontinuierlichen Weiter- und Fortbildung für Erzieher/innen und Lehrpersonen installiert werden, das lebenslanges berufsbezogenes Lernen ermöglicht.

Die Ausbildung endet nach einem drei- beziehungsweise fünfjährigen Bachelor-Master-Studium. Damit darf aber nicht die berufsbezogene Bildung enden. Wenn man davon ausgeht, dass in der Ausbildung niemals alle für das Berufsfeld relevanten Aspekte vermittelt werden können und dass die Anforderungen, die sich im Berufsfeld ergeben, sich im Laufe von vier Jahrzehnten Berufstätigkeit ändern, muss auf eine konsequente Weiter- und Fortbildung gesetzt werden. Durch lebenslange Weiter- und Fortbildung werden berufsbezogene Kompetenzen erweitert und neuen Anforderungen angepasst.

These (8)

Die Summe der Expertisen sollte in der Einrichtung liegen, nicht in der einzelnen Person.

Aus den oben dargelegten Thesen lässt sich schließen, dass in der Ausbildung der einzelnen Erzieher/innen und Lehrpersonen eine klare Profilbildung beziehungsweise Spezialisierung erfolgen sollte. Jede/r Erzieher/in, jede Lehrperson sollte in einem oder mehreren Gebieten eine fundiert ausgebildete Expertin sein. Um dies zu ermöglichen, ist Mut zur Lücke geboten. Wir sollten nicht glauben, dass eine Einzelperson alle im Berufsfeld nötigen Kompetenzen aufweisen kann. Dagegen können wir erwarten, dass jede/r Erzieher/in und Lehrperson über eine spezifische Expertise verfügt, die er/sie im Berufsfeld einbringen kann.

These (9)

Im Regelfall sollten stufenbezogene Studiengänge konzipiert werden, als Ergänzung wäre ein Verbundstudiengang denkbar.

Der Umfang des heute für jede Altersstufe vorliegenden spezifischen Wissens legt es nahe, eigenständige Studiengänge für die Elementar-, Primar- und Sekundarstufe zu konzipieren. Als ergänzender Ausbildungsgang wäre ein Verbundstudium Elementar- und Primarbildung denkbar. Die Absolvent/innen wären dann die Spezialist/innen für den Übergang oder auch für gemeinsame Einrichtungen, wie zum Beispiel Bildungshäuser.

These (10)

Im Bereich Elementar- und Primarbildung sollte man ein vielfältiges Ausbildungsangebot bereitstellen, das Spezialisierungen erlaubt und durch unterschiedliche Verschränkungen von Bachelor- und Masterphase zu eigenständigen Expertisen führt.

Die Zweistufigkeit der Bachelor-Master-Ausbildung erlaubt die Kombination von verschiedenen Studienelementen. Zu vermeiden sind engstirnige Anrechnungsregelungen, bei denen streng gefordert wird, was alles an Voraussetzungen vorliegen müsse, um einen Masterstudiengang in einem benachbarten Feld aufzunehmen. Stattdessen sollte man auch hier Mut zur Lücke haben und dem Vollständigkeitswahn abschwören, was bedeutet, dass man bei der Anrechnung großzügig verfährt. Man wird durch die Chancen belohnt, die sich dafür auftun. So könnte auf einen Bachelor-Studiengang Elementarbildung ein Master in der Primarbildung aufgesetzt werden und umgekehrt.

Literatur

Ministerium für Wissenschaft, Forschung und Kunst Baden-Württemberg. Hrsg. 2013. *Expertenkommission zur Weiterentwicklung der Lehrerbildung in Baden-Württemberg. Empfehlungen.* Stuttgart: Ministerium für Wissenschaft, Forschung und Kunst Baden-Württemberg.

Senatsverwaltung für Bildung, Jugend und Wissenschaft Berlin. Hrsg. 2012. Ausbildung von Lehrkräften in Berlin. Empfehlungen der Expertenkommission Lehrerbildung. Berlin: Senatsverwaltung für Bildung, Jugend und Wissenschaft Berlin.

Teil III

Gestaltung und Organisation der Kooperation von Kindergarten und Grundschule und Die Integration des Themas in Die Qualifizierung von Fach- und Lehrkräften

Design and Organisation of the Transition from Kindergarten to Elementary School and the Integration of this Theme in (University Degree) Training in Scotland

Aline-Wendy Dunlop

Abstract

Two independently important but not previously juxtaposed nor jointly inter-rogated topics are brought together in this paper: the design and organisation of early childhood transitions between sectors, in particular from preschool to elementary education, and the integration of this theme in the training and qua-lifications of educators in their (University) programme of study. Key elements and drivers of transitions experience that should be included in the training of educators are identified and it is proposed that their inclusion will benefit a con-tinuous process in young children's education: it is shown that such integration is underway in Scottish early educators' programmes of study.

Keywords

School · Scotland · Pre-school education · Childhood · Transitions · Parents · Government · Curriculum · Teachers · Experiences · Educators

A.-W. Dunlop (✉)
Faculty of Humanities and Social Sciences,
University of Strathclyde, G4 0LT Glasgow, UK
E-Mail: a.w.a.dunlop@strath.ac.uk

P. Cloos et al. (Hrsg.), *Elementar- und Primarpädagogik,*
DOI 10.1007/978-3-658-03811-3_11, © Springer Fachmedien Wiesbaden 2014

1 Introduction

Across Europe practitioners and policy makers are commonly faced with a presumption of separate early childhood and school systems. Traditionally systems are age related: often zero to three years; three years to school start and school entry. Variations of course exist in terms of age of entry and the number of layers in the system. Whether children move in a linear way upwards through systems, or are involved in different forms of family, out of home and institutional early childhood education and care, a common feature is the number of different settings they navigate during these early years. These navigations are often referred to as transitions.

At least six dimensions are influential at times of transitions for children: the age of the child; the models held of children in any given society; the purposes of early childhood services and the aims of schooling; family engagement; the preparation of staff and the local or national guidance on how services or curricula should be run. Transitions form a bridge for these cross sector discussions and may be interpreted through three key drivers: teacher collaboration, children's agency and parental participation. The purpose of this paper is to illustrate how these six dimensions and three key drivers identified are reflected in the design and organization of childhood transitions and in professional education in Scotland.

1.1   Scottish Policy and National Frameworks

In recent years in Scotland not only has there been significant attention paid to the role of early childhood experiences in later schooling but there has also been a growing policy focus on educational transition. Few countries have a specific policy on educational transitions, many use curriculum reform or measures of children's readiness for school to attempt to manipulate change and avoid any negative effects that transitions might have upon school outcomes.

Scottish early childhood education has a long history dating from Robert Owen's innovative philanthropic nursery and infant school opened in the early nineteenth century in New Lanark (vgl. Donnachie 2003) which promoted the observation of children and emphasized kindness and common sense in the teaching of one to six year olds, to a major development of nursery schools and kindergartens in Scotland's main cities in the early twentieth century and influenced by Froebel's teachings.

Since these early beginnings Scottish early childhood education has taken a holistic view of the child. Children were viewed as competent and creative and in

Robert Owen's view this was the stage of life where the desire for knowledge was at its strongest. Nursery schools encouraged the use of real tools and materials in outdoor play, building and making, music and cooking and a strong emphasis on imaginative play and storying. Observation informed approaches to learning and teaching and the opportunities afforded to children were challenging and encouraged their motivation and drive to learn by stimulating and being responsive to their interests and curiosities. As curriculum definition emerged a means to try guarantee the quality of all early childhood settings it might be argued that it was hard to sustain a negotiated and responsive pedagogy—this led to a polarisation of practice between the nursery (preschool) and infant (primary school) curriculum and in due course to a recognition that transitions between curricula, types of school and sectors of education were in need of attention. In 2007 a new combined curriculum for children aged three to six years old was introduced and attempted to combat the fomality of an increasingly sedentary and narrowing curriculum.

Scottish early years policy today affirms the need to consider the Early Level of curriculum (vgl. Scottish Government 2007) and the Early Years Framework (vgl. Scottish Government 2008a) in tandem. A focus is made in policy on the central place of child and family, on having a workforce fit for purpose and that this will be a learning workforce with a mix of skills and attributes. The main vehicles for ensuring improved lives for all children are twofold—the policy implementation strategy of Getting it right for every child (vgl. Scottish Government 2008b) and the new Early Years Collaborative (vgl. Scottish Government 2013) which emphasizes innovation to local scale. Transitions are seen as an important part of this process.

Commissioned work has tended to focus on literature reviews or studies of elements of transitions, for example in the Scottish case children's behaviour at times of transition (vgl. Dunlop et al. 2008) and most recently a Save the Children initiative to measure child development at school entry (so as to know which children need help in order to keep up with their peers and to have an equal chance when social circumstances mitigate against this) (vgl. Save the Children 2012)—but much less focus has been placed on whether the systems we have serve children best (vgl. Dunlop 2004; Neuman 2000): the exception here is the system reform introducing *kindergarten-class* seen in some Nordic countries.

If we believe that transitions are challenging why does child care and educational policy insist on creating and perpetuating systems that perpetuate such challenges through lack of transferability of staff, different curricula, different pay scales and status (often poorest for the youngest children), separate buildings, different approaches to parents and families: this despite all we know about the crucial nature of these years to later learning, wellbeing and development? Do we in fact believe that differences are worth preserving, that dedicated early childhood settings are protective and nurturing for small children, that discontinuities can be helpful to children and to adults, and that the present systems should be sustained? If this is the case it raises questions about what we can do to narrow gaps whilst taking advantage of the developmental opportunities inherent in change.

The importance placed on transitions in early childhood varies across the world (vgl. Fabian and Dunlop 2007). The differences between baby and toddler practices, preschool and early school education, the different origins of philosophies, principles and practices in each sector and the opportunities and challenges that face children, families and professionals at times of educational transitions have been a focus throughout this author's career. Approaches to such transitions are more often embedded in approaches to curriculum design or the structure of schooling than in specific transitions policies or guidelines which are more likely to exist at a local level.

The part played by policy makers in attempting to reform or sustain these different landscapes of early childhood prior-to-school and of schools is potentially interesting—one could argue that it is the very youngest children and their families who have the highest level of demand placed upon them—by the time children reach elementary education—whether at four, five, six or seven as can happen in the variation across Europe—they are often veterans who have navigated the variety that is the early childhood and preschool system.

1.2   Early Years Preschool and First Years of Schooling

In Scotland nearly all children attend two years of free part-time preschool education before starting school at four and a half to five and a half years old. It is claimed that 33 % of children also attend settings for under threes (vgl. Milotay 2013) though most of this provision is in the private sector. The number of staff employed in the early childhood sector is therefore high. Having achieved access for all, the Scottish Government turned its focus to the quality of the offer. To this end new training and education initiatives have been developed.

1.3   The Training of Staff

As part of their four year honours degree Scottish teachers are educated in their initial teacher education courses to work with children aged three to twelve years old and have formed the bedrock of staffing for children in both prior-to-school and school settings in the past. In the last ten years we have been moving towards an all graduate profession in the early years and the largest practitioner group working in the early years, known in the past as *nursery nurses*, is building on its two year higher national certificate in early childhood by studying for four years part-time to achieve ordinary degree status. Anyone leading an early childhood service must now have a degree and a leadership element in their qualification. All staff is registered, either with the General Teaching Council for Scotland or with the Scottish Council for Social Services, according to whether they are *teachers* or *childhood professionals*.

2 The Design and Organization of Early Childhood Transitions Between Sectors

For many years transition between sectors drew little attention in wider educational planning, but with the increasing definition of curriculum for early childhood in many countries and more understanding about the importance of early experience, the attention paid to transitions has, of necessity, increased. Much has been written, particularly in the last decade, about early childhood transitions, their nature, their importance and through a range of perspectives: principally those of educators, children and parents. Research, policy and practices have linked to create change—but often transitions have been problematized rather than being seen as opportunities. As long as we differentiate provision into age-related silos we will have issues around the *vertical* educational transitions made by children, their families and practitioners. What might be called 'horizontal' transitions is a way of life with children moving through, for example home, childminder, pre-school or school, after school and grandparental care during the course of a day or week.

There is now an extensive literature, drawing on a range of disciplines that inform a focus on educational transitions. Two recent publications place an emphasis on transition themes that apply across different national contexts: Fabian (2013) identifies five such themes: effective communication; relationships and well-being; emotional well-being; belonging to the community; and learning processes. Griebel and Niesel (2013) talk of the restructuring of one's *psychological sense of self,* Margetts and Kiening (2013) of the rules and processes children have to come to terms with, whereas Dunlop considers curriculum as a tool for change, Perry et al. (2013) write about parental role and the development of a *position statement* on transition to school generated with co-authors, practitioners and policy makers (vgl. Margetts and Keinig 2013; Perry et al. 2013).

This new awareness has led to knowledge generation through research, seminars, special interest groups and local, national and international projects. The importance of understanding how the handling of transitions may affect children's entry to school and even their longer term school outcomes has led to initiatives to investigate how transitions are addressed at a number of levels: in educational policy; curriculum design; relationships between sectors; children's experience; family engagement; pedagogy and in giving attention to children's well-being. These themes fall readily into two strands—the competence of systems to attend to transitions and the day-to-day experience of the child. The Position Statement (vgl. ETC Research Group 2011) referred to above highlights that transition to school is characterised by the opportunities, expectations, aspirations and entitlements it affords. It is proposed in this paper that the integration of a transitions focus in the education of teachers and early educators is a key to making a difference for children.

3 The Integration of the Theme of Transitions in the Training and Qualification of Educators

There is little written about the potential impact of including transitions as an element of professional education. In Scotland all newly qualified primary teachers will have learned about and have practical experience of working with children aged three to twelve years old: some will have chosen an option unit of study focusing on educational transitions. With the introduction of a new curriculum spanning the whole period from three to eighteen years (vgl. Scottish Government 2007) there is an embedded recognition that one curriculum for all can build in connections between different sectors in the school system. The Scottish curriculum also specifically highlights transitions as important, particularly at the early level where *smooth transitions* are advocated, and curriculum advice states that:

> [...] a move like this from a pre-school setting to Primary 1 too often provides an abrupt transition for children which can prove damaging for some children's confidence and progress. It is important to achieve a greater continuity of approach, together with a greater emphasis upon matching support and experiences to children's differing needs. In practice this means reviewing the pattern of the Primary 1 day. (Scottish Government 2007, S. 10)

If national curriculum is to make this focus then teachers need more than just awareness. One undergraduate optional subject is unlikely to do more than raise awareness that transitions in education make for both challenges and opportunities. Two examples of development for already qualified early years practitioners and teachers in Scotland follow.

3.1   Transitions as a Policy Focus

Scotland's national educational and advisory and inspection body: Education Scotland, set up a working group to focus on transitions in early childhood education. Over the period of a year the group worked together to develop guidance for early childhood settings and schools towards supporting children in transition. On publication of a report and materials the opening statement said:

> It has always been recognised that the transition from pre-school to primary school is a critical time of change for children, parents and practitioners—which is full of opportunity and potential. However, with the introduction of Scotland's Curriculum for Excellence, there is a need for re-examination of the challenges and innovative approaches required to ensure that every child has meaningful and progressive learning experiences across the sectors and within the early level (Scottish Government 2011, S. 5).

By making educational transitions a Government priority in Scotland, leverage is created to explore the best ways of promoting positive change for children at times of transition. Our Early Years Framework also recognises that the transitions adults face in their lives will have an impact on their children. Materials are available for personal continuing professional development on the Education Scotland website—this resource includes presentation from academics, researchers and practitioners and a series of practical examples on maintaining a positive focus on transitions (vgl. Education Scotland, Early Years 2011).

3.2   An Innovative Approach in Teacher Education

The University of Strathclyde in Scotland developed a teacher education programme at postgraduate level that set out to attend to transitions in a highly innovative way. Pairs of teachers including one teacher from pre-school education and the other from primary school education were nominated by their employing school districts to join a combined postgraduate diploma at Masters level, known as the Looping Project (vgl. Dunlop 2009). These teachers began their course in the February, attending University on a part-time basis while continuing to work in their own sector. At the start of the school and academic year six months later, the teachers exchanged jobs—they then worked for the full school and academic year from August to the following June in their partner's class. At the end of this year the teachers moved again—this time to the original school stage and sector—so closing the loop. They studied children and processes, pursued academic reading and submitted assignments all designed to develop their understanding of teaching, learning, pedagogy, curriculum, transitions, relationships and leadership in both preschool and early primary education (vgl. Dunlop 2009).

4   Six Dimensions to Consider at Times of Transition

These dimensions of young children's education form a basis for combining understanding of transitions in teacher education.

4.1   Age of Child

Children start school at different ages in different countries. What does this mean about the concepts we hold of childhood? What benefits children more—starting school at six or seven years old as in, for example, the Nordic countries, Germany and Italy or starting earlier as happens in the UK, Ireland, New Zealand and the Netherlands? Is age relevant, or is what happens in school that matters? The European 2020 initiative (vgl. Milatoy 2013) now calls for improving accessibility and quality and for an holistic approach to children from birth to compulsory school age, more play based approaches and in its conclusions on ECEC (vgl. Council of the European Union 2011) asserts not only that play is learning so placing a value on age appropriate content and curriculum, play based approaches and avoidance of the over formal too soon, whether children are in the pre-school or schools sector, but also on "close collaboration between the home and ECEC and a smooth transition between the different levels of education" (Council of the European Union 2011).

4.2   Models Held of Children and Childhood

The passage of children through different phases of childhood will be influenced by the culture in which they live (vgl. Bruner and Haste 1987; Peters 2010; Trevarthen 2011; Vygotsky 1978) and by that culture's ideologies of childhood: views of children and their appropriate education are implicit in the ideologies held and these are reflected in policy, legislation, documentation, educational recommendation and in the approaches taken in schools and classrooms. The ways in which the system, parents, educators and the children themselves think about children and their learning all influence the experience of those children as they travel through our schools. What should our approaches be and who or what can provide solutions to doing this well?

4.3   Purposes of ECEC and Early School

The common dichotomy frequently illustrated across countries is the separation of early childhood and school services. Traditionally in many European nations early childhood was provided for on a care model, whereas primary school was provided on an educational model. In Scotland early education and care are now viewed as synonymous, but although shared curriculum for the years three to eighteen has brought a much closer linking of preschool and primary education for ages three to six years, contrasts persist. When speaking to early childhood practitioners and school teachers about their aspirations for children it is striking how similarly they define those aspirations (vgl. Dunlop 2003a)—for example all hope that they will support children to be successful learners, to be independent in both the ways they manage themselves and in the activities in which they are involved, to be socially competent and able to listen and join in. However usually such concepts though using similar terminology, mean rather different things in early childhood and in school. Fostering independence may indicate far more autonomy in pre-school settings than it does in school. A child who hears *Would you like to join us for a story* may respond *No thank you*—such an example sums up the different language codes of preschool and school—in the one this is an acceptable autonomous decision, in the other *no* is not an acceptable answer. Particular tenets and ideologies are espoused in early childhood and in school and children need to be able to *read the teacher* in order to meet the different expectations.

In a longitudinal study of transition teachers were asked about their approaches to maintaining continuity for children at times of transition. The following elements were explored in the semi-structured interviews with pre-school practitioners and primary teachers Table 1.

Whilst a common language was used by educators in both pre-school and primary, it was clear that the concepts expressed held different meanings according to the sector in which the staff member taught and their personal philosophy (vgl. Dunlop 2002). Differing views of children as learners will influence the educational experiences they have.

Tab. 1 Aspects of continuity in transition reported by preschool and primary teachers. (Dunlop 2002)

Aims and philosophy	Support for transition
Responsibilities	Preparation for staff offering support
Present practice	Other possibilities
Descriptions of teaching approach	Intentions for leavers/in start up days
Own teaching style	Skills of children leaving/starting
Groupings	What routines do they need to learn
Effects of curriculum guidelines	Taking account of learning/differentiation
Methodology implied	Information passed on
Planning	Other information liked
Structured play/variety of activities/choice	Cross visits
Teacher assessment and record keeping	The significance of pre-school learning and experience
Pastoral continuity	
Curricular continuity	Liaison
People important in transition	Contact with parents
People important in continuity	Knowledge of individuals
Knowledge of other sector's curriculum	Variation of approach to cater for individuals
Knowledge of other sector's practice	

4.4 Family Engagement

Transition is a process, not a static event. Relationships are an important feature of the transition process: between children and teachers; between parents and teachers; between children and their peers and between children and their parents. Understanding effective transition strategies clarifies roles for educators and families in this process (Dunlop 2003a, b). Brooker too (2002, 2008) emphasises the importance of early educators in ensuring opportunities are offered to parents. Welcomed with a shared agenda, parents could make informed *involvement decisions*. Parental report of their experiences of their child's transition from pre-school to primary education helps to identify ways in which changing the nature of their inclusion in this process might enhance their children's learning experiences. Educationally active parents, valued by the school, can feel role valorisation and efficacy in supporting their child through the emotional, social and cognitive challenges they face in this transition. The willingness on the part of professional educators to recognise a new and more participative co-productive role for parents in the transition to school might be a step towards ensuring this valuable educational support for all (vgl. Dunlop 2003c).

4.5   Implications for the Workforce—Preparation of Staff

Children and young people need to be understood in the context of family and community. The view of children and young people held by the workforce therefore needs to be holistic but personalised. Early years practitioners and teachers carry a particular responsibility for both the present wellbeing of children and young people and their future success and have a role to develop shared values and attitudes. In a policy study that considered the functions of the workforce, as analysed through who the workforce is, what they do and why they do it, a number of *essential functions emerged*–these may be matched to certain key knowledges and understandings that are needed in professionals working with children, and to the skills to enact that knowledge whilst holding a well developed set of values and principles (vgl. Dunlop et al. 2011). These themes are pervasive: they provide a thread of similar aspirations across the Scottish Policy Frameworks and may have a wider relevance.

By raising qualifications and focusing on key aspects of children's experience can we make the most of the transition experience? The pattern across Europe is just that—to raise qualification levels, create new professions and professionalisms with the purpose of delivering better outcomes for all children (vgl. Oberhuemer et al. 2010; Urban et al. 2011) and to have both professionals and children and families benefit from competent systems as well.

4.6   Local and National Guidance on Curriculum and Services

As a small nation Scotland has a national policy agenda and national curriculum guidance that reaches out into the 32 local council administrations across the country. Much of recent national policy has been achieved through consultation and consensus, with the onus on local government to make its own decisions on processes of implementation. Registration and inspection of early childhood services, schools and the work of staff is the main mechanism for ensuring adherence to policy advice. While no two schools are the same, expectations are. In principle any staff can exercise its professionalism in the decisions it makes about practice, but it has to be a well developed and assured group of professionals to justify its local enactment of the curriculum. The current philosophy in government documentation emphasises *helping families to help themselves* and this in itself creates new expectations on practitioners.

National transitions guidance has placed an importance on planning well for children's transition to school. Expectations shape the transition experiences of children starting school. For example, teachers' expectations—some of which are formed during the transition period—directly influence children's school experiences. So too family support is influential in children's adjustment to school, and children who have experienced the school context through repeated visits or regular family contact with the school, are more likely than others to hold realistic expectations of what school will be like. Here we take account that children, parents and professionals have simultaneous but different transitions to make: across these stakeholders we can identify three key drivers for successful design and organisation of transitions.

5   Three Key Drivers for Cooperation Between Sectors in the Design and Organisation of Transitions

The design and organization of transitions offers many ways to bring early childhood and school sectors closer together to find common or overlapping approaches to children, pedagogy, relationships, curriculum and learning environments. A longitudinal study of transitions highlighted three key drivers for collaboration which continue to be relevant in the current Scottish context: teacher collaboration, children's agency and parental participation.

5.1   Teacher Collaboration

Greater mutual knowledge of each sector lays a strong foundation for collaboration between early years practitioners and their colleagues in the primary school system. While primary teachers in the longitudinal study valued the importance of the prior-to-school experience, there was a wide discrepancy between their views of the capabilities of the new entrant and the views early childhood staff held of leavers. Information about school entrants did not always reach the classroom teachers at a time when it would have been most useful and classroom observations revealed difficulties in providing for continuity of experience: mainly because of the lack of knowledge of practice in the *other* sector. This lack of knowledge extended in some cases to little knowledge of the curriculum as documented, delivered or experienced. Consequently it became evident that pre-school and primary practitioners might espouse the same principles and philosophies, but in reality their views of children as learners could differ markedly. The need to focus on improving communication, sharing documentation about and by children, knowledge of each other's training, background, philosophies and practical approaches becomes apparent. Teacher collaboration can lead to mutual respect, shared agendas and a loosening of sector-specific views of learners (vgl. Dunlop 2003a).

5.2   Children's Agency

Childhood agency is an elusive concept (vgl. Dunlop 2003b). Society frames and conceptualises childhood in terms of the particular, and often very local culture. The constructs of childhood held by teachers, of children as entrants to early years settings and as primary school novices, determine the models of learning they embrace: it has been found that use of the same or similar language to describe their principles, masks the fact that these principles are interpreted differently in practice. Teachers focus on preparing children for school and supporting their adjustment to the new situations they enter, that parents are frequently left on the outside, and that children often have less agency in school than they do in preschool. Children who enter school with a capacity to read the teacher, and attune themselves quickly to the classroom situation meet with success. They are the children whose learning is already at preschool stage beginning to disembed from the immediate context, so that they feel good in school and not disempowered. For others who are not at this stage of learning and development it is essential that the vehicles for supporting transition are better developed: children need to be valued for who they are and what they can do, and understood in terms of their personality, age and previous experience.

5.3   Parental Participation

There is evidence that educationally active parents enhance their child's transition to school and support children in the emotional/social and cognitive challenges they face. This means a shift in the system towards viewing parents as contributors rather than as a responsibility. Schools may see parental involvement as a policy obligation characterised by the transmission of curriculum information however it could be that the interpretation of curriculum could be a common task for teachers and parents together. A stage at which this might be most strongly argued is at the transition into the education system.

Parents' perceptions of the general invitations, demands and opportunities for involvement presented by children and their schools could lead to a shared agenda for parents, teachers and children and provide the starting points for an active policy of including parents at points of transition, and through their agency, sustaining and developing a mutual view of why parental involvement matters (vgl. Dunlop 2003c).

6 Discussion of Training in Relation to the Six Areas and Three Drivers

The lack of evidence about the role training approaches might play in practitioner capacity to support children through new curriculum, through changed pedagogies and to navigate the transition spaces between the systems we create is also apparent, though several recent studies have begun to look at the competences needed by practitioners in early childhood education and care across Europe and on a country basis and do make mention of transition. In these studies of competences the first highlights transition to school (vgl. Oberhuemer et al. 2010), Urban et al. mention the need for transitions in knowledge between sectors and close cooperation between ECEC and primary schools, as well as organized forms inter-professional collaboration to ensure *smooth transition* (vgl. Urban et al. 2011) and a third talks of easing and reducing transitions for children as core competences for all (vgl. Dunlop et al. 2011). However it remains rare to consider such competences for preschool and school sectors together, or for the two sectors to be tightly coupled administratively.

Bradbury (2012) warns against state intervention into teachers' professional roles and cites Gewirtz and Cribb's (2009) description of performativity as "modes of state regulation that require institutions and/or their employees to render their achievements into forms amenable to public display" (Gewirtz and Cribb 2009, p. 158). In relation to early childhood any top-down insistence from government on outcomes is argued to affect early years' teachers sense of their own professionalism. Bradbury asserts that such processes need to be interrupted in England so the roles of early years teachers can be reflected upon and reconsidered and that there is a greater awareness of the ways that policy defines the early years teacher.

By contrast the innovative Scottish Early Years Teachers' Looping Programme discussed here was felt by participating teachers to boost their confidence, nevertheless government investment in an innovative programme for *specialist* early childhood teachers is at odds with the removal of any obligation upon Scottish local councils to employ such teachers in early childhood services rather than in school.

Integration of educational transitions into teacher preparation courses should pay attention then to at least the following dimensions: the age of the child; the models held of children in any given society; the purposes of early childhood *services* and the aims of schooling; family engagement; the preparation of staff and the local or national guidance on how services or curriculum should be run, and should take a strong focus on the drivers that can create change: relationships, curriculum and attention to educational and family contexts.

7 Conclusion

This paper has considered approaches to early childhood transition, particularly in the Scottish policy context and has considered some issues that are central to transitions and to children's learning and social passage to new curriculum, contexts and relationships. It has been argued that in loosely coupled systems teachers with different qualifications do not readily move between sectors and has offered an example of innovation in postgraduate education for teachers that builds confidence across sectors and eases the transition of children between early childhood services and school education. By attending to transitions as part of initial, continuing and postgraduate education of early years professionals and teachers there is potential to build continuously on children's learning and the shift in status and identity from preschooler to school pupil. Early childhood transitions between sectors, in particular from preschool to elementary education, and the integration of this theme in the training and qualifications of educators in their (University) programme of study can only be to the benefit of the child and in the Scottish case builds the status and competence of early years staff in early childhood settings and in school.

References

Bradbury, Alice. 2012. I feel absolutely incompetent: professionalism, policy and early childhood teachers. *Contemporary Issues in Early Childhood* 13 (3): 175–186.

Brooker, Liz. 2002. *Starting school, young children learning cultures*. Buckingham: Open University Press.

Brooker, Liz. 2008. *Supporting transitions in the early years*. Maidenhead: McGraw Hill, Open University Press.

Bruner, Jerome, and Helen Haste. 1987. *Making sense. The child's construction of the world*. London: Routledge.

Council of the European Union. 2011. Council conclusions on early childhood education and care: providing all our children with the best start for the world of tomorrow. Brussels. http://register.consilium.europa.eu/pdf/en/11/st09/st09424.en11.pdf. Accessed 5 Aug. 2013.

Donnachie, Ian. 2003. Education in Robert Owen's new society: The New Lanark Institute and Schools. The encyclopedia of informal education. www.infed.org/thinkers/et-owen.htm. Accessed 4 June 2005.

Dunlop, Aline-Wendy. 2002. Perspectives on children as learners in the transition to school. In *Transitions in the early years. Debating continuity and progression for young children*, eds. Hilary Fabian and Aline-Wendy Dunlop. London: Routledge Falmer.

Dunlop, Aline-Wendy. 2003a. Bridging Children's early education transitions through teacher collaboration. Peer reviewed paper accepted for New Zealand Association for Research in Education and Australian Association for Research in Education Joint Conference, Auckland, 29 Nov–3 Dec 2003.

Dunlop, Aline-Wendy. 2003b. Bridging early educational transitions in learning through children's agency. Transitions. *European Early Childhood Education Research Journal*, Themed Monograph Series 1:67–86.

Dunlop, Aline-Wendy. 2003c. Bridging Children's early education transitions through parental agency and inclusion. *Education in the North* 11:55–56.

Dunlop, Aline-Wendy. 2004. The challenges of early educational transitions: change the child or change the system? Continuity and Change: Educational Transitions International Conference Proceedings. University of Western Sydney, pp. 27–28. November 2003.

Dunlop, Aline-Wendy. 2009. *Looping project report*. Glasgow: University of Strathclyde.

Dunlop, Aline-Wendy, Peter Lee, Jaque Fee, Anne Hughes, Ann Grieve, and Helen Marwick. 2008. Positive behaviour in the early years: Perceptions of staff, service providers and parents in managing and promoting positive behaviour in early years and early primary settings. http://www.scotland.gov.uk/Publications/2008/09/12112914. Accessed 5 Aug. 2013.

Dunlop, Aline-Wendy, Liz Seagraves, Susan Henderson, Jaque Fee, J. Jacqueline Henry, and Joan Martlew. 2011. *Report of a policy based functional analysis of the children's workforce*. Edinburgh: Scottish Government, Children and Young People Social Care Directorate Workforce and Capacity Issues Division.

Education Scotland, Early Years. 2011. Curriculum for excellence: Pre-school into primary transitions. http://www.educationscotland.gov.uk/earlyyears/curriculum/transitions.asp. Accessed 22 June 2013.

ETC (Educational Transitions and Change) Research Group. 2011. Transitions Position Statement. http://www.csu.edu.au/research/ripple/research-groups/etc/Position-Statement.pdf. Accessed 5 Aug. 2013.

Fabian, Hilary. 2013. Towards successful transitions. In *International perspectives on transition to school reconceptualising beliefs, policy and practice*, eds. Kay Margetts and Anna Kienig. London: Routledge.

Fabian, Hilary, and Aline-Wendy Dunlop. 2007. Outcomes of good practice in transition processes for children entering primary school. Working Paper 42. The Hague: Bernard van Leer Foundation.

Gewirtz, Sharon, and Alane Cribb. 2009. *Understanding education: A sociological perspective.* Cambridge: Polity Press.

Griebel, Wilfried, and Renate Niesel. 2013. The development of parents in their first child's transition to primary school. In *International perspectives on transition to school reconceptualising beliefs, policy and practice*, ed. Kay Margetts and Anna Kienig. London: Routledge.

Margetts, Kay, and Anna Kienig. 2013. *International perspectives on transition to school reconceptualising beliefs, policy and practice.* London: Routledge.

Milotay, Nora. 2013. European policy cooperation in the field of early childhood education and care (ECEC). Keynote address, EECERA Conference, Tallinn August 2013. http://www.slideshare.net/EECERA/nora-milotay. Accessed 30 Aug. 2013.

Neuman, Michelle J. 2000. Hand in hand: Improving the links between early childhood education and care and schools in OECD countries. Paper prepared for the Consultative Meeting on International Developments in Early Childhood Education Council (ECEC). The Institute for Child and Family Policy at Columbia University, USA, 11–12 May.

Oberhuemer, Pamela, Schreyer Inge, and Michelle J. Neuman. 2010. *Professionals in early childhood education and care systems European profiles and perspectives.* Farmington Hills: Barbara Budrich Publishers.

Perry, Bob, Sue Dockett, and Anne Petriwskyj. 2013. *Transitions to school: International research, policy and practice.* Wiesbaden. Springer VS.

Peters, Sally. 2010. *Literature review: Transition from early childhood education to school. Report to the Ministry of Education.* New Zealand: Ministry of Education.

Save the Children. 2012. *Thrive at five report. Comparative child development at school entry age.* Edinburgh: Save the Children.

Scottish Government. 2007. *A curriculum for excellence: building the curriculum 3–18 (2): Active learning in the early years.* Edinburgh: Scottish Government.

Scottish Government. 2008a. The early years framework. Edinburgh: Scottish Government. http://www.scotland.gov.uk/Resource/Doc/257007/0076309.pdf. Accessed 5 Aug. 2013.

Scottish Government. 2008b. Getting it right for every child. Edinburgh: Scottish Government. http://www.scotland.gov.uk/Resource/0039/00394308.pdf. Accessed 5 Aug 2013.

Scottish Government. 2011. Curriculum for excellence: preschool into primary transitions. Glasgow: Education Scotland. http://www.educationscotland.gov.uk/earlyyears/curriculum/transitions.asp. Accessed 5 Aug 2013.

Scottish Government. 2013. The early years collaborative. http://www.scotland.gov.uk/Topics/People/Young-People/Early-Years-and-Family/early-years-collaborative. Accessed 5 Aug. 2013.

Trevarthen, Colwyn. 2011. What young children give to their learning, making education work to sustain a community and its culture. *European Early Childhood Education Research Journal* 19 (2): 173–193.

Urban, Mathias, Jan Peeters, Michel Vandenbroeck, and Arianna Lazzari. 2011. Core report on competence requirements in early childhood education and care. A study for the European commission directorate general for education and culture. Brussels.

Vygotsky, Lev S. 1978. *Mind in society: Development of higher psychological processes.* Cambridge: Harvard.

Übergang in die Schule und Mehrsprachigkeit – ein europäisches Weiterbildungskonzept für den Elementar- und Primarbereich

Wilfried Griebel

Zusammenfassung

Das Ziel eines Comenius-Projektes war die Entwicklung eines Curriculums zur Fort- und Weiterbildung für pädagogisches Fachpersonal für die Gestaltung des Übergangs von vorschulischen Bildungseinrichtungen in das formale Schulsystem. Dabei steht die Entwicklung von Mehrsprachigkeit von Kindern, deren Familiensprache nicht die nationale Schulsprache ist, im Vordergrund. Partner/innen aus der Pädagogik, Psychologie und Linguistik aus fünf europäischen Ländern haben ko-konstruktiv sieben Module entworfen. Zugrunde liegt ein mehrperspektivischer entwicklungspsychologischer Ansatz zum Verständnis der Bewältigung des Übergangs in die Schule durch Kinder und Eltern, aus dem über Kommunikation und Partizipation aller Beteiligter die Zusammenarbeit zwischen Familie und Bildungseinrichtungen konstruiert werden kann. Auf Kritik am Transitionsansatz wird im Folgenden eingegangen.

Schlüsselwörter

Mehrsprachigkeit · Transition · Entwicklung · Bildungseinrichtung · Übergang · Forschung · TRAM-Curriculum

W. Griebel (✉)
Staatsinstitut für Frühpädagogik, 80797 München, Deutschland
E-Mail: wilfried.griebel@ifp.bayern.de

P. Cloos et al. (Hrsg.), *Elementar- und Primarpädagogik*,
DOI 10.1007/978-3-658-03811-3_12, © Springer Fachmedien Wiesbaden 2014

1 Einleitung

In allen europäischen Ländern nimmt der Anteil an Kindern zu, die mit einer anderen Familiensprache als der bzw. den Schulsprache(n) in das jeweilige nationale Bildungssystem eintreten. Die gegebene kulturelle und sprachliche Heterogenität der Gruppen von Lernenden in den Bildungseinrichtungen stellen die jeweiligen nationalen Bildungssysteme vom Elementar- bis zum Sekundar- oder Hochschulbereich vor große Herausforderungen.

Wie in anderen europäischen Ländern auch, ist in Deutschland eine Zuwanderungsgeschichte des zugleich wachsenden Anteils von betreffenden Kindern die nicht Deutsch als Familiensprache sprechen, in den Bildungseinrichtungen mit Benachteiligungen verbunden, hier aber besonders akzentuiert: Bei der Einschulung werden sie deutlich häufiger zurückgestellt und seltener vorzeitig eingeschult (Autorengruppe Bildungsberichterstattung 2010). Leistungsnachteile wurden bei Kindern und Jugendlichen gefunden, deren beide Eltern im Ausland geboren wurden (Artelt et al. 2003). Ein Migrationshintergrund führt in allen Stufen des deutschen Schulsystems zu Benachteiligungen in dem Sinne, dass auch bei gleichem Sozialstatus geringere Anteile das Gymnasium besuchen und größere Anteile die niedriger qualifizierenden Schularten. Ein größerer Anteil von ihnen erreicht nicht den Hauptschulabschluss und ein sehr viel geringerer Anteil die Hochschulreife, verglichen mit Kindern, deren Eltern in Deutschland geboren wurden (Konsortium Bildungsberichterstattung 2008).

Die Europäische Union hat auf diese bildungspolitischen Themen reagiert und in Bezug auf die mehrsprachige Realität eine Empfehlung für die nationalen Bildungssysteme mit dem Titel „Guide for the Development of Language Education Policies in Europe – From linguistic diversity to plurilingual education" (vgl. Council of Europe: www.coe.int Zugriff: 12.02.2014) entwickelt, die jedoch bislang nur wenig wahrgenommen wird. Sprachliche Bildung in den Mitgliedsländern muss danach auf eine zunehmend sprachlich und kulturell heterogene europäische Gesellschaft hin gedacht und realisiert werden. *Plurilinguale und plurikulturelle Kompetenz* beschreibt in dieser Sicht die Fertigkeit, verschiedene Sprachen auf unterschiedlich hohem Niveau zu beherrschen und zu unterschiedlichen Kommunikationszwecken zu benutzen sowie mit Hilfe verschiedener Erfahrungen mit mehreren Kulturen an interkultureller Interaktion und Kommunikation teilzunehmen.

Vor diesem Hintergrund wurde ein EU-Comenius- Projekt „Transitions and Multilingualism (TRAM)" konzipiert (2009–2012), das eine Fort- und Weiterbildung von Fach- und Lehrkräften zu den Themen Übergänge und Mehrsprachigkeit mittels eines Curriculums leisten soll (vgl. Kieferle und Seifert 2011). Beteiligt waren die Partnerorganisationen Elternverein Baden-Württemberg e. V. (Koordinator), die PH Ludwigsburg und das Staatsinstitut für Frühpädagogik (IFP) in Deutschland, die Lucian Blaga Universität in Sibiu/Hermannstadt in Rumänien, die Universität Liepāja in Lettland, das Onderzoeksinstituut voor Taal en Spraak (OTS) in Utrecht, den Niederlanden, und die Universität Stockholm, Schweden.

2   Bedarfsanalysen für europäische Projekte zur Transition von der Elementar – in die Primarstufe

Bereits in einem früheren EU-Projekt war der Blick auf Bildungsübergänge in Europa und deren Unterstützung gelenkt worden. Das EU Socrates Grundtvig 1.1 Projekt „TRANSITION" (2006–2008) mit Vertreter/innen von Partnerorganisationen aus Deutschland, Lettland, Österreich, Schweden, der Slowakei und dem Vereinigten Königreich hatte die Entwicklung eines Curriculums zum Ziel, mit dem ehrenamtliche pädagogische Begleiter von Bildungsübergängen ausgebildet werden sollen (Röbe und Seifert 2011). Eine Bedarfsanalyse in den beteiligten Ländern erbrachte Aufschlüsse darüber, wie gut das Thema der Bildungsübergänge jeweils in der Fachöffentlichkeit (Fachliteratur und Praxis) repräsentiert ist (Griebel 2008). Bekannt erschien der Fachbegriff *Transitionen* in Deutschland, Schweden und im Vereinigten Königreich – Vertreterinnen und Vertreter der Transitionsforschung aus diesen Ländern waren auch am Projekt beteiligt. Nur in diesen Ländern war Forschung zum Thema identifiziert worden. Entsprechend umfangreiche Literatur konnte benannt werden – wobei in Schweden die englischsprachige Fachliteratur leicht zugänglich ist. In Österreich waren *Transitionen* weniger bekannt, es wird auf Literatur vor allem aus Deutschland zurückgegriffen. In der Slowakischen Republik gab es nach Erhebungen des dortigen Partners keine einschlägige Fachliteratur; ein angegebener Titel ist in tschechischer Sprache verfasst und ist eine Übersetzung aus dem Deutschen. In Lettland existierte keine Fachliteratur zu Bildungsübergängen, die vorhandene bezieht sich ausschließlich auf Kompetenzen in Richtung *Schulfähigkeit*. Das Problem der Bildungsübergänge war in der pädagogischen Praxis in unterschiedlicher Weise präsent: Im Vereinigten Königreich lag der Fokus auf einer systemorientierten Sicht von Familien, vorschulischen Bildungseinrichtungen und Schulen sowie auf entsprechenden Lehrplänen. In Schweden lag, in Bezug auf Transitionen, der Schwerpunkt auf der Ausbildung von Fach- und Lehrkräften und der Entwicklung der Pädagogik. In Deutschland wurde der Schwerpunkt auf Bildungs- und Lehrplänen, auf der Kooperation der Bildungseinrichtungen und der

Eltern identifiziert. In Österreich war das Problem bekannt, es wurde aber wenig Konsistenz bei der Umsetzung in die Praxis gesehen. In Lettland lag der Fokus auf der normativen Entwicklung behinderter Kinder und in der Slowakischen Republik wurde nur wenig Bewusstsein für die Frage der Bildungsübergänge berichtet. Wie unterschiedlich in den Projektländern der Zugang zum Thema war bzw. noch sein mag, zeigt sich auch in den Bezeichnungen, die für die *Übergangsbegleiter* (so der Ausdruck in Deutschland und Österreich), die als Ziel des Sokrates Grundtvig 1.1 Projektes ausgebildet werden sollten, gefunden wurden: Auf Englisch würde man sich als *transition professional* am ehesten etwas darunter vorstellen können, in Schweden sollten diese Personen als *övergangsledsagare* bezeichnet werden, d. h. eine Person, die sich um Kind und Eltern während eines Überganges kümmert, in der Slowakei erschien am angemessensten *spriedrodca prechodnými obdomiami* für eine Person, die jemanden in einer Zeit des Übergangs begleitet, und auf Lettisch ist ein *Izglītības pārejas posma konsultants* ein beratender Instrukteur in der Übergangsphase. Dieses Projekt wurde zum Impuls für das TRAM-Projekt, bei dem die Heterogenität der Ausgangslagen in den jeweiligen Bildungssystemen als noch komplexer in Erscheinung trat.

Einen Überblick über die Systeme der Elementarerziehung und Professionalisierung in 27 Ländern der Europäischen Union geben Oberhuemer und Schreyer (2010). Danach kommt bei *Aktuellen Fragen, Entwicklung und Herausforderungen* das Thema des Übergangs in die Grundschule vor, nicht aber die spezielle Situation von Kindern mit einem linguistisch-kulturellen Minderheitenstatus und die daraus folgenden Anforderungen bzw. Herausforderungen für die Aus- und Weiterbildung des Fachpersonals.

Im Rahmen des TRAM-Projektes sollte in Länderberichten von den Vertreter/innen der Partnerorganisationen Auskunft darüber gegeben werden, ob das Thema Übergänge und Mehrsprachigkeit Gegenstand in Aus- und Weiterbildung von Fachkräften im Elementar- und Primarbereich ist. Das Problem von Minoritätensprachen und den offiziellen Schulsprachen wird danach in den Partnerländern sehr unterschiedlich behandelt. In Lettland und Rumänien gibt es unterschiedliche Modelle für die Anteile an Ausbildung in den Minoritätensprachen. Die Niederlande und Schweden haben *Kompetenzkataloge*, die Informationen über das Sprechen und die Sprache enthalten, aber ohne besondere Hervorhebung des Spracherwerbs. Anders als in Schweden, Lettland und Rumänien wird in Deutschland und den Niederlanden zusätzlicher Unterricht in der Landes- bzw. Schulsprache angeboten. In den 16 Bildungsplänen bzw. -programmen der deutschen Bundesländer wird die Bedeutung des Deutschen als Sprache für die Bildung hervorgehoben, aber nur vage Informationen über die Mehrsprachigkeit von Kindern und deren Wert vermittelt. Deutschland ist das einzige Partnerland, in dem die Evaluation der

Sprachkompetenz in deutscher Sprache besonders hervorgehoben wird. In Schweden haben Kinder mit anderen Familiensprachen als Schwedisch das Recht, auch in ihren Sprachen zusätzlichen Unterricht zu bekommen. Es bestätigte sich, dass ein Bedarf an einem entsprechenden in Europa einsetzbaren Curriculum besteht (Griebel 2010a).

3 TRAM: Vergleich der Partnerländer

Nicht nur *Migranten*, sondern auch Staaten *wandern* und verändern ihre Kultur. Mit Ausnahme Schwedens haben alle am TRAM-Projekt beteiligten Länder seit 1945 (Rumänien 1944) ihre Grenzen geändert – die Niederlande in Bezug auf ehemalige Kolonialgebiete, Deutschland mit der Wiedervereinigung, Lettland mit der Unabhängigkeit. Davon sind auch sprachlich-kulturelle Minderheiten betroffen – wie die Russen, die in Lettland sich als eine solche Minderheit wiederfinden. In Rumänien leben 18 anerkannte autochthone sprachlich-kulturelle Minderheiten, in Deutschland sind es vier. Außer deren Sprachen ist auch die Gebärdensprache in einigen Ländern als Sprache anerkannt und geschützt. Zuwanderer über die europäische Binnenmigration hinaus, aus Drittländern außerhalb der EU, und das aus unterschiedlichen Gründen wie vom Arbeitsmarkt oder von Kriegssituationen bedingt, gibt es in den Niederlanden, in Deutschland und Schweden; Rumänien und Lettland haben dagegen mit Problemen der Auswanderung von Einwohnern zu kämpfen. Das politische System hat sich 1989 in den gegenwärtigen neuen Bundesländern geändert, in Rumänien 1990, in Lettland 1991. Und nicht zuletzt hat die Mitgliedschaft in der Europäischen Union, in die die Länder zu unterschiedlichen Zeitpunkten eingetreten sind (Schweden 1995, Lettland 2004, Rumänien 2007), Auswirkungen auf die politische Kultur, die nicht überall und bei allen gleichermaßen ausgeprägt sind. Relevant ist hier die Vorgabe, dass alle Kinder in Europa mindestens drei Sprachen sprechen sollen – wobei die hohen Anteile von Kindern mit Zuwanderungsgeschichte den Durchschnitt an Mehrsprachigkeit in den jeweiligen Bevölkerungen erhöhen.

Der Besuch von Bildungseinrichtungen (Kindertagesstätten) vor dem Beginn der Pflichtschule ist im Allgemeinen freiwillig. In den Niederlanden treten fast alle Kinder bereits mit 4 Jahren in die Schule ein. Rumänien und Schweden haben ein Pflichtjahr dem Schulbesuch vorgeschaltet, Lettland zwei Jahre.

Die Schulpflicht beginnt in den europäischen Ländern mit einem unterschiedlichen Lebensalter der Kinder: In den Niederlanden mit fünf Jahren, in Deutschland und Rumänien im Allgemeinen mit sechs Jahren, in Schweden und Lettland mit sieben Jahren (vgl. Oberhuemer und Schreyer 2010). Der Wechsel in das sekundäre Schulsystem findet ebenfalls in unterschiedlichen Altersstufen statt.

Das wirft die Frage nach dem Bildungsverlauf der Kinder und der Gestaltung des pädagogischen Angebots über diese Schwelle hinweg auf. In Deutschland wird nach der Anschlussfähigkeit an der Nahtstelle von Kita und Schule gefragt.

4 Suche nach einem theoretischen Modell für Bildungsübergänge

Was sind geeignete theoretische Modelle für den Übergang in das formale Bildungssystem? Wenn man von der Schule in Europa als einer historisch gewachsenen, dem Gesellschaftsmodell verpflichteten, hierarchisch verwalteten und relativ unveränderlichen Institution ausgeht (vgl. Röbe 2013), liegt ein Modell von Transition nahe, das sich in soziologisch-anthropologischer Tradition auf Arbeiten von Bourdieu und van Gennep beruft und das in der englischsprachigen Literatur (Dunlop 2007; Dunlop und Fabian 2006) vorherrschend ist (Griebel 2011). Dieses kommt aber ohne Bezug zum ökopsychologischen Systemmodell von Bronfenbrenner (1989) und der kognitiven Lerntheorie von Bruner (1990) nicht aus, dessen Mehrperspektivität bereits auf den Konstruktivismus verweist. Nicht zuletzt desshalb ist die Perspektive des Kindes im Übergang zur Schule wichtig geworden (Einarsdóttir 2007), wobei Einarsdóttir aus einer skandinavischen Tradition der Pädagogik mit einer modernen Sichtweise von Kindern als Akteuren ihrer Entwicklung und aus einer ethischen Position der UN-Kinderrechte kommt. Der soziologisch-anthropologische Ansatz fokussiert auf einem Wechsel zwischen Kulturen, schließt vertikale Übergänge (Wechsel in höhere Bildungsabschnitte) und horizontale Übergänge (Wechsel von Betreuungs- und Bildungssettings im Laufe eines Tages) ein, betont sehr stark das Herstellen von Kontinuität zwischen den Bildungsabschnitten bzw. Settings und das Kind als Lerner; die Eltern werden als Unterstützer ihres Kindes gesehen.

Die Perspektive des Kindes ist von Anfang an zentral gewesen in einem Ansatz zum Verstehen und Untersuchen von Bildungsübergängen, der aus der Familienentwicklungspsychologie stammt (Fthenakis 1999; Griebel und Niesel 2004, 2013) und die Sicht der Kinder empirisch erfasste (Griebel und Niesel 2000). Dieser Ansatz ist fokussiert auf Veränderungen in der Lebensumwelt bzw. im pädagogischen Setting im Sinne von vertikalen Übergängen, betont die Bedeutung von Diskontinuität in der Erfahrung für die Entwicklung des Kindes und die Entwicklung von Eltern in einer Familienperspektive. Daher wurden auch die Eltern beim Übergang zu Eltern eines Schulkindes in den Blick genommen (Griebel 2010b).

Die Kompetenz zur Bewältigung des Übergangs wurde als Kompetenz des sozialen Systems aufgefasst (Niesel und Griebel 2012) – vgl. den Begriff *transitions capital* im Sinne von Bourdieu bei Dunlop (2007, S. 165) – und Schulfähigkeit nicht länger als ausschließliche Eigenschaft des Kindes angesehen (Griebel und Minsel 2007; Niesel und Griebel 2012). Schließlich ist die zunehmende Heterogenität der Gruppen von Lernenden nach Mehrsprachigkeit, sozio-kultureller Vielfalt und Alter zu berücksichtigen, die von der Erwartung einer einfachen Anpassung aller Kinder an eine gegebene Schulkultur abrückt (Griebel und Kieferle 2012).

Dieses Transitionsmodell wurde zum Verständnis der Bedeutung von Bildungsübergängen aus der Sicht der Beteiligten und zur Entwicklung von kooperativen Aktivitäten im Rahmen eines Transitionsmanagement für das TRAM-Projekt vorgezogen. Dabei gab die Erkenntnis den Ausschlag, dass die Bewältigung des Übergangs in die nationalen Schulsysteme die Eltern stärker in den Mittelpunkt rücken lässt, ohne die weder die Entwicklung von Mehrsprachigkeit noch die Unterstützung der Kinder bei der Bewältigung des Schulübertritts gelingen kann. Es wurde also ein Modell gebraucht, das diese Übergänge auch in ihrer Bedeutung für Mütter und Väter angehender Schulkinder thematisiert (vgl. Nagel et al. 2012).

5 Theoriestränge des zugrunde gelegten Transitionsmodells von TRAM

Zur Formulierung des entwicklungspsychologischen Transitionskonzepts haben mehrere theoretische Stränge beigetragen. a) Allgemeine Anwendung in der einschlägigen Forschung findet das Modell der Systemebenen von Bronfenbrenner, nach dem Entwicklung in der Auseinandersetzung mit der sozialen Umgebung stattfindet. b) Die Stressforschung liefert einen Rahmen für die Erklärung von Belastungsreaktionen. Danach sind Überlastungsreaktionen vermeidbar, wenn Veränderungen im Lebensumfeld des Kindes gering gehalten, vorhersehbar und kontrollierbar gestaltet werden. Zudem ist die motivationale Ebene – Bedrohung oder Herausforderung – in Bezug auf bevorstehende Veränderungen mit zu berücksichtigen. c) Veränderungen im Lebensumfeld des Kindes lassen sich im Zusammenhang mit der Entwicklung über die Lebensspanne als kritische Lebensereignisse betrachten. Dazu gehört z. B. der Übergang in die Schule. Auch die Entwicklung für die Eltern als Eltern eines Schulkindes wird Forschungsgegenstand. d) Lern- und Entwicklungsprozesse werden in der Interaktion des Einzelnen mit seiner sozialen Umgebung als soziale Konstruktionen verstanden.

Eine Transition ist ein Prozess von Ko-Konstruktion durch Kommunikation und Partizipation zwischen Institution(en) und Familie. Die Beteiligten verständigen sich darauf, was der Übergang in die Schule bedeutet und wie er so gestaltet werden kann, dass die Kinder ihn erfolgreich bewältigen.

6 Transitionsmodell als Arbeitsinstrument zum Entwickeln von Kooperation zwischen Bildungseinrichtungen und Familien

Transitionsforschung umfasst Fragen danach, unter welchen Umständen Kinder Probleme bei der Bewältigung des Schuleintritts haben. Ein internationaler Vergleich zeigt, dass die Anteile von Kindern mit Problemen beim Übergang unterschiedlich hoch eingeschätzt werden – und dass diese Anteile von der jeweiligen Ausgangstheorie und den eingesetzten Untersuchungsinstrumenten abhängen, ebenso wie die Interpretation der Ergebnisse (Griebel und Niesel 2004, 2011). Und auch die Auswirkungen von Kooperationsmaßnahmen bzw. Transitionsmanagement auf den Lernerfolg der Kinder fallen in die Zuständigkeit der Transitionsforschung (Griebel und Sassu 2013; Nagel et al. 2012, unter Hinweis auf internationale Studien).

Mit dem familienentwicklungspsychologischen Transitionsansatz wird weder der Anspruch erhoben, eine vollständige Schuleingangstheorie zu liefern (vgl. die Kritik von Faust 2008), noch ist er dazu gedacht, die Anteile von Kindern vorherzusagen, die beim Übergang in die Schule Schwierigkeiten haben die in ihrer Persönlichkeitsentwicklung liegen und die in Situationen von Neuheit, Ambiguität und Unsicherheit akzentuiert werden (Caspi und Moffitt 1993), vgl. die Kritik von Faust et al. (2012). Stattdessen sind damit Untersuchungen zu pädagogischen erfolgreichen Maßnahmen zur Übergangsgestaltung (Reichmann 2010) und zum Einbezug von Eltern mit Zuwanderungsgeschichte (Pfaller-Rott 2010) und Standards für ein Transitionsmanagement (Bertelsmann 2007) begründet worden.

Der auch dem TRAM-Projekt zugrunde gelegte Transitionsansatz lässt sich als Arbeitsinstrument zur Gestaltung des Übergangs von allen Kindern in das formale Schulsystem nutzen. Im Gegensatz zu einem herkömmlichen Schulfähigkeitsverständnis werden alle Akteure und ihr Zusammenwirken in einem prozesshaften Geschehen berücksichtigt, in dem die für eine erfolgreiche Übergangsbewältigung benötigten Kompetenzen identifiziert und entwickelt werden. Die Voraussetzungen, die in diesem Zusammenhang mit dem Erwerb von Mehrsprachigkeit verknüpft sind, lassen sich in dieses Modell integrieren (vgl. Kieferle und Griebel 2013).

7 Die Module des TRAM-Curriculums

Das erarbeitete Curriculum orientiert sich am *European Qualifications Framework for Lifelong Learning (EQF 2008)*, dem Europäischen Qualifikationsrahmen für Lebenslanges Lernen, der in jedem europäischen Land als nationaler Referenzrahmen dient. Um der verbindlichen Ausrichtung daran Rechnung zu tragen, sind jedem Modul Lernziele (*competences* or *targets*) vorangestellt, die in der Modulbearbeitung angestrebt werden (Griebel et al. 2013). Die Module beinhalten folgende Schwerpunkte:

Modul 1: Vielsprachigkeit und Spracherwerb
Allgemeine Ziele dieses Moduls sind:

- Wissen über Sprache erwerben, (Erst- und Zweitspracherwerb)
- Wissen über Unterschiede zwischen dem Erwerb einer und mehrerer Sprachen zu erwerben.
- Wissen über die Unterschiede zwischen normalen Merkmalen des Zweitspracherwerbs und Sprachstörungen zu erwerben.
- Grundsätzliche Methoden für die Stimulierung der Sprachentwicklung bei bilingualen Kindern kennenzulernen.

Modul 2: Umgang mit Mehrsprachigkeit in Kindertageseinrichtungen und Grundschulen
Allgemeine Ziele dieses Moduls sind:

- Fach- und Lehrkräfte darin zu schulen, effektiver mit Kindern verschiedener sprachlicher und kultureller Herkunft umzugehen.
- Die angebotenen Aktivitäten und Übungen aus der Perspektive der Kinder zu betrachten und das Selbstbewusstsein und die schulischen Leistungen mehrsprachiger Kinder zu fördern.

Modul 3: Übergang in die Schule
Allgemeine Ziele dieses Moduls sind:

- Zu verstehen, was ein Bildungsübergang für das Kind und seine Eltern bedeutet.
- Ko-konstruktive Kommunikation und Partizipation zu verstehen und zu üben.
- Kooperationen entwickeln zu können, um ein Transitionsprogramm zu entwerfen.

Modul 4: Diversität
Allgemeine Ziele dieses Moduls sind:

- Das Ich-Bewusstsein zu erhöhen.
- Andere mit Höflichkeit, Würde und Respekt zu behandeln.
- Andere für sich selbst sprechen zu lassen.
- Zuhörer zu werden und neue Beziehungen und Netzwerke aufzubauen.

Modul 5: Elternbeteiligung – Bildungspartnerschaft mit Eltern von mehrsprachigen Kindern
Allgemeine Ziele dieses Moduls sind:

- Vermittlung von Wissen und Fähigkeiten und einer positiven Einstellung in Bezug auf die Beteiligung von Eltern mit unterschiedlichen Hintergründen im Kindergarten- und Grundschulumfeld.

Modul 6: Pädagogische Professionalität im Umgang mit mehrsprachigen Kindern
Allgemeine Ziele dieses Moduls sind:

- Eigene empirische Erfahrungen vor dem Hintergrund der Theorie bewerten zu können.
- Sprachlich-kulturelle Heterogenität in die konzeptionellen Planungen und Entscheidungen mit einbeziehen zu können.
- Die eigene Berufspraxis zu reflektieren und dabei mögliche Mechanismen von Diskriminierung wahrzunehmen.
- Zu erkennen, dass Selbstreflexivität Teil der pädagogischen Professionalität ist und dass eine kritische Beobachtung des eigenen Handelns und der institutionellen Strukturen, in denen die päd. Fach- und Lehrkraft arbeitet, ebenso Teil davon ist.

Modul 7: Übergänge in pädagogischen Institutionen
Allgemeine Ziele dieses Moduls sind:

- Kindertageseinrichtung und Grundschule als pädagogische Institutionen unter verschiedenen Sichtweisen wahrzunehmen.
- Wesentliche Strukturmomente von Kindertageseinrichtung und Schule und die mit ihnen verbundenen Anforderungen für Kinder und Eltern zu erfassen und sie für die oft alltäglichen, unauffälligen und fortwährend stattfindenden kindlichen Übergänge zu sensibilisieren.
- Gestaltungsspielräume und -möglichkeiten zu entdecken, damit Transitionen gelingen.

8 Prinzipien für ko-konstruktive Prozesse in der Zusammenarbeit

In Hinsicht auf die Ungleichheit (diversity) sowohl von Familien als auch von Fach- und Lehrkräften sowie auf die Unterschiede zwischen den Bildungseinrichtungen können die folgenden Prinzipien für ko-konstruktive Prozesse (Carroll et al. 2001) hilfreich sein:

1. Kommuniziert effektiv, um die Ungleichheit der Beteiligten anzusprechen!
2. Versteht und respektiert die unterschiedlichen sozialen und kulturellen Kontexte der Partner!
3. Arbeitet als Gleichberechtigte, die spezifische Kenntnisse mitbringen, bei denen jeder vom anderen abhängt!
4. Versteht euch besser, indem ihr die Kenntnisse in den Zusammenhang der unterschiedlichen Kulturen der Partner stellt!
5. Wertschätzt die Talente, Fertigkeiten und das Wissen jedes Partners und vermeidet hierarchische Ansätze und vorgefertigte Lösungsformeln!
6. Verhandelt gemeinsame Ziele, macht Prozesse zu Zielen, gebraucht Geduld und Vertrauen, um Ergebnisse zu definieren! (vgl. ebd.)

Das TRAM-Curriculum wurde in der Projektarbeit ko-konstruiert. Die Partnerinnen und Partner haben sich sprachlich verständigt auf Englisch – für keinen von ihnen war das die Muttersprache, sie haben aber alle Erfahrungen mit Mehrsprachigkeit. In unterschiedlichen Bildungssystemen und Lebensstationen haben sie Erfahrungen als Lernende und als Lehrende eingebracht. Als Linguisten/innen, Pädagogen/innen, Psychologen/innen mussten sie aushandeln, wieviel von linguistischer Fachsprache ein/e Psychologe/in, ein/e Pädagoge/in verstehen muss, wieviel *Psychologisch* Pädagogen/innen und Linguisten/innen verstehen müssen, wieviel *Pädagogisch* in unterschiedlichen Bildungsbereichen Linguisten/innen und Psychologen/innen verstehen müssen, um den Zielen von TRAM gerecht zu werden. Reflektionen und Diskussionen der Heterogenität der Projektgruppe und der jeweiligen nationalen Bildungssysteme waren unausweichlich, wenn sie sich über Gegenstand, Herangehensweisen und Ziele des Projektes einigen wollten. So sind Kommunikation und Partizipation die Grundpfeiler der Ko-Konstruktion des Curriculums geworden. Manche Erfahrungen bei der Erarbeitung des Curriculums mag, so reflektierten die Projektpartner/innen, dem ähneln, was Kinder erleben, die einen eigenen sprachlichen und kulturellen Hintergrund mitbringen, der nicht der Mehrheit ihrer Umgebung entspricht, wenn sie sich auf gemeinsames Lernen einlassen. Nicht zuletzt deswegen wurde für Übungen in den Modulen auch der biographische Zugang vorgeschlagen.

Von der Implementierung des TRAM-Curriculums in die Aus- und Weiterbildung von Fach- und Lehrkräften und der Umsetzung der Inhalte in lokalen Kulturen der Zusammenarbeit mit Familien, die eine andere als die Schulsprache sprechen, versprechen sich die Autorinnen und Autoren einen Beitrag zur Verwirklichung der Kinderrechte auf bestmögliche Ausbildung und Sicherheit vor Diskriminierung.

Literatur

Artelt, Corsula, Jürgen Baumert, Eckhard Klieme, Michael Neubrand, Manfred Prenzel, Ulrich Schiefele, Wolfgang Schneider, Petra Stanat, Gundel Schümer, Klaus-Jürgen Tillmann, und Manfred Weiß. 2003. PISA und PISA-E: Zusammenfassung der bereits vorliegenden Befunde. In *PISA 2000. Ein differenzierter Blick auf die Länder der Bundesrepublik Deutschland,* Hrsg. Deutsches PISA-Konsortium, 51–77. Opladen: Budrich.

Autorengruppe Bildungsberichterstattung im Auftrag der Ständigen Konferenz der Kultusminister der Länder in der Bundesrepublik Deutschland und des Bundesministeriums für Bildung und Forschung. Hrsg. 2010. *Bildung in Deutschland 2010. Ein indikatorengestützter Bericht mit einer Analyse zu Perspektiven des Bildungswesens im demografischen Wandel.* Bielefeld: W. Bertelsmann Verlag.

Bertelsmann Stiftung. Hrsg. 2007. *Von der Kita in die Schule. Handlungsempfehlungen an Politik, Träger und Einrichtungen.* Gütersloh: Bertelsmann Stiftung.

Bronfenbrenner, Urie. 1989. *Die Ökologie der menschlichen Entwicklung: Natürliche und geplante Experimente.* Frankfurt a. M: Fischer.

Bruner, Jerome S. 1990. *Acts of meaning.* Cambridge: Harvard University Press.

Carroll, Grace, Velma LaPoint, und Kenneth Tyler. 2001. Co-construction: A facilitator for school reform in school, community and university partnerships. *The Journal of Negro Education* 70 (1/2): 38–58.

Caspi, Avashalom, und Terrie E. Moffitt 1993. When do individual differences matter? A paradoxical theory of personality coherence. *Psychological Inquiry* 4 (4): 247–271.

Dunlop, Aline-Wendy. 2007. Bridging research, policy and practice. In *Informing transitions in the early years,* Hrsg. Dunlop Aline-Wendy und Hilary Fabian, 152–168. Maidenhead: Open University Press.

Dunlop, Aline-Wendy, und Hilary Fabian. 2006. Conclusions. In Transitions in the early years, Hrsg. Hilary Fabian und Dunlop Aline-Wendy, 3. Aufl., 146–154. London: Routledge Falmer.

Einarsdóttir, Johanna. 2007. Children's voices on the transition from preschool to primary school. In *Informing transitions in the early years,* Hrsg. Dunlop Aline-Wendy und Hilary Fabian, 74–91. Maidenhead: Open University Press.

Faust, Gabriele. (2008). Übergänge gestalten – Übergänge bewältigen. Zum Übergang vom Kindergarten in die Grundschule. In *Bildung und Kindheit*, Hrsg. Werner Thole, Hans-Günther Roßbach, Maria Fölling-Albers, Rudolf Tippelt, 225–240. Opladen: Budrich.

Faust, Gabriele, Jens Kratzmann, und Franziska Wehner. (2012): Schuleintritt als Risiko für Schulanfänger? *Zeitschrift für Pädagogische Psychologie* 26 (3): 197–212.

Fthenakis, Wassilios E. 1999. Transitionspsychologische Grundlagen des Übergangs zur Elternschaft. In *Handbuch Elternbildung*, Hrsg. Deutscher Familienverband. Bd. 1, 1–68. Opladen: Leske + Budrich.

Griebel, Wilfried (2008): Europäischer Forschungsstand einschließlich der Länderberichte. In *Curriculum TRANSITION. Ausbildung zum/r Übergangsbegleiter/in für frühkindliche Bildungsprozesse. Socrates Grundtvig 1.1 Projekt Nr. 2297837-CP-1-2006-1-DE-GRUNDTVIG-G11*. Hrsg. *Elternverein Baden-Württemberg e. V.*, 217–265. Boxberg: Elternverein Baden-Württemberg e. V.

Griebel, Wilfried (2010a): Transition and multilingualism – a multilateral COMENIUS project: Results of the partners' national reports about the situation of multilingual children in transition to school. Symposium Paper zur 20. Jahreskonferenz der European Early Childhood Education Research Association (EECERA). (06.–8.09.2010). Birmingham, UK.

Griebel, Wilfried (2010b): Eltern im Übergang vom Kindergarten zur Grundschule. In Wie viel Schule verträgt der Kindergarten?, Angelika Diller, Hans Rudolf Leu, und Thomas Rauschenbach, 111–129. München: DJI-Verlag.

Griebel, Wilfried (2011): Allgemeine Übergangstheorien und Transitionsansätze. In *Frühpädagogische Übergangsforschung: Von der Kindertageseinrichtung in die Grundschule*, Hrsg. Yvonne Manning-Chlechowitz, Sylvia Oehlmann, und Miriam Sitter, 35–48. Weinheim: Juventa.

Griebel, Wilfried. 2012. Anschlussfähige Bildungsprozesse: Bewältigung des Übergangs vom Kindergarten zur Grundschule mit der Familie. *Erziehung Unterricht, Schwerpunktheft „Wie Kinder lernen"* 162 (3–4): 200–207.

Griebel, Wilfried, und Renate Niesel. 2000. The children's voice in the complex transition into Kindergarten and school: Paper presented at 10th European conference on quality in early childhood education „Complexity, Diversity and Multiple Perspectives in Early Childhood Services". 29 August–1 September 2000. London. http://extranet.edfac.unimelb.edu.au/LED/tec/ftp.shtml. Zugegriffen: 16. Feb. 2014.

Griebel, Wilfried, und Renate Niesel. 2004. *Transitionen. Fähigkeit von Kindern in Tageseinrichtungen fördern, Veränderungen erfolgreich zu bewältigen*. Weinheim: Beltz.

Griebel, Wilfried, und Beate Minsel. 2007. Schulfähigkeit – ein Begriff im Wandel. *Theorie und Praxis der Sozialpädagogik (TPS)* 3 (7): 16–20.

Griebel, Wilfried, und Renate Niesel. 2013. 2. Aufl. *Übergänge verstehen und begleiten. Transitionen in der Bildungslaufbahn von Kindern*. Berlin: Cornelsen.

Griebel, Wilfried, und Christa Kieferle. 2012. Mehrsprachigkeit, sozio-kulturelle Vielfalt und Altersmischung als Merkmale von heterogen zusammengesetzten Gruppen. In *Deutschunterricht in Theorie, und Praxis (DTP)*, Hrsg. Winfried Ulrich. Bd. I. *Deutsche Sprache in Kindergarten und Vorschule*, Hrsg. Herbert Günther und Rolf Walther Bindel, 389–408. Baltmannsweiler: Schneider Verlag Hohengehren.

Griebel, Wilfried, und Ralulca Sassu. 2013. Modul 3: Übergang in die Schule. In *Übergang in die Schule und Mehrsprachigkeit – Ein Curriculum für pädagogische Fach- und Lehrkräf-*

te/Transition to school and multilingualism – a curriculum for educational professionals, Hrsg. Wilfried Griebel, Renate Heinisch, Christa Kieferle, Edeltraud Röbe, und Anja Seifert, 90–114. Hamburg: Verlag Dr. Kovač.

Griebel, Wilfried, Renate Heinisch, Christa Kieferle, Edeltraud Röbe, und Anja Seifert. Hrsg. 2013. *Übergang in die Schule und Mehrsprachigkeit – Ein Curriculum für pädagogische Fach- und Lehrkräfte/Transition to school and multilingualism – a curriculum for educational professionals*. Hamburg: Verlag Dr. Kovač.

Kieferle, Christa, und Wilfried Griebel. 2013. Übergänge und Mehrsprachigkeit – Das Comenius-Projekt TRAM. In *Sprachliche Bildung von Anfang an – Strategien, Konzepte und Erfahrungen*, Hrsg. Christa Kieferle, Eva Reichert-Garschhammer, und Fabienne Becker-Stoll, 147–157. Göttingen: Vandenhoeck Ruprecht.

Kieferle, Christa, und Anja Seifert. 2011. Mehrsprachigkeit im Übergang vom Elementar- zum Primarbereich: Das europäische Projekt „Transitions and Multilingualism". In *Grundlegende Bildung ohne Brüche*, Hrsg. Diemut Kucharz, Thomas Irion, und Bernd Reinhoffer, 251–255. Wiesbaden: Springer VS.

Konsortium Bildungsberichterstattung im Auftrag der Ständigen Konferenz der Kultusminister der Länder in der Bundesrepublik und des Bundesministeriums für Bildung und Forschung. Hrsg. 2008. *Bildung in Deutschland 2008. Ein indikatorengestützter Bericht mit einer Analyse zu Übergängen im Anschluss an den Sekundarbereich I*. Bielefeld: W. Bertelsmann Verlag.

Niesel, Renate, und Wilfried Griebel. 2012. Schulfähigkeit im Wandel der Zeit. Schulfähigkeit – Leistung aller, die am Übergang beteiligt sind. *Katholische Bildung* 113 (4): 154–161.

Nagel, Bernhardt, Andreas Wildgruber, Julia Held, und Wilfried Griebel. 2012. BMBF-Transitionsprojekt: Auch Eltern kommen in die Schule. Bildung, Erziehung und Betreuung von Kindern in Bayern. IFP-Infodienst. S. 17, 22–26.

Oberhuemer, Pamela, und Inge Schreyer. 2010. *Frühpädagogisches Personal in Europa – Ausbildungen und Professionsprofile*. Opladen: Budrich.

Pfaller-Rott, Monika. 2010. *Migrationsspezifische Elternarbeit beim Transitionsprozess vom Elementar – zum Primarbereich*. Berlin: wvb.

Reichmann, Elke. 2010. *Übergänge vom Kindergarten in die Grundschule unter Berücksichtigung kooperativer Lernformen*. Baltmannsweiler: Schneider Verlag Hohengehren.

Röbe, Edeltraud. 2013. Modul 7: Übergänge in pädagogischen Institutionen. In *Übergang in die Schule und Mehrsprachigkeit – Ein Curriculum für pädagogische Fach- und Lehrkräfte/Transition to school and multilingualism – a curriculum for educational professionals*, Hrsg. Wilfried Griebel, Renate Heinisch, Christa Kieferle, Edeltraud Röbe, und Anja Seifert, 193–233. Hamburg: Verlag Dr. Kovač.

Röbe, Edeltraud, und Anja Seifert. 2011. Transition transnational. Ein EU-Projekt zur Übergangsbegleitung. Friedrich Jahresheft XXIX „Übergänge". S. 106–107.

Bildungsförderung als Organisation und pädagogische Praxis des Elementar- und Primarbereiches

Karin Böllert

Zusammenfassung

In diesem Artikel wird zunächst ein historischer Abriss getrennter und gemein-samer Zuständigkeiten von Kindertagesbetreuung und Grundschule skizziert, um so den Weg zur fachlichen Einigkeit eines Kooperationsmodells zwischen den beiden Institutionen zu markieren. Ein solches Kooperationsmodell aus Nordrhein-Westfalen wird anschließend hinsichtlich der wissenschaftlichen Begleitforschung vorgestellt. Die Darstellung zentraler Ergebnisse der wissen-schaftlichen Begleitforschung erfolgt thematisch, vor allem hinsichtlich der Praxistauglichkeit von Bildungsgrundsätzen, den entscheidenden Faktoren für die erfolgreiche Implementierung von solchen Bildungsgrundsätzen und der kooperativen Ausgestaltung des Übergangs von Kindestageseinrichtung zur Schule. Abschließend werden auf Grundlage der Ergebnisse, der Erprobung, der Umsetzung und der Bildungsförderung Modifizierungsnotwendigkeiten der Bildungsgrundsätze herausgestellt.

Schlüsselwörter

Kooperationen · Frühkindliche Bildung · Schulübergang-/eintritt · Begleitfor-schung · Bildungsgrundsätze

K. Böllert (✉)
FB 06 IfE, Arbeitsbereich Sozialpädagogik, Universität Münster,
48143 Münster, Deutschland
E-Mail: kaboe@uni-muenster.de

P. Cloos et al. (Hrsg.), *Elementar- und Primarpädagogik*,   171
DOI 10.1007/978-3-658-03811-3_13, © Springer Fachmedien Wiesbaden 2014

1 Einleitung

Der enorme Aufschwung des Bildungsthemas in den letzten Jahren hat zu einem Bedeutungszuwachs bzw. zu einer bislang nicht da gewesenen Berücksichtigung frühkindlicher Bildungsprozesse geführt. *Bildung von Anfang an* heißt die populäre Losung, in deren Folge Bildung nicht mehr als bloß schulische Bildung begriffen wird und Bildungsprozesse auch im Bereich der Kindertagesbetreuung begründet, erforscht, ermöglicht und gestaltet werden. Gleichzeitig rücken damit auch der Elementar- und der Primarbereich näher aneinander, ohne dass aus dieser Nähe bereits geschlussfolgert werden könnte, dass sich mit dieser Annäherung ein vergleichbares Verständnis der jeweiligen Bildungsinhalte und Bildungsaufgaben herauskristallisiert hätte (vgl. Leu et al. 2010). Auch wenn politische Bestrebungen, den Elementarbereich stärker in den Bildungsbereich zu integrieren, unübersehbar sind und auch wenn in Modellversuchen die gemeinsame Ausbildung der entsprechenden Fachkräfte erprobt wird, ist in den jeweiligen Praxen die Eigenständigkeit von Elementar- und Primarbereich bislang erhalten geblieben (vgl. Strätz 2010). Dies bedeutet wiederum nicht, dass eben in diesen Praxen auf der Basis der Eigenständigkeit nicht neue Formen der interinstitutionellen Kooperation und Verantwortungsübernahme für die Gestaltung von Bildungsprozessen modelliert und umgesetzt werden (vgl. Cloos 2013). Schließlich finden vermehrt interdisziplinäre Dialoge zwischen Sozialpädagogik und Pädagogik der frühen Kindheit in Bezug auf bildungstheoretische Vergewisserungen, in Hinblick auf Ausbildungs- und Akademisierungsfragen und Forschungsperspektiven sowie die empirische Fundierung der Handlungsfelder statt (vgl. Sektion Sozialpädagogik und Pädagogik der frühen Kindheit 2013). Vor diesem Hintergrund werden im Folgenden die historischen Stationen getrennter und gemeinsamer Zuständigkeiten von Kindertagesbetreuung und Grundschule skizziert, um hieran anknüpfend einige wenige Ergebnisse der Erprobung der Umsetzung der Bildungsförderung für Kinder im Alter von null bis zehn Jahren in Nordrhein-Westfalen zusammenzufassen, da sich hierüber Herausforderungen der Kooperation von Kindertagesbetreuung und Grundschule benennen lassen.

2 Zum Nebeneinander von Kindertagesbetreuung und Grundschule

Bereits im Juni 1920 wurde im Rahmen der Reichsschulkonferenz über die Neuordnung des gesamten Erziehungs-, Schul- und Bildungswesens mit Argumenten debattiert, die eine deutliche Ähnlichkeit mit aktuellen Bildungsdiskussionen aufweisen. Während sich die Sozialdemokraten für die Auflösung des dreigliedrigen Schulsystems aussprachen und für die Eingliederung des Kindergartens in das Bildungswesen und den obligatorischen Besuch des Kindergartens votierten, vertrat das bürgerlich-konservative Lager in Übereinstimmung mit den Kirchen und dem Berliner-Fröbel-Haus die Position, öffentliche Kindergärten vor dem dritten Lebensjahr nur für solche Kinder verbindlich anzubieten, deren familiale Erziehung nicht gewährleistet war. Damit sollte verhindert werden, dass die Schulpflicht auf das Kindergartenalter ausgedehnt würde, gleichzeitig sollte auch mit dieser Position ein Anschluss des Kindergartens an das Bildungswesen angestrebt werden. Durchgesetzt hat sich die Position eines Nebeneinanders von Kindergarten und Schule, die bis heute mehr oder weniger Bestand hat. Erst im Anschluss an die Diskussion der Pisa-Ergebnisse und der hieraus u. a. geschlussfolgerten stärkeren Berücksichtigung frühkindlicher Bildungsprozesse nehmen Beiträge und Vorschläge zu, mit denen veränderte strukturelle Zuordnungen debattiert werden, die Thomas Rauschenbach (2010) in vier verschiedene Varianten sortiert: 1) „Mehr-Desselben bei moderater Vorverlegung des Einschulungsalters" (Status-quo-Modell), 2) „Ersetzung des Kindergartens durch die Schule mittels Einschulung im Alter von vier Jahren" (Transformationsmodell), 3) „Verbesserung des Übergangs durch verstärkte Kooperationen zwischen Kindergarten und Schule" (Kooperationsmodell), 4) „Eine neue Bildungsoffensive für den Kindergarten" (Bildungsdatensicherungsmodell). Mittlerweile deutet sich eine fachliche Einigkeit dahingehend an, die Eigenständigkeit von Kindertagesbetreuung und Grundschule bestehen zu lassen, gleichwohl aber Antworten auf die Frage zu finden, worin die Verbindung zwischen diesen beiden Bildungsorten besteht und wie im Interesse der Kinder und ihrer Eltern eine Abstimmung zwischen Kindertagesbetreuung und Schule gestaltet werden kann (vgl. Faust 2010). Ein Modell der Bildungsförderung „Mehr Chancen für Bildung von Anfang an – Grundsätze zur Bildungsförderung für Kinder von 0 bis 10 Jahren in Kindertageseinrichtungen und Schulen im Primarbereich" (MSW und MGFFI 2010) in Nordrhein-Westfalen, das weitgehend ein Kooperationsmodell darstellt, soll im Weiteren hinsichtlich einiger Ergebnisse der wissenschaftlichen Begleitforschung vorgestellt werden, um hierüber zentrale Voraussetzungen der Bildungsförderung von Kindern durch eine interinstitutionelle Kooperation beschreiben zu können.

3 Bildungsförderung als interinstitutionelle Kooperation

Mit dem Kindergartenjahr bzw. dem Schuljahr 2010/2011 wurde der Entwurf der Bildungsförderung erstmals verbindlich an 67 Standorten in ausgewählten Forschungsnetzwerken in Nordrhein-Westfalen erprobt. Damit sollte überprüft

werden, ob die Bildungsgrundsätze eine geeignete Grundlage für die Bildungsförderung in Kindertageseinrichtungen und Schule darstellen und diese in der
Praxis unterstützen. Die wissenschaftliche Begleitforschung der Erprobungspha-
se hatte zum Ziel, die Bildungsgrundsätze auf ihre Praxistauglichkeit hin zu
untersuchen, die Fachlichkeit der Inhalte durch die Prozessbeteiligten bewerten zu lassen, Hinweise für Gelingensbedingungen zu benennen sowie einen
möglichen Veränderungs-, Überarbeitungs- und Unterstützungsbedarf zu beschreiben.[1] Im Folgenden werden einige wenige Ergebnisse und Schlussfolgerungen
der Begleitforschung skizzenhaft zusammengefasst.[2]

Die befragten Kindertageseinrichtungen und Schulen bewerten die Praxistauglichkeit der Bildungsgrundsätze überwiegend positiv. Sie gehen davon aus, dass
die Bildungsgrundsätze zur Entwicklung eines gemeinsamen Bildungsverständnisses beitragen, zu einer Auseinandersetzung damit anregen und die Entwicklung
praxisbezogener Projekte zur Gestaltung eines gemeinsamen Alltags unterstützen, wobei die Kindertagesstätten vorrangig bestehende Konzeptionen überprüfen,
während die Schulen übergreifende Konzeptionen neu entwerfen. Insbesondere die
Initiierung eines Prozesses, innerhalb dessen sich die beiden Institutionen mit je
unterschiedlichen Bildungsvorstellungen und Bildungsaufträgen sowie sich hierin
ausdrückenden spezifischen Vorstellungen von Kindheit und Kind-Sein austau-
schen können, ist durch die Bildungsgrundsätze und deren Umsetzung ausgelöst
worden. Die Berichte zeigen, dass die Orientierungsqualität und damit das Bild
vom Kind im Bildungsprozess bei den pädagogischen Fachkräften in den Kindertageseinrichtungen und den Lehrkräften in den Grundschulen von unterschiedlichen
Sichtweisen geprägt sind. In einschlägigen Auseinandersetzungen zur bundeswei-
ten Implementation von Bildungsplänen wird dies bestätigt (vgl. Hoffmann 2010,
S. 116) und hat seinen Grund u. a. in den sich unterscheidenden Ausbildungen
und gesetzlichen Rahmenbedingungen der jeweiligen Institutionen. Die Grundsätze zur Bildungsförderung stellen aus Sicht der Praxisbeteiligten eine sehr gute
Grundlage dar, um sich über das jeweilige Verständnis zur Bildung auseinander-
zusetzen und ein gemeinsames Bildungsverständnis zu entwickeln. Dies fördert

---

[1] Prof. Dr. Christina Jasmund, Prof. Dr. Astrid Krus, Dipl. Soz. Wirt Sylvia Siems waren
Mitglieder des Teams der Begleitforschung von der Hochschule Niederrhein/Fachbereich
Sozialwesen. Von der Westfälischen Wilhelms-Universität Münster/Institut für Erziehungs-
wissenschaft waren Prof. Dr. Karin Böllert, Prof. Dr. Christian Fischer, Prof. Dr. Dagmar
Bergs-Winkels und Dipl. Päd. Magdalena Pitsch beteiligt.

[2] Ausführliche Informationen zur Begleitforschung unter www.bildungsgrundsaetze.nrw.de
(Zugriff: 17.02.14); der Abschlussbericht, aus dem hier Textteile entnommen worden sind,
steht unter http://www.mfkjks.nrw.de/web/media_get.php?mediaid=26078&fileid=84031&
sprachid=1 (Zugriff: 17.02.2014) zur Verfügung.

nicht nur die Herausbildung eines übergreifenden Bildungsverständnisses, sondern minimiert die grundsätzlich festgestellte Schwierigkeit von Erzieher/innen wie Lehrer/innen, Bildung differenziert zu definieren (vgl. Bülow 2011, S. 241 f.). So hält ein Erprobungsnetzwerk fest:

> Es war zum Teil eine sehr intensive Auseinandersetzung im Hinblick auf die Frage, Grundschule fördert, also wie sehen wir Förderung, so dass die Kinder die Unterstützung in ihrer Entwicklung bekommen. In den Kindergärten war manchmal dann die Befürchtung, dass es so eine Art Defizitfahndung wird. Dass man nicht die Ganzheit sieht, sondern man pickt sich etwas heraus. Darüber haben wir uns sehr lange unterhalten. Es hat sehr auch sehr viel Widerstand von Einigen gegeben, sich dann darauf festzulegen, dass Förderung so verstanden wird. Und dann natürlich auch die Sorge, dass Schule immer früher durchgeführt wird und die Zeit zum Spielen verkürzt wird und immer mehr an sogenannter Bildung und Förderung der eigentlichen „Kind-sein-Phase" gestohlen wird. Das ist die Sorge der Kindergärten. Und dann ist da natürlich die Grundschule, die möchte, dass die Kinder gut vorbereitet in die Grundschule kommen. Und da sagen die Kitamitarbeiterinnen, hier soll das Kind einfach Kind sein und soll sich ganzheitlich entfalten können (MFKJS und MWS 2013, S. 49).

Als entscheidende Faktoren für die erfolgreiche Implementierung werten die Erprobungsnetzwerke insbesondere die Bereitstellung von Ressourcen (Zeit, Finanzen, Personal, Räume), einen Ideenpool mit Good-Practice-Beispielen, die Verständigung über die Ziele in der Kooperation, eine externe Prozessbegleitung durch Moderation sowie den Austausch über fachliche Inhalte in einem verbindlichen Rahmen. Als zentrales Anliegen wurde zudem die gemeinsame Organisation und Durchführung von Fachtagen mit allen pädagogischen Fachkräften genannt, um sich z. B. über den vorherrschenden Bildungsbegriff verständigen zu können, institutionelle Rahmenbedingungen und Inhalte zu reflektieren und auf Augenhöhe agieren zu können. Begleitende Unterstützung durch die Träger wurde in Form zusätzlicher personeller und finanzieller Ressourcen in Fort- und Weiterbildung sowie für Material und durch Beratung gewünscht. Flankierende Maßnahmen wären die Verbesserung der Rahmenbedingungen für die Kita/Schulpraxis, die rechtliche Verankerung in den jeweiligen Ausbildungscurricula sowie eine verpflichtende Fortbildung pädagogischer Fachkräfte. Für die Umsetzung der Bildungsgrundsätze sind erweiterte fachliche und methodische Kompetenzen von Nöten, die sowohl in gemeinsamen Modulen im Fach- und Hochschulstudium als auch in gemeinsamen Weiterbildungsveranstaltungen erlernt und vertieft werden müssen (vgl. AGJ 2010; BMFSFJ 2005, S. 226 f.). Die Fortbildung der pädagogischen Fach- und Lehrkräfte „[...] in Bezug auf die Bildungspläne spielt hierbei die wichtigste Rolle" (Zimmer 2010, S. 14). „Bundesweit gelang eine nachhaltige Implementierung in die Praxis nur dort, wo die Träger bereit waren, sehr viel Zeit und Geld in die

Teambegleitungs- und Coaching-Prozesse zu investieren und so professionelle Bildungsprozesse der Fachkräfte zu unterstützen" (Rabe-Kleberg 2010, S. 45). Der Aktionsrat Bildung empfiehlt verpflichtende Fort- und Weiterbildungen des pädagogischen Personals als selbstverständlichen Standard (vgl. Aktionsrat Bildung 2012, S. 71).

Die Erprobungsnetzwerke haben sich in ihren jeweiligen Kooperationen schwerpunktmäßig auf den *Übergang Kindertageseinrichtung – Schule* konzentriert, indem durchaus unterschiedliche Erwartungen an die Übergangsgestaltung zum Tragen kommen. So fasst ein Erprobungsnetzwerk die institutionell verschiedenen Vorstellungen folgendermaßen zusammen:

> Kita hat ganz andere Erwartungen an Schule – wie bringe ich meine Kinder gut in die Schule, wie ist der Übergang, wie nehme ich Eltern mit? Und Schule hat auch nochmal andere Erwartungen, wie müssen die Kinder sein, die kommen. Ich kann verstehen, wenn ein Lehrer sagt, ich kann für meine Klasse nicht zwanzig Bildungsdokumentationen lesen. Die wollen etwas, was kurz und prägnant ist. Kita sagt dann aber, das ist so kurz und prägnant, das sagt dann eigentlich nichts mehr über die Fähigkeiten des Kindes. Und oft steht dann das, was das Kind nicht kann, im Vordergrund und nicht die Stärken des Kindes im Vordergrund. Also das sind dann immer solche Diskussionen, die wir führen an vielen Stellen (MFKJS und MWS 2013, S. 82).

Auch der Grad der *kooperativen Zusammenarbeit* hängt nicht unerheblich von dem persönlichen Engagement einzelner Personen ab, was sich in der Äußerung einer Fachberaterin wiederspiegelt:

> Es gibt Kontakte, man spricht miteinander und geht aufeinander zu, wenn es Probleme gibt oder wenn es Rückfragen gibt. Meistens ist ja so ein Schnitt, wenn die Kinder eingeschult werden. Es wird einfach nochmal rückgekoppelt. Ansonsten stadtweit erlebe ich das sehr unterschiedlich. Das hängt immer von den agierenden Personen ab. Das muss man ganz ein-fach so sagen. Schule betrachtet manchmal Kita als Zulieferer, als mehr nicht. (…) Oft sind es die Kitas, die auf die Schule zugehen. Im KiBiz ist zwar die Zusammenarbeit gefordert, aber es steht nirgendwo, wie es sein kann und ich denke, es kann an den einzelnen Standorten ganz unterschiedlich sein. Wir haben ein paar Schulen, ein paar Kitas, die haben eine gute Kooperation. Das läuft zufriedenstellend ab und die kommen auch immer auf einen grünen Zweig. Aber es gibt eben auch Kitas, die mir sagen, also mit Schule läuft gar nichts, nur Krisenmanagement wenn überhaupt, ganz, ganz schwierig (MFKJS und MWS 2013, S. 46).

Für eine gelingende Kooperation sollte ein klarer und offizieller Auftrag für alle Beteiligten des Handlungsfeldes formuliert werden, der einen verbindlichen Rahmen darstellt und für die Akteure eine Grundlage zur Legitimation ihrer Kooperationsaktivitäten bildet. Damit verbunden ist auch die entsprechende Bereitstellung von zeitlichen, personellen und finanziellen Ressourcen innerhalb ihres Aufgabengebietes.

4 Herausforderungen

Die Ergebnisse der Erhebungen aus den Forschungsnetzwerken zeigen insgesamt einen geringen Überarbeitungsbedarf der Grundsätze zur Bildungsförderung auf, dennoch lassen sich einige unverkennbare Modifizierungsnotwendigkeiten betonen:

- *Erweiterungsbedarf der Grundsätze zur Bildungsförderung* um die Bereiche Bildung der Kinder unter drei Jahren, d. h. die Bildungsgrundsätze müssen altersspezifisch stärker differenziert werden, um den einzelnen Entwicklungsphasen der Kinder gerecht zu werden. Unter Berücksichtigung der zunehmenden Diversität familiärer Strukturen, ihrer kulturellen, ökonomischen Lebenslagen und ihrer Teilhabe am gesellschaftlichen Leben sollten die Bildungsrundsätze stärker auf die Zusammenarbeit mit Eltern eingehen. Schließlich werden fachliche Erweiterungen und Handlungsanregungen mit einer Fokussierung auf individuelle ressourcenorientierte Förderung auf der Basis eines umfassenden Verständnisses von Diversität erwartet. Auch die Einbeziehung der Handlungsfelder Tagespflege und Ganztagsbetreuung unter Berücksichtigung der jeweiligen strukturellen Bedingungen und inhaltlichen Ausrichtungen wird für die Bildungsgrundsätze empfohlen.
- *Moderierter Fachdialog aller Prozessbeteiligten:* In einem moderierten Fachdialog sollte neben dem einrichtungsübergreifenden, fachlichen Austausch und der Reflexion zum Bildungsverständnis das Kennenlernen der unterschiedlichen methodischen Ansätze sowie die je spezifischen strukturellen Bedingungen der beiden Institutionen im Mittelpunkt stehen. Wechselseitige Hospitationen und Praktika der pädagogischen Fachkräfte, sowohl während der Ausbildung als auch in der Praxis, können den Wissens- und Erfahrungstransfer unterstützen und somit das Verständnis für die jeweiligen Handlungsansätze vertiefen und zu einer Zusammenarbeit der Institutionen auf Augenhöhe führen.
- *Strukturelle Voraussetzungen schaffen:* Eine Zusammenarbeit zwischen Kindertagesstätten und Schulen muss durch die entsprechende Bereitstellung von Budgets durch die beteiligten Ministerien abgesichert werden. Um eine kontinuierliche Basis für die Kooperation zu schaffen und damit auch für die qualitative Entwicklung in der Zusammenarbeit, bildet die rechtliche Verbindlichkeit der

Bildungsgrundsätze in allen Handlungsfeldern eine unabdingbare Voraussetzung. Eine fachliche Steuerung und Begleitung muss, bspw. durch professionelle
Koordination, durch die Träger der Institutionen gewährleistet sein. Um die
Nachhaltigkeit zu sichern, erscheint die Kooperation im Kontext der Personengruppen wichtig, die sowohl im Elementar- als auch im Primarbereich
entscheidende Funktionsträger sind. Dies bezieht sich sowohl auf die beteiligten
Ministerien als auch auf die Einbeziehung von Schlüsselpersonen vor Ort wie
die Leitungen der Kindertageseinrichtungen und Grundschulen nicht zuletzt im
Kontext des *Offenen Ganztages*, die Akteure in Jugendämtern, die Schulaufsicht,
die Fachberatungen sowie die Träger von Kindertageseinrichtungen.

- *Lokale Netzwerke stärken:* Sehr sinnvoll erscheint die Nutzung der vorhandenen
  lokalen Strukturen als externe Moderatoren der angestrebten interinstitutionellen Zusammenarbeit. Die lokalen Akteure, die Fachkräfte in den jeweiligen
  Einrichtungen und die beteiligten Eltern sollten gemeinsam vor Ort an der
  Erarbeitung einer Kooperationskultur beteiligt werden.
- *Unterstützung des institutionellen Fachdiskurses:* Durch fachliche Unterstützung in Form von Beratung, Moderation, Teamfortbildungen oder Coaching
  durch die Träger ist ein kontinuierlicher Auseinandersetzungsprozess in den
  Kindertages-, Ganztagseinrichtungen und Schulen anzuregen und zu beglei-
  ten, um die Überarbeitung der bestehenden Einrichtungskonzeptionen und
  die Anpassung der pädagogischen Arbeit in den Einrichtungen an die neuen
  Grundsätze zur Bildungsförderung zu gewährleisten.
- *Unterstützung der Zusammenarbeit mit Eltern:* Der Zusammenarbeit mit den
  Familien kommt bei der erfolgreichen Gestaltung der Übergänge und der Si-
  cherung der Anschlussfähigkeit im Sinne der Erziehungspartnerschaft eine
  Schlüsselrolle zu. Die Ausgestaltung der Zusammenarbeit und deren recht-
  liche und fachliche Grundlagen sollten in den Netzwerktreffen vor Ort in
  einem kindertageseinrichtungs- und schulübergreifenden Rahmenkonzept zum
  Thema werden, um den Übergang kind- und familiengerecht zu gestalten.
- *Unterstützung der interinstitutionellen Zusammenarbeit:* Die Berücksichtigung
  der Komplexität der jeweiligen Trägerstrukturen von Kindertageseinrichtungen
  mit ihrer Vielfalt und den unterschiedlichen Herangehensweisen sowie internen
  Strukturen und ihren jeweiligen Kooperationsformen bspw. mit Tagespflegestel-
  len ist dringend erforderlich. Dies gilt auch für den Bereich der Förderschulen
  und für die Grundschulen und ihre Ganztagsbetreuungen, die je nach Einzugs-
  gebiet über eine Vielzahl von Kooperationspartnern verfügen würden, die sich
  für die praktische Kooperation als schwer überwindbares Hindernis darstellen könnte. Dieser Aspekt sollte bei einer Vorbereitung der flächendeckenden
  Implementierung der Bildungsgrundsätze unbedingt beachtet werden.

Einige dieser notwendigen Ergänzungen und Erweiterungen lassen sich über die Ergebnisse der Begleitforschung und die nordrhein-westfälische Bildungsförderung hinausgehend auch für andere Kooperationsformen von Elementar- und Primarbereich als konstitutiv charakterisieren, wenn Elementar- und Primarbereich auf der Basis eigenständiger Bildungsaufträge Bildungsprozesse von Kindern in gemeinsamer Verantwortung gestalten wollen.

Literatur

AGJ (Arbeitsgemeinschaft für Kinder- und Jugendhilfe). 2010. Übergang zwischen Kindertageseinrichtung und Grundschule. Diskussionspapier der Arbeitsgemeinschaft für Kinder- und Jugendhilfe. http://www.agj.de/fileadmin/files/positionen/2010/Uebergang%20_Kita_Grundschule%20%284%29.pdf. Zugegriffen: 17. Sept. 2013.

Aktionsrat Bildung. 2012. *Professionalisierung in der Frühpädagogik.* Münster: Waxmann.

Bülow von, Karin. 2011. *Anschlussfähigkeit von Kindergarten und Grundschule. Rekonstruktion von subjektiven Bildungstheorien von Erzieherinnen und Lehrerinnen.* Bad Heilbrunn: Klinkhardt.

Bundesministerium für Familie, Senioren, Frauen und Jugend (BMFSFJ). Hrsg. 2005. *12. Kinder- und Jugendbericht. Bericht über die Lebenssituation junger Menschen und die Leistungen der Kinder- und Jugendhilfe in Deutschland.* Berlin.

Cloos, Peter. 2013. Die Gestaltung des Übergangs vom Kindergarten in die Grundschule in „neuer Allianz"? Chancen und professionelle Herausforderungen. In *Soziale Arbeit quo vadis? Programmatische Entwürfe auf empirischer Basis,* Hrsg. Matthias Schilling, Hans Gängler, Ivo Züchner, und Werner Thole, 234–248. Weinheim: Beltz Juventa.

Faust, Gabriele. 2010. Kindergarten oder Schule? Der Blick der Grundschule. In *Wie viel Schule verträgt der Kindergarten? Annäherungen zweier Lernwelten,* Hrsg. Angelika Diller, Hans Rudolf Leu, und Thomas Rauschenbach, 43–62. München: DJI Verlag Deutsches Jugendinstitut.

Hoffmann, Hilmar (2010): Bildungspläne- ein essayistischer Ausblick. In *Starke Kitas- starke Kinder. Wie die Umsetzung der Bildungspläne gelingt,* Hrsg. nifbe, 115–123. Freiburg: Herder.

Leu, Hans Rudolf, Angelika Diller, und Thomas Rauschenbach. 2010. Der Übergang vom Kindergarten in die Grundschule. Zur Einleitung. In *Wie viel Schule verträgt der Kindergarten? Annäherungen zweier Lernwelten,* Hrsg. Angelika Diller, Hans Rudolf Leu, und Thomas Rauschenbach, 7–18. München: DJI Verlag Deutsches Jugendinstitut.

MFKJKS und MWS (Ministerium für Familie, Kinder, Jugend, Kultur und Sport NRW/Ministerium für Schule und Weiterbildung NRW). Hrsg. 2013. Abschlussbericht der wissenschaftlichen Begleitung der Erprobung der Grundsätze zur Bildungsförderung für Kinder von 0 bis 10 Jahren in Kindertageseinrichtungen und Schulen im Primarbereich in Nordrhein-Westfalen. Düsseldorf. http://www.mfkjks.nrw.de/kinder-und-jugend/kinder-in-nrw/bildungsfoerderung.html. Zugegriffen: 19. Feb. 2014.

MGFFI und MSW (Ministerium für Generationen, Familie, Frauen und Integration NRW/Ministerium für Schule und Weiterbildung NRW). Hrsg. 2010. Mehr Chancen durch Bildung von Anfang an – Entwurf. Grundsätze zur Bildungsförderung für Kinder von 0 bis 10 Jahren in Kindertageseinrichtungen und Schulen im Primarbereich in Nordrhein-Westfalen. Düsseldorf. http://www.mfkjks.nrw.de/web/media_get.php?mediaid=17282fileid=51011sprachid=1. Zugegriffen: 19. Feb. 2014.

Rabe-Kleberg, Ursula. 2010. Vom Programm zum Prozess. In *Starke Kitas- starke Kinder. Wie die Umsetzung der Bildungspläne gelingt,* Hrsg. nifbe, 41–50. Freiburg: Herder.

Rauschenbach, Thomas. 2010. Kindergarten oder Schule? Antworten auf ein ungeklärtes Nebeneinander. In *Wie viel Schule verträgt der Kindergarten? Annäherungen zweier Lernwelten,* Hrsg. Angelika Diller, Hans Rudolf Leu, und Thomas Rauschenbach, 21–42. München: DJI Verlag Deutsches Jugendinstitut.

Sektion Sozialpädagogik und Pädagogik der frühen Kindheit. Hrsg. 2013. *Konsens und Kontroversen, Sozialpädagogik und Pädagogik der frühen Kindheit im Dialog.* Weinheim und Basel: Beltz Juventa.

Strätz, Rainer. 2010. Kooperation zwischen Kindergarten und Grundschule. Administrative Vorgaben und praktische Erfahrungen. In *Wie viel Schule verträgt der Kindergarten? Annäherungen zweier Lernwelten,* Hrsg. Angelika Diller, Hans Rudolf Leu, und Thomas Rauschenbach, 63–72. München: DJI Verlag Deutsches Jugendinstitut.

Zimmer, Renate. 2010. Bildungspläne zwischen Verbindlichkeit und Beliebigkeit. In *Starke Kitas – starke Kinder. Wie die Umsetzung der Bildungspläne gelingt,* Hrsg. nifbe, 11–18. Freiburg: Herder.

The manufacturer's authorised representative in the EU is Springer Nature Customer Service Centre GmbH, Europaplatz 3, 69115 Heidelberg, Germany. If you have any concerns regarding our products, please contact ProductSafety@springernature.com

Printed and bound by CPI Group (UK) Ltd, Croydon, CR0 4YY

27/04/2026

02097662-0001